ADAC Reiseführer

Schweiz

Von Rolf Goetz

EIN ADAC BUCH

Inhalt

Munter wehen die Kantonsfahnen in der Kramgasse der Schweizer Hauptstadt Bern

Im Dienst der Technik steht das Verkehrshaus der Schweiz in Luzern

Exquisite Fresken aus dem 12. Jh. im Kloster St. Johann in Müstair

Traumhaft schön ist es am Palmenstrand von Lugano

Tessin – Sonnenstube der Schweiz 87

Die Kurven voll ausfahren – Snowboardvergnügen bei Laax

Wallis – Naturidyll zwischen Rhônetal und Matterhorn 103

Genfer See und Westschweiz – französisches Savoir-vivre und kosmopolitisches Flair 113

Karten und Pläne

Dies und Das

Bahn frei – aussichtsreiche Alpenfahrt im Panoramawagen des Glacierexpress

Schweiz aktuell A bis Z

Wilde Jagd – rasantes Skijöring auf der Eisdecke des St. Moritzer See

Blaue Seen, weiße Gipfel – von Skistars und Meisterschützen

In der knapp 41 290 km² großen Alpenrepublik verbinden sich auf relativ engem Raum grandiose Natur- und traditionelle Kulturräume mit moderner Infrastruktur und perfektem Service zu einem reizvollen **Reiseland** im Herzen Mitteleuropas.

Die Schweiz hat ganzjährig Saison, wenn auch nicht überall gleichzeitig. Im Frühling verzaubert die **italienische Schweiz** durch ihre geradezu subtropische Blütenpracht. Dann wetteifern in den Tessiner Ferienorten Ascona und Locarno duftender weißer Oleander mit feuerroten Bougainvilleen und gelben Mimosen, und im lauen Seewind des Lago Maggiore rauschen Palmblätter. Im **Gebirge** hingegen zeigt sich das zaghafte Erwachen der Alpenflora erst im Juni, doch gerade dann bereitet das **Wandern** auf alten Säumerpfaden und dem vorbildlich ausgeschilderten Wegenetz besonders viel Vergnügen. Überhaupt spielt sich das Schweizer Leben im Sommer bevorzugt draußen ab: Abends flaniert man auf Promenaden und an Seeufern entlang, genießt z. B. im August in **Luzern** oder **Zürich** ein *Seenachtsfest* mit prächtigem Feuerwerk. Zu dieser Jahreszeit präsentiert sich das Binnenland Schweiz dank seiner mehr als hundert Seen auch als wahres **Wassersportparadies**, in dem nach Herzenslust gesurft, gesegelt oder gebadet wird. In vielen der Schweizer Strandbäder, so in *Weggis* am Vierwaldstätter See, lässt sich der Wasserspaß mit einer herrlichen Panoramaaussicht auf die Berge kombinieren.

Wunderschön ist auch der Herbst, zumal im **Engadin**, wenn die Luft wunderbar klar ist und das Gelb der Lärchen reizvoll mit dem satten Grün der Arven und Tannen kontrastiert. Im **Bergell** nahe der Grenze zu Italien wecken dann rot-goldene Kastanienwälder Assoziationen an den ›Indian Summer‹, ein Farbenschauspiel, das in den Tälern des Tessin bis in den November hinein andauern kann.

Ja, und dann der Winter mit all seiner weißen Pracht! Hunderte von Bergbahnen und Schleppliften erschließen die

Oben: *Fahnenschwinger eröffnen das Schwinget-Fest, das jeden Sommer am Oberwalder Brüningpass stattfindet*

Rechts oben: *Ein Meisterwerk der Spätgotik ist das rote Rathaus (16. Jh.) von Basel*

Rechts: *Wanderlust im Berner Oberland – Kleine Scheidegg mit Mönch und Jungfrau*

Schweizer Alpen für die **Wintersportler**. Die Saison beginnt zwei Wochen vor Weihnachten und dauert bis in den April hinein. Gäste haben unter mehr als 30 Skiressorts die Qual der Wahl. Snowboarder zieht es nach Verbier, Arosa und Laax, der Jetset logiert in St. Moritz und Gstaad. Davos schließlich als das größte Alpinzentrum der Schweiz ist für Schneefans jeder Couleur gerüstet.

Eidgenossen und Vereinte Nationen

Vielfältig ist die Schweiz und doch gleichen sich ihre rund 7,2 Mio. Bewohner, die in den 26 Kantonen leben, hinsichtlich Traditionsbewusstsein und ihrer Liebe zu Ordnung und Struktur. Diesbezüglich sind sie in der Tat ›ein einig Volk von Brüdern‹, wie es Friedrich Schiller 1804 in seinem Drama ›Wilhelm Tell‹ im **Rüt-**

lischwur formulierte. Diese Worte lässt der Dichter die Vertreter der Urkantone Uri, Schwyz und Unterwalden sagen, als sie sich – historisch verbürgt – im August 1291 auf der Rütliwiese über dem Vierwaldstätter See trafen, um ein Schutz- und Trutzbündnis gegen die damaligen Habsburger Landesherren zu schließen. Das war die Geburtsstunde der **Schweizer Eidgenossenschaft**. Nicht weniger bekannt ist die zur selben Zeit spielende – legendäre – Geschichte des **Wilhelm Tell**. Sie erzählt von dem versierten Armbrustschützen, der gezwungen war, zunächst seinem Sohn Walter in dem Ort *Altdorf* einen Apfel vom Kopf und später bei *Küssnacht* dem Landvogt Heinrich Gessler einen Pfeil ins Herz zu schießen.

Solch aufregende Zeiten gehören freilich längst der Vergangenheit an. Heute treffen sich Politiker aus aller Welt in der **neutralen Schweiz**, um über im wahrsten Sinne des Wortes weltbewegende Fragen zu verhandeln. Besonders bekannt ist in diesem Zusammenhang **Genf**, die weltoffene Metropole am gleichnamigen See, europäischer Sitz der *Vereinten Nationen* (United Nations, UN) und Hauptquartier bedeutender internationaler Organisationen wie *Rotes Kreuz* oder *Weltgesundheitsorganisation* (World Health Organization, WHO).

Links oben: *Das Städtchen Appenzell lockt mit liebevoll bemalten Hausgiebeln*

Oben: *Friedlich ruht der Brienzer See zwischen den Bergketten Brienzer Grat und Faulhorngruppe*

Links unten: *Von der Aussichtsterrasse auf dem Gornergrat bei Zermatt zeigt sich das Matterhorn in all seiner Erhabenheit*

Rechts unten: *Prachtentfaltung des Rokoko – die Stiftsbibliothek des Benediktinerklosters St. Gallen bietet einen edlen Rahmen für bibliothekarische Kostbarkeiten*

Einen hervorragenden Ruf genießt die Schweiz auch als innovativer **Wirtschaftsstandort**. Hier werden erstklassige Konsumgüter gefertigt, von einfallsreichen Taschenmessern bis zu zuverlässigen Präzisionsuhren. Eine führende Rolle in der internationalen **Finanzwelt** spielen die Schweizer Banken, die sich bevorzugt in Zürich oder Lugano niedergelassen haben und deren Diskretion geradezu sprichwörtlich ist.

Alpenglühn und Kunstschaffen

Das topographische Gesicht der Schweiz wird im Wesentlichen von Bergen bestimmt, liegt doch die Hälfte der Landesfläche in den **Alpen**, hier bekrönt von unzähligen Dreitausendern und 52 Viertausendern. Der höchste Schweizer Gipfel ist die **Dufourspitze** (4634 m) im Monte-Rosa-Massiv, den Titel des markantesten Berges beansprucht das weltberühmte **Matterhorn** (4478 m) für sich. Der **Eiger** (3970 m) mit seiner Nordwand schließlich hat sich einen Aufsehen erregenden Namen als gefährlichster Kletterplatz der Alpen gemacht.

Eiszeitliche Gletscher, Wasserfälle, Wildbäche und stille Bergseen vereinen sich in den Alpen zu einem facettenreichen Naturraum. Der **Aletschgletscher** im Wallis etwa ist mit 23,6 km das längste Eisfeld Europas, es locken aber auch der tosende **Rheinfall** bei Schaffhausen, der romantische **Vierwaldstätter See** oder die wilde Klamm der **Via Mala** am Unterrhein.

Die Bergwelt ist als **Ferienregion** bestens erschlossen, und wo keine Straße

hinauf führt, bringen *Seilbahnen* Erholungssuchende bequem in luftige Höhen. Stolze 6240 m etwa legt die Kabinenumlaufbahn von Grindelwald aus auf den Aussichtsgipfel des Männlichen zurück. Besonders unbeschwert kann man die grandiose Schweizer Bergwelt bei einer *Zugfahrt* kennen lernen. Der **Heidi-Express** etwa macht sich im Sommer auf die Reise, vorbei an blühenden Alpwiesen und hoch aufragenden Felsgiganten. Von Landquart im Bündner Rheintal geht die Fahrt durch das malerische Prättigau, über den 2253 m hohen Berninapass, hinab ins pittoreske Engadin und zum Zielort Tirano.

Doch auch als **Kulturland** ist die kleine Schweiz ganz groß. Es gibt z. B. die gotische *Kathedrale* von Fribourg oder das *Münster* von Basel zu bewundern, prunkvollen Barock etwa in *Solothurn*, der ›Märchenstadt mit den goldenen Dächern‹, und feudale Prachtbauten wie das auf das 11. Jh. zurückgehende *Château de Chillon* bei Montreux. Wegen ihrer malerischen Lage hoch über Locarno und der opulenten Innenausstattung aus dem 19. Jh. nimmt die Wallfahrtskirche *Madonna del Sasso* eine Sonderstellung ein. Vier herausragende bauliche Ensemble in der Schweiz wurden von der UNESCO zum **Weltkulturerbe** erklärt, nämlich das karolingische Kloster St. Johann in Müstair, der spätbarocke Stifts-

Oben: *San Giovanni Battista (1995) in Mogno, ein Meisterwerk des Architekten Mario Botta im Val Lavizzara*

Mitte: *Traditionelles Pfeifkonzert beim Morgenstraich der Basler Fasnacht*

Unten: *Soglio, Dorfidyll im stillen Bergell*

Rechts oben: *Ein Hoch auf die gelben Wagen – Postbusse sind wichtige Transportmittel in der Alpenregion*

Rechts Mitte: *Die landschaftlichen Schönheiten des Appenzellerlandes sind der Kuh vor der Schaukäserei in Stein auf den Leib geschrieben – bzw. gemalt*

bezirk in St. Gallen, das mittelalterliche Burgentrio in Bellinzona und die ebenfalls mittelalterliche Altstadt von Bern.

Auch die Großen der modernen **Architektur** haben in der Schweiz ihre Spuren hinterlassen, etwa *Le Corbusier* 1967 mit dem Heidi-Weber-Haus in Zürich oder *Mario Botta* mit der 1982–88 erbauten Banco del Gottardo in Lugano. Ebenso

stilvoll gibt sich die traditionelle Baukunst. Stellvertretend seien die massiven Holz- und Speicherbauten der *Walser* oder die archaisch anmutenden Bruchsteinhäuser im *Bergell-Tal* genannt. Oft dokumentieren in diesen Tälern kleine heimatkundliche Museen den bäuerlichen Lebensstil von anno dazumal.

Auch in anderen Landesteilen ist die **Museumslandschaft** der Schweiz außerordentlich reichhaltig. Selbstverständlich bieten die mehr als 700 Sammlungen Berühmtes aus heimischen Ateliers, allen voran Arbeiten von Arnold Böcklin, Ferdinand Hodler, Paul Klee, Jean Tinguely oder Alberto Giacometti. Daneben präsentieren die *Kunstmuseen* von Bern und Basel etwa, das *Schweizerische Landesmuseum* in Zürich oder die *Pinacoteca Casa Rusca* in Locarno Meisterwerke internationaler Provenienz. Da finden sich z. B. Gemälde von Francisco Goya bis Vincent van Gogh, von Hugo Ball bis Marianne von Werefkin, Skulpturen von Auguste Rodin und Installationen von Hans Arp.

Rösti und andere Gaumenfreuden

Exportschlager der Schweizer Küche sind *Fondue* und *Raclette* sowie das deftige Kartoffelgericht *Berner Rösti*. Die Eidgenossen ihrerseits ließen sich kulinarisch von den Nachbarländern anregen. So kann man heute im Alpenland französische Haute Cuisine ebenso genießen wie köstliche Pastagerichte *all'italiana* oder die den schwäbischen Kässpätzle nachempfundenen ›Knöpfli‹ mit würzigem Appenzeller oder Emmentaler Bergkäse. Von höchster Qualität und daher weltweit begehrt sind auch die feinen *Schokoladen* und *Pralinen* der Schweizer Confiserien.

Der Reiseführer

Dieser Band stellt die Städte und Landschaften des Reiselandes Schweiz in **sieben Kapiteln** vor. Detaillierte **Übersichtskarten** und **Stadtpläne** erleichtern die Orientierung. Die **Top Tipps** bieten Empfehlungen zu Hotels, Restaurants, Wanderungen, Museen etc. Den Besichtigungspunkten sind **Praktische Hinweise** mit hilfreichen Adressen u. a. von Touristenbüros, Hotels und Restaurants angegliedert. Abschließend hält **Schweiz aktuell A bis Z** eine Fülle von Informationen bereit – von Anreise über Essen und Trinken oder Feste und Feiern bis hin zu Sport und Verkehrsmitteln im Land. **Kurzessays** mit Hintergrundinformationen runden den Reiseführer ab.

Geschichte, Kunst, Kultur im Überblick

um 11000 v. Chr. Steinzeitliche Jäger und Sammler leben im Gebiet des heutigen Graubünden.

um 4000 v. Chr. An den Ufern des Zürichsees entstehen Pfahlbausiedlungen.

5. Jh. v. Chr. In Mitteleuropa entwickelt sich die etwa 400 Jahre andauernde keltische Latènekultur. Der Name geht zurück auf den Ort La Tène am Neuenburger See, der wegen seiner Gräber und reichen archäologischen Funde aus dieser Epoche berühmt ist.

1. Jh. v. Chr. Der keltische Stamm der Helvetier wandert von Süddeutschland ins Schweizer Mittelland und den Jura ein.

ab 58 v. Chr. Römische Truppen unter Julius Cäsar unterwerfen die Helvetier und erobern die Schweiz. Die Römer legen Straßen an, gründen Städte, bauen Tempel. In Aventicum (Avenches), der Hauptstadt Helvetiens, leben zu dieser Zeit etwa 20 000 Menschen.

ab 445 n. Chr. Die Römer werden im Norden und Westen von einwandernden Alemannen und Burgundern zurückgedrängt, die im Laufe des 6. Jh. ihrerseits von Franken vertrieben werden.

612 Christliche irische Wandermönche missionieren in der Nord- und Zentralschweiz. In St. Gallen und Luzern entstehen erste Klöster.

800 Unter Kaiser Karl dem Großen ist die Schweiz Teil des Heiligen Römischen Reiches Deutscher Nation.

Eingeschworene Gemeinschaft – 1291 leisten Werner Stauffacher, Walter Fürst und Arnold Melchthal den Rütlischwur

Ende 9. Jh. Nach dem Niedergang des Frankenreiches fällt die Westschweiz an das Königreich Burgund, der übrige Teil wird dem Herzogtum Schwaben zugeschlagen.

1157 Die schwäbischen Herzöge von Zähringen fungieren als Statthalter von Burgund und gründen die Stadt Fribourg.

1191 Der Zähringer Berchtold V. gründet Bern.

1218 Berchtold V. stirbt kinderlos. Sein Reichslehen fällt zunächst an die erbberechtigten Grafen von Kyburg, dann an Stauferkaiser Friedrich II.

1230 Mit dem Brückenschlag über die Schöllenenschlucht bei Andermatt wird der Passweg über das St.-Gotthard-Massiv zur wichtigsten Nord-Süd-Verbindung über die Alpen.

1231 Die an der St.-Gotthard-Route gelegene Talschaft Uri erhält von Friedrich II. die Reichsunmittelbarkeit, neun Jahre später auch die Region Schwyz.

1273 Rudolf I. von Habsburg wird deutscher König und führt in der heutigen Schweiz eine straffe Verwaltung mit ortsfremden Landvögten ein. In dieser Zeit spielt die Wilhelm-Tell-Sage um den Meisterschützen aus dem Kanton Uri.

1291 Rudolf I. von Habsburg stirbt am 15. Juli in Speyer. Am 1. August schließen sich am Vierwaldstätter See die ›Urkantone‹ Uri, Schwyz und Unterwalden, auch ›Waldstätte‹ genannt, in einem Beistandspakt gegen die Habsburger zusammen. Diesen ›Ewigen Bund‹ beeiden die Abgesandten mit dem ›Rütlischwur‹.

1315 In der Schlacht bei Morgaten besiegt das Schweizerische Bauernheer der drei Waldstätte die Habsburger Soldaten.

1351 Die freie Reichsstadt Zürich tritt der Eidgenossenschaft bei, es folgen Luzern, Glarus und Zug (1352) sowie Bern (1353). Dieser sog. Bund der ›Acht alten Orte‹ gibt sich den Namen Schwyz.

1460 In Basel wird die erste Universität der Schweiz gegründet.

1477 Die Schweizer besiegen in den Burgunderkriegen auf der Seite Österreichs den Burgunderkönig Karl den Kühnen. Fortan werden die Eidgenossen

Revolutionär Ulrich Zwingli (1484–1531)

Rhetoriker Jean Calvin (1509–1564)

Rot-Kreuz-Gründer Henri Dunant (1828–1910)

als wehrtüchtige Söldner geschätzt und ziehen für fremde Mächte in den Krieg.

1481 Fribourg und Solothurn treten der Eidgenossenschaft bei.

1499 Im Schwabenkrieg setzen sich die Eidgenossen gegen die mit Österreich verbündeten Schwaben durch. Im darauf folgenden Frieden von Basel löst sich die Schweiz vom Heiligen Römischen Reich Deutscher Nation.

1501 Basel und Schaffhausen schließen sich der Eidgenossenschaft an.

1513 Appenzell tritt dem Zusammenschluss bei; der Bund der ›Dreizehn alten Orte‹ ist vollzählig.

1515 In der Schlacht von Marignano besiegt der französische König Franz I. das Heer der Schweizer Söldner in Diensten des Herzogs von Mailand. Im ›Ewigen Frieden von Fribourg‹ verzichten 1516 die Eidgenossen auf weitere machtpolitische Unternehmungen und bekennen sich erstmals zur Neutralität. Die Söldnerdienste für fremde Staaten werden eingestellt. Im Gegenzug erhält die Schweiz das Tessin als ›Untertanengebiet‹.

1523 Der Prediger Ulrich Zwingli leitet in Zürich die Reformation ein, die sich bald auf Bern und Basel ausbreitet. Die Urkantone sowie Fribourg und Solothurn halten am katholischen Glauben fest.

1529–31 Kriege zwischen den protestantischen und katholischen Kantonen. Zwingli fällt im Oktober 1531 bei Kappel. Im darauf folgenden Friedensschluss wird vereinbart, dass jeder Schweizer Ort den Glauben frei wählen darf.

1536 Bern erobert die Region Waadt im Norden des Genfer Sees und führt dort die Reformation ein. Genf entwickelt sich unter dem Theologen Jean Calvin zum europäischen Zentrum der Reformation, dem ›Protestantischen Rom‹.

1618–48 Während des Dreißigjährigen Krieges bleibt die Schweiz neutral.

1648 Im Westfälischen Frieden wird die de-facto-Trennung der Schweiz vom Heiligen Römischen Reich Deutscher Nation erstmals offiziell bestätigt.

ab 1653 Der Schweizer Bauernaufstand und konfessionelle Auseinandersetzungen münden in mehreren Bürgerkriegen, etwa 1656 dem Ersten und 1712 dem Zweiten Villmerger Krieg. In den Jahrzehnte andauernden Kämpfen behalten die protestantischen Kantone Zürich und Bern schließlich die Oberhand.

1798 Napoleon Bonaparte besetzt die Schweiz und errichtet die Helvetische Republik, einen zentralistischen Einheitsstaat nach französischem Vorbild.

1803 Aufstände der Bevölkerung zwingen Napoleon zur Billigung der ›Mediationsakte‹, in der eine neue Verfassung beschlossen und der Staatenbund der Kantone wieder hergestellt wird. Diesem gehören nun auch die sechs früheren Untertanengebiete St. Gallen, Graubünden, Aargau, Thurgau, Tessin und Waadt an.

1811 Die Aargauer Brüder Rudolf und Hieronymus Meyer besteigen den Gipfel der Jungfrau – Startschuss für die Erschließung der Berner Alpen.

1815 Nach dem Sturz Napoleons werden im August auf dem Wiener Kongress die bis dato französischen Gebiete Wallis, Neuenburg und Genf als neue Kantone der Schweiz zugesprochen. Damit erreicht die Schweiz ihre heutige Ausdehnung. Im Frieden von Paris sichern die europäischen Großmächte der neutralen Schweiz territoriale Unversehrbarkeit zu.

1843 Die katholischen Kantone vereinen sich zum ›Sonderbund‹, um ihre Souveränität gegenüber den protestantischen Kantonen zu wahren.

1847 Im Sonderbundkrieg des katholischen Kantons Luzern gegen die reformierten Kantone Bern und Zürich siegen die Protestanten.

1848 Die Eidgenossenschaft gibt sich eine neue Verfassung und wandelt sich so von einem Staatenbund souveräner Kantone in einen föderalistischen Staat mit Zentralregierung. Bern wird Hauptstadt, Amtssprachen sind Deutsch, Französisch und Italienisch.

ab 1855 Angeregt durch Reisebeschreibungen, etwa von Johann Wolfgang von Goethe oder Lord Byron, entwickelt sich der Fremdenverkehr in die Schweizer Alpenwelt. Die seit dem Mittelalter bekannte Heilquelle von St. Moritz wird zu einem Kurbad ausgebaut, Interlaken etabliert sich als Ausgangspunkt für Touren in die Berner Alpen und Luzern am Vierwaldstätter See avanciert zur Sommerfrische des europäischen Geldadels.

1856 In Zürich wird mit der Schweizerischen Kreditanstalt die erste Großbank des Landes gegründet. In den nächsten Jahren steigt die Schweiz zu einem der führenden Finanzzentren der Welt auf.

1863 Der Genfer Philantroph Henri Dunant initiiert das Rote Kreuz, eine unparteiische Hilfsorganisation für Kriegsverwundete.

1865 Der Engländer Eduard Whymper und sechs Begleiter erklimmen erstmals das Matterhorn (4478 m). Beim Abstieg stürzen vier der Alpinisten in den Tod. Seitdem kamen mehr als 4000 Bergsteiger beim Gipfelsturm auf das alpine Wahrzeichen der Schweiz ums Leben.

Schwindelnde Höhen und Tiefen überwindet die 1882 eingeweihte St.-Gotthard-Bahn

1871 Der Rigi-Kulm (1798 m) bei Luzern wird durch die erste Zahnradbahn Europas erschlossen.

1882 Eröffnung der St.-Gotthard-Bahn, einem 15 km langen Eisenbahntunnel, der das Tessin mit der Zentralschweiz verbindet.

1887 In La Chaux-de-Fonds im Schweizer Jura erblickt Charles-Edouard Jeanneret das Licht der Welt († 1965). Unter dem Namen Le Corbusier wird der Architekt und Stadtplaner zu einem der einflussreichsten Baumeister der Moderne.

1900 Der Arzt Max Bircher-Benner, Erfinder des Müsli, macht durch Heilerfolge von sich reden, die auf rohkostorientierter Ernährung basieren. In seiner Privatklinik auf dem Zürichberg finden sich namhafte Kurgäste aus ganz Europa ein, u. a. Thomas Mann und Rainer Maria Rilke.

1901 Henri Dunant, Begründer des Roten Kreuzes, erhält gemeinsam mit dem französischen Pazifisten Frédéric Passy den Friedensnobelpreis.

1911 In Zürich wird Max Frisch († 1991) geboren. Er entwickelt sich zu einem der bedeutendsten Vertreter der modernen Schweizer Literatur und ist bekannt für seine Kritik am Schweizer Staat.

1912 Einweihung des höchst gelegenen Bahnhofs Europas in 3454 m Höhe auf dem Jungfraujoch (Gipfelhöhe 4158 m). Die spektakuläre Zahnradbahnstrecke entlang der Eigernordwand entwickelt sich schnell zu einer Touristenattraktion.

1914 Im Ersten Weltkrieg wahrt die Schweiz strikte Neutralität.

1920 Die Schweiz tritt dem im Jahr zuvor gegründeten Völkerbund bei, der bis zu seiner Auflösung 1946 in Genf tagt.

1921 In Konolfingen bei Bern wird Friedrich Dürrenmatt († 1990) geboren, der sich später als Schriftsteller vor allem zu den Themen Macht und Verantwortung äußert.

1928 In St. Moritz finden die 2. Olympischen Winterspiele statt.

1938 Der österreichische Alpinist Heinrich Harrer durchsteigt mit einer bayerischen Seilschaft erstmals die 1800 m hohe Nordwand des Eiger (3970 m). – Rätoromanisch wird offiziell vierte Landessprache der Schweiz.

1939–45 Auch im Zweiten Weltkrieg bleibt die Schweiz neutral. Während des Krieges nimmt die Eidgenossenschaft zahlreiche politische Flüchtlinge auf, weist aber an ihren Grenzen auch Zehntausende jüdischer Flüchtlinge ab.

1946 Nach dem Zweiten Weltkrieg lassen sich viele internationale Organisationen in der neutralen Schweiz nieder. Genf wird europäischer Hauptsitz der UNO.

1948 Die Schweiz wird Mitglied der UNESCO. – Zum zweiten Mal nach 1928 richtet St. Moritz die Olympischen Winterspiele aus.

1949 In Genf beschließt die internationale Staatengemeinschaft ein aus vier Teilen bestehendes Abkommen zum Schutz von Kriegsopfern und Zivilbevölkerung. Nahezu alle Länder der Erde unterzeichnen diese Genfer Konventionen.

1971 Auf Bundesebene führt die Schweiz das Wahlrecht für Frauen ein. Die Kantone folgen dem Beispiel zögerlich im Laufe der nächsten Jahre bzw. Jahrzehnte.

1979 Nach teils blutigen Auseinandersetzungen trennt sich der französischsprachige Schweizer Jura vom Kanton Bern und wird als 26. Kanton eigenständig. Hauptstadt ist Delémont.

1980 In Zürich kommt es während der sog. Opernhauskrawalle zu gewalttätigen Zusammenstößen zwischen Jugendlichen und der Polizei. Auslöser sind Pläne der Stadt, die Oper kostspielig umzubauen und gleichzeitig ein autonomes Jugendzentrum zu schließen. Die Unruhen mit zahlreichen Hausbesetzungen greifen auch auf Bern und Basel über. – Eröffnung des St.-Gotthard-Tunnels, mit 16,91 km der längste Straßentunnel der Welt.

Gewissensfragen quälen Friedrich Dürrenmatts (1921–1990) Romanfiguren

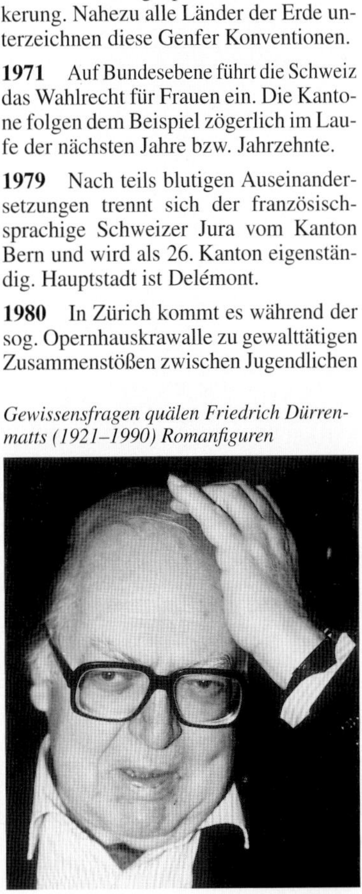

Zwiespältig steht Dramatiker Max Frisch (1911–1991) seiner Heimat gegenüber

1986 Die Schweizer lehnen in einer Volksbefragung den Beitritt zur UNO ab. Doch ist das Land auch als Nichtmitglied in vielen Unterorganisationen der UNO engagiert. – Unfälle in den Basler Chemiefirmen Ciba-Geigy und Sandoz verursachen eine Umweltkatastrophe, da giftige Chemikalien und Löschwasser den Rhein verseuchen.

1990 Als letzter Schweizer Kanton und ›Schlusslicht in Europa‹ führt der Halbkanton Appenzell-Innerrhoden das Frauenwahlrecht ein.

1991 Die Schweiz feiert ihr 700-jähriges Bestehen.

2000 Die UNESCO ernennt die drei mittelalterlichen Burgen von Bellinzona im Tessin zum Weltkulturerbe.

2001 Wie bereits in zwei früheren Referenden (1992 und 1997) entscheiden sich bei einer Volksbefragung die Schweizer gegen einen Beitritt ihres Landes zur EU. – In Davos kommt es am Rande des Weltwirtschaftsforums zu Ausschreitungen zwischen Globalisierungsgegnern und der Polizei.

2002 Landessausstellung Expo.02 im Nordwestschweizer Drei-Seen-Land um die Städte Biel, Murten und Neuchâtel. – In einer Volksabstimmung entscheiden sich die Schweizer mit knapper Mehrheit für einen Beitritt ihres Landes zu den Vereinten Nationen (UNO).

Sehenswürdigkeiten

Bern und Berner Oberland – Alpenkanton zwischen Alm- und Pistenrausch

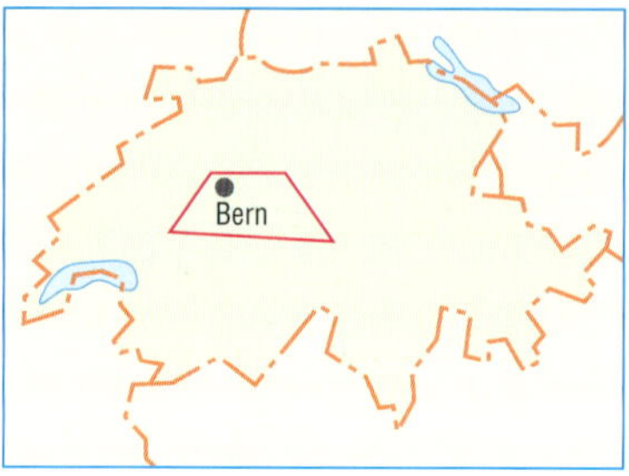

Das Berner Oberland ist *das* alpine Aushängeschild der an grandiosen Naturräumen ohnehin reichen Schweiz. Ein imposantes Hochgebirge, Talmulden mit saftiggrünen Matten und spektakuläre Wasserfälle vereinen sich zu einer Landschaft wie aus dem Bilderbuch. Nur einen Katzensprung entfernt liegt die Metropole **Bern**, deren stimmungsvolle Altstadt auf drei Seiten von der Aare umflossen wird. Bei einem Rundgang darf ein Besuch des *Münsters* ebenso wenig fehlen wie ein Abstecher in die *Paul-Klee-Stiftung* im Kunstmuseum.

Bester Ausgangspunkt für Touren zum Gipfel-Dreigestirn Eiger, Mönch und Jungfrau ist **Interlaken**. Der pittoresk zwischen Thuner und Brienzer See gelegene Ort am Fuß der Drei- und Viertausender ist sozusagen die Wiege des Alpinismus. 1811 bezwangen die Brüder Rudolf und Hieronymus Meyer aus Aarau erstmals den 4158 m hohen Gipfel der Jungfrau. Heute ist die majestätische Bergwelt auch für ›Normalsterbliche‹ perfekt erschlossen. Eine Zahnradbahn führt hinauf zum **Jungfraujoch** (3454 m), 704 m unterhalb der Bergspitze. Der Bahnhof am Joch ist der höchste Europas, weshalb er auch als ›Top of Europe‹ bekannt ist.

1 Bern

Plan Seite 20

Eidgenössische Hauptstadt mit behäbigem Charme und laut Goethe »die schönste, die wir gesehen haben«.

Wie kaum eine andere Schweizer Stadt wird das 540 m hoch gelegene Bern mit Klischees bedacht, sagt man ihm doch nach, sie sei eine provinzielle **Verwaltungsmetropole**. Böse Zungen behaupten sogar, die Berner hätten die Langsamkeit erfunden, wozu ihr gedehnter Dialekt, das *Bärndütsch*, passen mag. Doch davon einmal abgesehen: Bern ist mit 123 000 Einwohnern die viertgrößte Stadt des Landes und hat eine bildschöne **Altstadt**. Typisch sind die beiderseits der Gassen entlang führenden, insgesamt 6 km langen Arkadengänge mit den darüber vorkragenden Hausdächern und die mit originellen Figuren geschmückten Renaissancebrunnen.

Geschichte Den Grundstein Berns legte 1191 der Zähringer Herzog *Berchtold V.* Die Lage hätte nicht besser gewählt sein können: Von drei Seiten durch die Aare geschützt, musste der **Marktort** lediglich nach Westen mit Mauern und Toren befestigt werden. Drei parallel angelegte Straßen durchziehen den so eingefassten lang gestreckten Landsporn von West nach Ost, handtuchschmale Gassen verbinden diese Achsen miteinander. Bereits 1218 wurde Bern freie Reichsstadt und 1353 das achte Mitglied der damals noch jungen Eidgenossenschaft. In den folgenden 200 Jahren betrieb die städtische Aristokratie eine **Expansionspolitik**, die zu beträchtlichen Gebietsgewinnen führte. In den Berner Alpen gelegene Bauernkommunen wie das *Haslital* und das *Saanenland* wurden genauso unterworfen wie *Waadt* am Genfer See oder das hochsavoyische *Chablais* – Bern stieg im 16. Jh. zum mächtigsten Stadtstaat nördlich der Alpen auf. Im 17. und 18. Jh. kam es zu Bauernaufständen gegen die feudale Berner Herrschaft, die mit Waffengewalt niedergeschlagen wurden. 1798 jedoch, mit dem Einmarsch der napoleonischen Truppen in die Schweiz, mussten die bisherige Herrscher abdanken. Die Waadt und der Aargau wurden zu unabhängigen Kantonen erklärt, eine neue Verfassung räumte den bei Bern verblie-

Vorhergehende Doppelseite: *Wie das Land so die Burgen – eine Augenweide ist das schmucke Schloss Oberhofen am stillen Thuner See*

Einen hübschen Anblick bietet der Schützenbrunnen vor dem mittelalterlichen Zytglogge-turm am östlichen Ende der arkadengeschmückten Marktgasse

benen Landgemeinden mehr Mitbestimmungsrechte ein.

Im 19. Jh. wuchs die Stadt über die Landzunge in der Aareschleife hinaus. Heute erstrecken sich die Vororte von den Flussufern bis weit ins Hinterland hinein. 1848 wählte die eidgenössische Nationalversammlung Bern zur **Hauptstadt** der Schweiz, woraufhin verstärkt Verwaltungskräfte und Beamte zuzogen. Bern ist ferner Sitz einer *Universität*, der *Schweizer Nationalbank* und des *Weltpostvereins*. 1983 erklärte die UNESCO die vollständig erhaltene Altstadt zum Weltkulturerbe.

Bummel durchs Mittelalter

Auf dem Weg vom Hauptbahnhof über die Spitalgasse in die Altstadt erreicht man nach 150 m den Bärenplatz. Hier steht anstelle eines früheren Stadttores der auffällige rechteckige **Käfigturm** 1 (Mo–Fr 8–18, Sa 10–16 Uhr). Der 1641–43 errichtete Torbau diente lange Zeit als Gefängnis der Stadt, heute beherbergt er das *Polit-Forum des Bundes*, das gelegentlich Ausstellungen und Events zu politischen Themen organisiert. Östlich des Turmes reihen sich beiderseits der von Laubengänge begleiteten

Über allem thront der Narr – Figurenreigen des Glockenspiels am Zytgloggeturm

kopfsteingepflasterten *Marktgasse* die schmucken Fassaden alter Zunfthäuser der Weber, Gerber und Schuhmacher aneinander. Am Ende der Gasse überspannt der ebenfalls viereckige **Zytgloggeturm** ❷ (Besichtigung mit Turmbesteigung tgl. Mai–Okt. 16.30, Juli–Sept. 11.30 Uhr) die Straße bis zur Mitte. Die Fundamente des zum Wahrzeichen von Bern avancierten ›Zeitglockenturmes‹ wurden bereits im 12. Jh. gelegt, später erfuhr er jedoch mehrere Umbauten. Die charakteristische Dachbekrönung mit der spitz zulaufenden Laterne kam 1770/71 hinzu. Als einstiges Stadttor erhebt sich das Gebäude über einem Torbogen, über dessen beiden Öffnungen je ein riesiges Ziffernblatt prangt. Das von Kaspar Brunner geschaffene *Glockenspiel* auf der Ostseite des Turms zur Kramgasse hin erfreut seit 1530 Berner und Besucher gleichermaßen. Jeweils vier Minuten vor jeder vollen Stunde kündigt ein Hahnenschrei den Beginn des Schauspiels an, bei dem u. a. mehrere Bären, ein Löwe, ein glockenschlagender Narr und der altgriechische Titan Kronos als Personifikation der Zeit mitwirken. Links davon befindet sich eine astronomische Uhr (1527–30), die ebenfalls aus der Werkstatt Kaspar Brunners stammt.

Nördlich vom Zeitglockenturm lohnt ein Abstecher zum Kornhausplatz mit dem zentralen **Kindlifresserbrunnen** ❸, dem originellsten Wasserspender der Stadt. Der Fribourger *Hans Gieng* schuf im 16. Jh. die polychrome Brunnenfigur eines feisten, langnasigen Riesen, der sich aus einem mit Kindern gefüllten Sack an seiner Seite bedient. Eines der puttenähnlichen Kleinen verschwindet gerade im Schlund des rotbekappten Unholds. Als Vorlage für das ungewöhnliche Motiv diente wohl eine Fasnachtsfigur. Die Westseite des Platzes wird vom

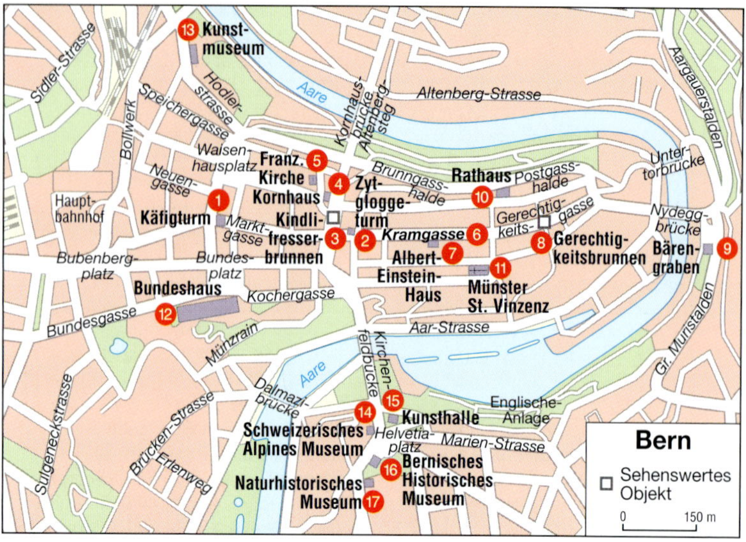

Arbeitsteilung – während die Parlamentsabgeordneten auch sommers im Bundeshaus beraten, vergnügen sich Berner Bürger unweit davon im Marzilibad an der Aare

Kornhaus 4 (Di–Fr 10–19 Uhr) dominiert. In dem 1718 fertig gestellten Barockbau lagerte die Stadt früher Getreide und Wein. In den Gewölben des Souterrains hat sich das Restaurant *Kornhauskeller* eingerichtet, im Parterre befindet sich ein trendiges Café. Hinter dem Kornhaus steht die **Französische Kirche** 5 (Mo–Sa 9–11 und 14–17 Uhr) aus dem 13. Jh., der älteste Sakralbau Berns. Die außen wie innen sehr schlichte Hallenkirche wurde ursprünglich vom Bettelorden der Dominikaner errichtet. Aus der ersten Bauphase blieb der gotische Chor erhalten, die barocke Westfassade geht auf einen Umbau des 18. Jh. zurück. Der heutige Name erinnert an die französischen Hugenotten, die hier im 17. Jh. ihre Gottesdienste abhielten.

Vom Zeitglockenturm nach Osten verläuft die **Kramgasse** 6, die mit ihren Laubengängen, stilvollen Häuserfassaden aus dem 18. Jh. und zwei weiteren Figurenbrunnen zu den malerischsten Gassen Berns zählt. Im Haus mit der Nr. 49 wohnte in den Jahren 1903–05 Albert Einstein (1879–1955), zu dieser Zeit noch ein kleiner Angestellter im Berner Patentamt. In seinen freien Stunden tüftelte der später so berühmte Physiker die Relativitätstheorie aus. Seine damalige Wohnung im **Albert-Einstein-Haus** 7 (März–Okt. Di–Fr 10–17, Sa 10–16, Feb.–Nov. Di–Fr 13–17, Sa 12–16 Uhr) beherbergt heute ein kleines Museum, das mit Fotos und anderen Dokumenten an den Physik-Nobelpreisträger von 1921 erinnert.

An ihrem östlichen Ende geht die Kramgasse in die ebenfalls sehr stimmungsvolle Gerechtigkeitsgasse über. In den Geschäftszeilen der flankierenden Laubengänge haben sich schicke Boutiquen, Antiquitätenläden und Kellertheater eingerichtet. Die überdachten Arkaden erlauben auch bei schlechtem Wetter einen gemütlichen Einkaufsbummel. Der 1543 von Hans Gieng geschaffene **Gerechtigkeitsbrunnen** 8 zeigt Justitia mit verbundenen Augen sowie Schwert und Waage in Händen. Zu ihren Füßen symbolisieren vier Büsten von Papst, Kaiser, Sultan und Schultheiß die kirchliche und weltliche Macht.

Die Gerechtigkeitsgasse führt direkt auf die 1840–44 erbaute steinerne *Nydeggbrücke* zu, die in einem 55 m langen, bis zu 26 m hohen Bogen die Aare überspannt. An deren rechtem Ufer ist der **Bärengraben** 9 (tgl. April–Sept. 8–18, Okt.–März 8–16 Uhr) eine der meistbesuchten Sehenswürdigkeiten Berns. Der etwa 5 m in den Boden eingelassene Zwinger ist laut Stadtverordnung mit maximal fünf Braunbären belegt. Die Tiere gelten als Maskottchen der Stadt und werden von den Bernern liebevoll ›Mutzen‹ genannt. Das Gehege ist seit dem 15. Jh. verbürgt und geht auf die Legende zurück, dass Herzog Berchtold V. einst in den umliegenden Wäldern einen Bären erlegt und danach seine neu gegründete Stadt ›Bern‹ genannt haben soll. Das *Tourismus Center* am Bärengraben (tgl. 10–16, Juni–Sept. 9–18, Nov.–Feb. 11–16 Uhr) zeigt alle 20 Minuten gratis die *Bern Show*, die anhand eines animierten Stadtmodells die Geschichte Berns multimedial darstellt.

Am Rande der Altstadt

Geht man vom Bärengraben zurück in die Altstadt und wählt nach der Nydeggbrücke den Weg rechts durch die Postgasse, kommt man zum **Rathaus** ⑩. Der zweistöckige Sandsteinbau entstand 1406–17, wurde jedoch später mehrfach umgebaut. Eine doppelläufige Freitreppe führt zum Eingang im ersten Obergeschoss, der von einem vorspringenden Uhrturm überdacht wird. Die lanzettbogenförmigen Türöffnungen lassen noch gotischen Einfluss erkennen. Unter der vorkragenden Dachtraufe sind die Wappen aller 26 Schweizer Kantone zu sehen.

Hält man sich von der Nydeggbrücke kommend links, erreicht man über die

TOP TIPP

Junkerngasse das prächtige spätgotische **Münster St. Vinzenz** ⑪ (Di–Sa 10–17, So 11.30–17 Uhr). Von der Grundsteinlegung im Jahre 1421 bis zu seiner Vollendung 1573 vergingen rund 150 Jahre, der 100 m hohe Turm wurde gar erst 1893 fertig gestellt. Herausragend ist das von *Erhard Küng* in der letzten Dekade des 15. Jh. geschaffene Hauptportal. Sein Bogen ist mit 48 Skulpturen, u. a. den zwölf Aposteln, geschmückt, das Relief im Bogenfeld darüber stellt das Jüngste Gericht dar. Bei den Plastiken handelt es sich um Kopien, die witterungsanfälligen Originale aus Sandstein sind im Bernischen Historischen Museum [s. S. 24] ausgestellt.

Man betritt das Münster durch das westliche Nordportal und steht zunächst in der *Gerbernkapelle,* in der das Informationszentrum der Kirche untergebracht ist. Im Mittelalter gab es in Bern drei Gerberzünfte, die gemeinsam die Kapelle stifteten. Sie war ursprünglich mit einem Altar und Gestühl ausgestattet und diente den Zunftmitgliedern für Pri-

Eindringlich schildern die Skulpturen im Tympanon über dem Hauptportal des Münsters St. Vinzenz das Jüngste Gericht, bei dem Gott die Seeligen von den Verdammten trennt

Im Kunstmuseum ist ›Die Nacht‹ (1890) zu sehen, eines der bekanntesten Bilder von Ferdinand Hodler, in dem er sich mit den Themen Schlaf und Tod auseinandersetzt

vatandachten – sozusagen eine Kirche in der Kirche. In der dreischiffigen Pfeilerbasilika selbst beeindrucken vor allem die *Chorfenster*. Sehr schön ist z. B. das 1453 von der Familie von Ringoltingen gestiftete Dreikönigsfenster an der Nordseite des Chors, dessen Buntglasbild die Legende der Drei Weisen aus dem Morgenland zeigen. Sehenswert sind ferner das im Stil der italienischen Renaissance gearbeitete doppelreihige *Chorgestühl* (1522–25) sowie der mit 80 Heiligenfiguren ausgestaltete ›Himmlische Hof‹ im Chorgewölbe. Eine Attraktion für sich ist der Blick über Bern von der *Galerie* des Kirchturmes in knapp 100 m Höhe. Wer sich den Aufstieg über die enge Wendeltreppe ersparen will, kann auch von der balkonartig angelegten Terrasse an der Südseite des Münsters eine schöne Aussicht auf Stadt und Aaretal genießen.

Am *Bundesplatz*, etwa 300 m westlich vom Münster, erhebt sich auf einer kleinen Anhöhe über der Aare das **Bundeshaus** 12. Das Parlamentsgebäude entstand 1894–1902 nach einem Entwurf des Semper-Schülers *Hans Wilhelm Auer* (1847–1906). Die einem römischen Tempel nachempfundene Nordfassade, die mächtige zentrale Kuppel sowie die stadteinwärts weisende Neo-Renaissance-Fassade vereinen sich zu einem eklektizistischen Repräsentationsbau, dessen pompöser Stil dem Geschmack der damaligen Zeit entsprach. Am Bau des ›Schweizer Volkshauses‹ waren Handwerker und Künstler aus der ganzen Schweiz beteiligt, ebenso fanden Gesteinsarten und Hölzer aus allen Landesteilen Verwendung. Im Rahmen einer kostenlosen **Führung** (Mo–Sa jew. stdl. 9–11 und 14–16, So 10–15 Uhr) können die mit zahlreichen allegorischen Plastiken zur Schweizer Geschichte ausgestaltete Kuppelhalle und die beiden Ratssäle besichtigt werden. Im Ständeratssaal erzählt ein 15 m langes Relief des Basler Bildhauers *Adolf Meyer* (1867–1940) die Herkunftssage der Schweizer.

Am Bundesplatz und in den umliegenden Gassen wird jeden Dienstag und Samstag Vormittag ein **Gemüsemarkt** abgehalten.

Highlights der Museumslandschaft

TOP TIPP Für Liebhaber der klassischen Moderne ist das **Kunstmuseum** 13 (Di 10–21, Mi–So 10–17 Uhr) in der Hodlerstrasse ein absolutes Muss. Der klassizistische Bau beherbergt u. a. die *Paul-Klee-Stiftung* mit der weltweit größten Sammlung des in Münchenbuchsee bei Bern geborenen Malers *Paul Klee* (1879–1940). Rund 3000 Werke, über die Hälfte seines gesamten Œuvres sind hier vereint. In zwölf Sälen wird eine Auswahl von Bildern, Skulpturen und Handpuppen präsentiert. Als ein Meisterwerk gilt beispielsweise ›Ad Parnassum‹ (1932), das sich aus auf Leinwand gestempelten Punkten zusammensetzt. Daneben werden Arbeiten von Klees Künstlerfreunden August Macke (›Gartenrestaurant‹, 1912), Louis Moilliert (›Im Varieté‹, 1912) sowie von der Künstlergruppe ›Die Blaue Vier‹ gezeigt, die Klee, Wassily Kandinsky, Alexej von Jawlensky und Lyonel Feininger 1924 gegründet hatten. Der Bestand des Kunstmuseums umfasst darüber hinaus vornehmlich italienische, schweizerische und französische Gemälde und Skulpturen vom Mittelalter bis zur Gegenwart. Schweizer Maler wie Ferdinand Hodler sind ebenso vertreten wie der Amerikaner Jackson Pollock mit seinen zeitgenössischen Action Paintings. Impressionisten

Das Naturhistorische Museum pflegt die Erinnerung an Bergspürhund Barry, den legendären Bernhardiner

und Paul Cézannes ›Selbstbildnis mit schwarzem Filzhut‹ sind weitere Highlights der Sammlung.

Im Süden der Altstadt führt die 1883 erbaute *Kirchenfeldbrücke* in zwei eisernen Bögen über die Aare zum *Helvetiaplatz*. Rund um den Platz konzentrieren sich einige der bedeutendsten Museen der Hauptstadt. Im Haus Nr. 4 etwa stellt das **Schweizerische Alpine Museum** ⑭ (Mo 14–17, Di–So 10–17 Uhr) den Naturraum Alpen anhand von Videos, kommentierten Dias und Panormareliefs umfassend dar. Besonders gelungen ist ein 4 × 5 m großes Modell des Berner Oberlandes. Gegenüber bietet die 1918 entstandene **Kunsthalle** ⑮ (Mi–So 10–17, Di 10–19 Uhr) Wechselausstellungen zeitgenössischer Kunst. 1968 hatte Verpackungskünstler *Christo* den Bau anlässlich seines 50-jährigen Bestehens verhüllt.

An der Südseite des Helvetiaplatzes lädt in einem märchenhaft anmutenden Schlösschen aus dem 16. Jh. das **Bernische Historische Museum** ⑯ (Di–So 10–17, Mi 10–20 Uhr) zu einem Streifzug durch die Geschichte des Kantons Bern von der Frühzeit bis zur Gegenwart ein. Neben den Originalskulpturen des ›Jüngsten Gerichts‹ vom Hauptportal des Berner Münsters zählen mittelalterliche Bilderteppiche zu den wertvollsten Schätzen der Sammlung. Hervorzuheben ist vor allem der für Burgunderkönig Philip der Gute (1396–1467) gefertigte *Tausendblumenteppich*. Die Gouache-Kopien des nur teilweise erhaltenen ›Berner Totentanz‹ sind ebenfalls sehenswert. *Niklaus Manuel* (1484–1530) hatte das 80 m lange Fresko ursprünglich auf eine Kirchhofsmauer gemalt. Schön anzusehen ist auch die *Orientalische Sammlung* im so genannten Moser-Anbau, zumal die Exponate in orientalisch dekorierten Sälen gezeigt werden. Die Silberarbeiten, Waffen und astronomischen Geräte waren eine Schenkung des Kaufmanns Henri Moser-Charlottenfels (1844–1923).

Das benachbarte **Naturhistorische Museum** ⑰ (Mo 14–17, Di/Do/Fr 9–17, Mi 9–18, Sa/So 10–17 Uhr) bietet eine Mineraliensammlung sowie 220 Dioramen mit europäischen und afrikanischen Säugetieren und Vögeln. ›Star‹ des Museums ist zweifellos der zum Mythos und Schweizer ›Nationalhund‹ gewordene Bernhardiner Barry (1800–1812), der präpariert im Foyer Wache hält. Der Spürhund hatte zu Anfang des 19. Jh. am Großen St. Bernhard über 40 Menschen aus Bergnot gerettet.

Ausflüge

Südlich der Hauptstadt bietet sich ein Abstecher in das 20 km entfernte Dorf **Riggisberg** an. Der herausgeputzte Ort ist wegen der dort ansässigen *Abegg Stiftung* (Mai–Okt. 14–17.30 Uhr) bekannt. Das kunsthistorische Institut präsentiert u. a. eine Sammlung persischer Keramik aus dem 5. Jt. v. Chr., byzantinisches Kunsthandwerk, mittelalterliche Fresken sowie Goldschmiedearbeiten des 15. und 16. Jh. Den Kernbereich der permanenten Ausstellung nehmen historische Textilien ein. Zu den kostbarsten Schätzen gehören ägyptische Leinen- und Seidengewebe aus dem 4. Jh., darunter ein 7 m breiter Wandbehang. Aus dem maurischen Spanien sind mit Goldfäden und aufgesetzten Perlen gearbeitete Prachtgewänder zu sehen. Eine Augenweide sind auch die mit Gold und Silber broschierten florentinischen Seidenstoffe des 18. Jh.

Schweizer Lochkäse ist weltbekannt, doch das etwa 50 km östlich von Bern gelegene **Emmental**, in dem er hergestellt wird, ist gewissermaßen touristisches Niemandsland. Dabei präsentiert sich das Voralpental beiderseits des Flüsschens Emme als traditionelles Bauernland mit grünen Wiesen, wie zufällig eingestreuten Dörfern und stattlichen Einzelgehöften. In diesem Gebiet sind viele Hausgiebel kunstvoll bemalt und mit Schnitzerei-

Das landschaftlich schöne Emmental prägen saftig-grüne Wiesen und Weiden, in die Weiler und kleine Gehöfte eingebettet sind, wie hier die Häuser des Dorfes Lützelflüh

en verziert. Der Hauptort **Langnau** ist nicht nur das ›Exportzentrum‹ für den würzigen Emmentaler Hartkäse sondern auch ein guter Ausgangspunkt für Wanderungen und Biketouren. Am idyllischen Dorfplatz lädt der *Landgasthof Hirschen* (Mo geschl.) mit guten Speisen zum Verweilen – ein Klassiker ist der Sauerbraten an Rotweinsauce! Und wer wissen will, wie die Löcher in den Käse kommen, biegt in Lützelflüh nach **Affolten** ab, wo die *Schaukäserei* (Mo–Fr 8.30–18.30 Uhr) keine Fragen offen lässt.

Wie kommen die Löcher in den Käse? Die Schaukäserei von Affolten verrät auch dies

Praktische Hinweise

Tel.-Vorwahl Bern: 0 31

Information: Bern Tourismus, im Hauptbahnhof, Tel. 3 28 12 12, Fax 3 12 12 33, Internet: www.bernetourism.ch

Flughafen: Bern-Belp, Tel. 9 60 21 11. 9 km südöstlich des Stadtzentrums. Anbindung an die Innenstadt mit der S-Bahn Nr. 3.

Nachtleben

Kulturhallen Dampfzentrale, Marzilistr. 47, Tel. 3 12 06 12, Programminfo im Internet: www.dampfzentrale.ch. In dem stillgelegten Heizkraftwerk am Aareufer werden Konzerte, Theater und Tanzaufführungen geboten.

Marian's Jazzroom, Engestr. 54 (im Hotel Innere Enge), Tel. 3 09 61 11. *Die* Adresse für Traditional Jazz. Di–Sa treten oft internationale Topstars auf, von Barbara Dennerlein bis Curt Ramm.

Hotels

****__Belle Epoque__, Gerechtigkeitsgasse 18, Tel. 3 11 43 36, Fax 3 11 39 36, Internet: www.belle-epoque.ch. Kleines Jugendstilhotel (17 Zimmer), das dank exquisitem Interieur seinem Namen alle Ehre macht.

***Waldhorn**, Waldhöheweg 2, Tel. 3 32 23 43, Fax 3 32 18 69, Internet: www.waldhorn.ch. Ruhig am rechten Aareufer gelegenes Eckhaus mit 46 bequemen, zweckmäßig eingerichteten Gästezimmern.

****Goldener Schlüssel**, Rathausgasse 72, Tel. 3 11 02 16, Fax 3 11 56 88, Internet: www.goldener-schluessel.ch. Das relativ preisgünstige Altstadthotel nahe des Zytgloggeturms bietet 29 bodenständig ausgestattete Zimmer.

Restaurants

Altes Tramdepot, Großer Muristalden 6, Tel. 3 68 14 15. Direkt am Bärengraben mit herrlichem Münsterblick werden in Kantinenatmosphäre Pfannengerichte und Kesselfleisch aufgetischt. Dazu trinkt man hausgebrautes naturtrübes Weizenbier.

Kornhauskeller, Kornhausplatz 18, Tel. 3 27 72 70. Riesiges Kellerlokal mit ausgemaltem Deckengewölbe. Spezialität des Hauses ist die Bernerplatte, bestehend aus geräuchertem Schweinefleisch, Rippli und Speck, Zungenwurst, Sauerkraut und Kartoffeln.

Menuetto, Münstergasse 47, Tel. 3 11 14 48. Leckere vegetarische Speisen, darunter stets ein preiswertes Tagesgericht (So geschl.).

2 Gstaad

Mondäner Jetset-Treff der Wintersportler.

Das **Saanenland** in der westlichsten Ecke des Kantons Bern ist eine liebliche, von offenen Weiden geprägte Voralpenregion. Ihr touristisches Zentrum ist das 1000 m hoch in einem Talgrund gelegene **Gstaad**, ein charmanter Bergort mit 2500 Einwohnern, in dem sich im Winter Prominenz aus aller Welt ein Stelldichein gibt. Auf den hiesigen Skipisten ist beispielsweise der Lebemann Gunter Sachs ebenso zu sehen wie die Schauspielerin Jeanne Moreau, die das exklusive Chaletdorf als Dauerwohnsitz wählte.

1913 öffnete in dem kleinen Gstaad das *Palace Hotel*, noch heute eines der exklusivsten Grandhotels der Welt. Der kometenhafte Aufstieg zum Tummelplatz des internationalen Jetset begann 1920, als hier das renommierte Internat *Le Rosey* eröffnet wurde und die Reichen und Superreichen fortan ihre Sprösslinge der Bildung wegen nach Gstaad schickten. Die sonnige Tallage, frische Luft sowie gute Wander- und Wintersportmöglichkeiten taten ein Übriges, um Gstaad zu einem Nobelferienort zu machen. Dazu kommen mittlerweile ein 18-Loch-Golfplatz und viele interessante Events. Highlights im Veranstaltungskalender sind die Internationalen Tennismeisterschaften der **Swiss Open** im Juli sowie die Konzerte klassischer Musik im Rahmen des **Musiksommers Gstaad-Saanenland** (Juli–Sept.), den der Geiger Yehudi Menuhin (1916–1999) im Jahr 1957 initiierte.

Ob Märchenschloss oder Hotelburg, jedenfalls steigen im Palace Hotel Gstaad seit rund 80 Jahren noble Gäste ab

Ausflüge

Der Nachbarort **Saanen** (1020 m) ist Verwaltungssitz des Saanetals. In dem schmucken Dorf mit etlichen historischen, bis zu 400 Jahre alten Chalets lohnt ein Besuch der spätgotischen *Mauritiuskirche*. Das kleine Gotteshaus beherbergt Wandmalereien aus dem 15. Jh. und eine kunstvoll mit Intarsien verzierte Renaissancekanzel.

Von Saanen aus in Richtung Thun zweigt in Zweisimmen ein Sträßchen ins obere **Simmental** ab, das vor allem für seine mit dekorativer Zimmermannskunst geschmückten Bauernhäuser bekannt ist. Hauptort des malerischen Tales ist das Wintersportzentrum *Lenk*, das sich durch seine Schwefelquellen auch als Kurbad einen Namen gemacht hat. Vom Talschluss in Oberried gelangt man in einer halbstündigen Wanderung zur Räzlialp, bei der sich die Wasser mehrerer Gebirgsbäche wie der Simme, des Iffig- oder des Wallbaches zu den eindrucksvollen *Simmenfällen*, vereinen.

Praktische Hinweise

Tel.-Vorwahl Gstaad: 0 33

Information: Gstaad Saanenland Tourismus, Hauptstraße, Tel. 7 48 81 81, Fax 7 48 81 83, Internet: www.gstaad.ch

Hotels

*******Palace Hotel Gstaad**, Tel. 7 48 50 00, Fax 7 48 50 01, Internet: www.palace.ch. Das türmchengeschmückte Nobelhotel thront wie ein Märchenschloss aus Disneyland über dem Ort. Die 106 Zimmer und Suiten bieten jeglichen Komfort, grandiose Sicht auf die Berner Alpen inklusive.

****Ferienhaus Alpenblick**, Tel. 7 44 18 14, Fax 7 48 18 14. Preisgünstige Pension mit Mehrbettzimmern, etwas außerhalb am westlichen Ortsrand gelegen.

Restaurant

Cheserey, Lauenenstraße (Promenade), Tel. 7 44 24 51. Nouvelle Cuisine vom Feinsten, besonders empfehlenswert sind die Fischgerichte (Mo geschl.). Anbei befindet sich eine gut besuchte Piano-Bar.

3 Thuner See

Thun – Schloss Hünegg – Schloss Oberhofen – St. Beatus-Höhlen – Spiez – Niesen

Märchenschlösser und romanische Kirchen an einem traumhaft schönen Bergsee.

Bis zur letzten Eiszeit bildete der Thuner See mit seinem Nachbarn, dem Brienzer See, im Tal der Aare ein einziges Gewässer, das jedoch durch Verlandung in die beiden so genannten *Oberländer Seen* geteilt wurde. Die Ufer des 18 km langen und bis zu 4 km breiten Thuner Sees sind durch eine *Panoramastraße* erschlossen. Segler und Surfer wissen die stete Brise zu schätzen, kleine Seebäder laden im

Spätgotische Fresken aus dem 15. Jh. schmücken die Wände der kleinen Mauritiuskirche im Wintersportort Saanen

Am Fuße von Schloss Thun lädt der hübsche Rathausplatz des gemütlichen Städtchens zu einer Rast ein

Rundturm, Giebel, Zierbalkone – beim Bau des reizenden Schloss Schadau Mitte des 19. Jh. wurde an Architekturzitaten aus verschiedenen Stilepochen nicht gespart

Hochsommer zu einem Sprung ins kühle Nass des Sees ein.

›Tor zum Berner Oberland‹ wird das 560 m hoch gelegene **Thun** (41 000 Einw.) gerne genannt. Die Stadtgründung geht auf den Zähringer Herzog Berchthold V. zurück, der 1191 auf einem Hügel über dem Austritt der Aare aus dem See ein befestigtes Schloss anlegen ließ. Die verkehrsgünstige Lage förderte das Wachstum des in seinem Schutz entstandenen Städtchens. Als 1835 die Dampfschifffahrt auf der Aare und den Seen begann sowie 1859 die Bahntrasse nach Bern fertig gestellt worden war, avancierte Thun gar zum wichtigsten Handelszentrum im Berner Oberland.

Blauer Dunst mit Hochgenuss – Schloss Oberhofen hat einen stilvollen Rauchsalon

Der geschlossene Altstadtkern beidseits der Aare wird von **Schloss Thun** beherrscht, dessen massiger Donjon mit vier schlanken runden Ecktürmchen unübersehbar am Nordufer aufragt. Das fünfstöckige Schloss beherbergt heute das **Historische Museum** (tgl. Weihnachten/Feb./März 13–16, April–Okt. 10–17, Juli/Aug. 10–18 Uhr), zu dessen kostbarsten Exponaten Antependien (Altarbekleidungen) aus dem 13. und 14. Jh. gehören. Auch der Rittersaal sowie die Militaria- und Keramiksammlung verdienen Beachtung. Auf dem überdachten Kirchtreppenweg gelangt man zurück zum großzügigen kopfsteingepflasterten **Rathausplatz** oberhalb des Aareufers. Er ist umgeben von behäbig-breiten Laubenhäusern, unter denen das 500 Jahre alte *Rathaus* mit seinem aufgesetzten Uhrturm und dem 1585 angebauten Archivturm auffällt.

TOP TIPP Im südwestlichen Ortsteil Scherzlingen liegt **Schloss Schadau** (Mai–Okt. Di–So 10–17 Uhr) zauberhaft in einem ausgedehnten Park am Seeufer. Das kompakte turmgeschmückte Schlösschen wurde 1849–54 von einem Neuenburger Bankier errichtet und wirkt durch den verspielten Stilmix aus Gotik, Renaissance und Barock äußerst gefällig. Innen zeigt das *Schweizerische Gastronomiemuseum* (Di/Do 14–17 Uhr, oder nach Vereinbarung, Tel. 0 33/2 23 14 32) Zuckerdosen, Korkenzieher sowie eine stattliche Sammlung von Kochbüchern und Speisekarten. Im Erdgeschoss findet das Feinschmeckerlokal *Arts Restaurant* einen würdigen Rahmen. Der Rundbau im Schlosspark (Ostern/Mai–Okt. Di–So 10–17, Juli/Aug. 10–18 Uhr) schließlich beherbergt eine von dem Basler Künstler *Marquard Wocher* 1814 gemalte Stadtansicht von Thun. Mit 39 × 7,5 m ist dieses so genannte **Wocher-Panorama** das größte Ölgemälde der Schweiz.

Schloss Hünegg (15. Mai–15. Okt., Mo–Sa 14–17, So 10–12 und 14–17 Uhr) in Hilterfingen am Nordufer des Thuner See ist eine weitere Perle der Schweizer Schlösserarchitektur. 1861–63 im Stil der französischen Renaissance erbaut, wurde es um 1900 erneuert und mit schmuckem Jugendstilmobiliar ausgestattet. Direkt am Seeufer steht auch **Schloss Oberhofen** (Mitte Mai–Okt. Mo 14–17, Di–So 11–17 Uhr) im gleichnamigen Nachbarort. Es wurde im 12. Jh. als Wasserschloss erbaut, ist jedoch nach einer grundlegenden Veränderung im 19. Jh. heute nur noch durch einen Fachwerkanbau mit einem Türmchen im See verbunden. Im mächtigen Bergfried richtete der Schlossherr um 1855 einen türkischen Rauchsalon ein, der durch die ornamentale Holzdecke und Diwane entlang der Wände einen Hauch von Tausendundeiner Nacht vermittelt.

Fährt man auf der Panoramastraße weiter am Nordufer entlang, zweigt nahe Sundlauenen die Zufahrt zu den **St. Beatus-Höhlen** (Palmsonntag–Okt. tgl. 10.30–17 Uhr) im Niederhorn-Massiv ab. In den weitläufigen Grotten faszinieren bizarr geformte Tropfsteine und unterirdische Wasserfälle. Das angegliederte *Höhlenmuseum* (Di–So 11.30–17.30 Uhr) erklärt die Entstehungsgeschichte des unterirdischen Labyrinths.

Hauptort am Südufer des Thuner See ist **Spiez** (10 500 Einw.), das sich pittoresk um eine halbkreisförmige Bucht erstreckt. Zentrales Bauwerk an der Uferpromenade ist **Schloss Spiez** (Karfreitag–Mitte Okt. Mo 14–17, Di–So 10–17 Uhr) aus dem 12. Jh. mit seinem fast 40 m hohen Donjon. Nachdem das weiße Gebäude den Adelsgeschlechtern der Bubenbachs und Erlachs bis 1875 als repräsentative Residenz gedient hatte, ist es heute Sitz der Kommunalverwaltung. Die wenige Schritte entfernte **Schlosskirche** stammt bereits aus dem 11. Jh. Sie ist eine von zwölf Thunersee-Kirchen, die mit ihren jeweils drei Apsiden deut-

Weite Panormaausblicke bietet eine Fahrt über Grimsel-, Furka- und Sustenpass durch das Meiental

Olala – was für Kurven

Innertkirchen am Ausgang des Haslitals bietet sich als Ausgangspunkt für eine spektakuläre **Drei-Pässe-Fahrt** *über den Grimsel-, Furka- und Sustenpass an. Für die gut 100 km lange, mit Spitzkehren und Haarnadelkurven gespickte Rundtour sollte man einen ganzen Tag einplanen. Zunächst windet sich die Kantonsstraße 6 zum* **Grimselsee** *(1909 m) hinauf, der relativ schmal, doch 5,5 km lang wie ein Fjord in das Hochgebirge eingelassen ist. Von der Grimselpasshöhe (2163 m) geht es zunächst abwärts ins Tal nach Gletsch, dann nach Osten auf der Furkastraße wieder hinauf zum Aussichtspunkt Belvedere mit Blick auf den eisschönen* **Rhonegletscher**.

Über den Furkapass (2431 m) erreicht man schließlich **Andermatt** *(1447 m) am Fuß des St. Gotthard. Der kleine Ort im Zentrum der Schweizer Alpen, an vier wichtigen Passstraßen gelegen und als ›Schneeloch‹ bekannt, hat sich zu einem beliebten Wintersportgebiet entwickelt. In Andermatt unterhält die Schweizer Armee auch eine Rekrutenschule der Gebirgsinfanterie und sichert den St.-Gotthard-Tunnel [s. S. 131] militärisch an beiden Eingängen. Von Andermatt läuft die Straße über die sagenumwobene Teufelsbrücke und in engen Kehren durch die* **Schöllenenschlucht** *nach Göschenen (1106 m) hinab. Zurück nach Innertkirchen geht es auf der großzügig ausgebauten Sustenstraße durch das Meiental und über den Sustenpass (2224 m).*

lich von der oberitalienischen Architektur beeinflusst sind. Ein Blickfang ist innen das Chorgewölbe mit romanischen Wandmalereien.

Vom 7 km entfernten Dorf Mülenen fährt eine *Standseilbahn* (Mai – Mitte Okt. tgl., bis Ende Nov. bei schönem Wetter, Tel. 0 33/6 76 11 12) auf den **Niesen** (2362 m). Der wie eine Pyramide über dem Thuner See aufragende Spiezer Hausberg lockt mit grandiosen Aussichten auf das Jungfraumassiv.

Praktische Hinweise

Tel.-Vorwahl Thun: 0 33

Information: Thuner See Tourismus, im Info-Center Thun, Bahnhof, Tel. 2 22 23 40, Fax 2 51 00 88, Internet: www.thunersee.ch

Restaurant

Arts Restaurant, Schloss Schadau, Seestr. 45, Tel. 2 22 25 00. In noblem Ambiente genießt man erstklassige Küche, z. B. Lachsmedaillons auf Spargelpüree, mit Blick über den malerischen, bergumstandenen Thuner See. (Mo geschl.).

4 Interlaken

Wiege des schweizerischen Alpentourismus.

Das 569 m hoch gelegene Interlaken (13 500 Einw.) ist die **touristische Drehscheibe** im Berner Oberland. Zur reizvollen Lage auf dem ›Bödeli‹ genannten Schwemmland zwischen Thuner und Brienzer See kommt die Nähe zur Jungfrauregion, die den Ort als Ausgangspunkt für Touren ins umliegende Hochgebirge prädestiniert. Der Name des Städtchens geht auf das 1133 gegründete Augustinerkloster *Inter Lacus* (lat. ›zwischen den Seen‹) zurück. Aus der einstigen Klosterherberge u. a. für Pilger entstand bereits im 14. Jh. das erste Hotel des beliebten Ortes (heute Hotel Interlaken), in dem im 19. Jh. so illustre Gäste wie Lord Byron und Felix Mendelssohn Bartholdy abstiegen.

Als Glücksfall für den durch Molkekuren bekannt gewordenen, aufstrebenden Kurort erwies es sich, dass Mitte des 19. Jh. eine im Zentrum gelegene 14 ha große lang gestreckte Wiese von Bebauung frei gehalten wurde. Am Nordrand dieser so genannten **Höhematte** legte man eine von Luxushotels gesäumte Promenade an, den **Höheweg**, von dem sich ein unvergleichlich schöner Panoramablick auf das Jungfraumassiv ergibt. Nahe des Höhewegs liegt auch der von einem fernöstlich inspirierten Pagodendach gezierte, 1859 erbaute **Kursaal**. Das Gebäude beherbergt u. a. ein Spielkasino, im Sommerhalbjahr steht zudem mehrmals wöchentlich eine zünftige Schweizer Folkloreshow mit Jodlern und Alphornbläser auf dem Veranstaltungsprogramm.

Zum Bummeln und Flanieren lädt die verkehrsberuhigte Innenstadt von Interlaken ein

Östlich der Höhematte erhebt sich auf dem Areal des 1528 säkularisierten Augustinerkonvents das **Schloss Interlaken** (Mitte März – Mitte Okt. Di – So 14 – 17 Uhr). In dem 1750 von *Emanuel Zehender* errichteten dreiflügeligen Bau mit vorspringendem Walmdach residierten einst die Berner Landvögte. Heute ist in der Propstei eine Zinnfigurensammlung zu besichtigen.

Zu Füßen des Harder nordwestlich des Stadtzentrums liegt der Ortsteil *Unterseen*. Hier vermittelt im ehem. Pfarrhaus aus dem 16. Jh. das **Touristikmuseum der Jungfrauregion** (Mai – Mitte Okt. Di – So 14 – 17 Uhr) einen Einblick in die Geschichte des Fremdenverkehrs im Berner Oberland. Anschaulich dokumentieren Modelle, Fotografien und historische Verkehrsmittel die Erschließung der Region durch Dampfschiffe, Eisen- und Bergbahnen.

Ausflüge

Der Aussichtsberg **Harder** (1325 m) ist von Interlaken aus auf einer 10-minütigen Fahrt mit der Standseilbahn (Talstation gegenüber dem Bahnhof Interlaken-Ost) erreichbar. Oben bietet sich vom Panoramarestaurant *Harder Kulm* mit seinem ungewöhnlich zipfelig ausgezogenen Dach ein herrlicher Rundblick auf die Seen und Berge der Ferienregion sowie auf die im Süden aufragende Jungfrauengruppe.

Noch grandioser ist die Aussicht allerdings von der **Schynige Platte** (1967 m) südlich von Interlaken [s. S. 34]. Von der Talstation im Vorort Wilderswil benötigt die 1893 erbaute Zahnradbahn (Betrieb Juni–Okt.) 50 Minuten für die Fahrt auf das weitläufige Plateau. An der Bergstation macht der *Botanische Alpenpark* mit rund 500 Arten heimischer Blumen und Farne bekannt. Je nach Blütezeit (Mitte Juni–Sept.) ist hier von Alpenrose bis Enzian und Edelweiß alles vertreten.

Praktische Hinweise

Tel.-Vorwahl Interlaken: 0 33

Information: Interlaken Tourismus, Höhenweg 37, Tel. 8 26 53 00, Fax 8 26 53 75, Internet: www.interlakentourismus.ch

Bergbahn

Jungfraubahnen, Harderstr. 14, Tel. 8 28 71 11, Fax 8 28 72 64, Internet: www. jungfraubahn.ch. Teils moderne, teils historische Seil- und Zahnradbahnen zum Jungfraujoch, nach Grindelwald, Lauterbrunnen, Wengen sowie zu weiteren Ausflugszielen im Umland.

Schiff

BLS Lötschbergbahn AG, Bahnhofstr. 28 (Bahnhof Interlaken-West), Tel. 8 26 47 50, Fax 8 26 47 21, Internet: www.bls.ch. Bietet neben regionalen Bus- und Bahnverbindungen auch Bootsausflüge auf den Brienzer und Thuner See, etwa mit dem Dampfer ›Fauchi‹ zur Beatenbucht.

Hotels

TOP TIPP *******Victoria-Jungfrau Grand Hotel**, Höheweg 41, Tel. 8 28 28 28, Fax 8 28 28 80, Internet: www.victoria-jungfrau.ch. Die Nobelherberge mit Belle-Epoque-Flair und erstklassigem Wellness-Center wurde von Gault Millau zum Schweizer Hotel des Jahres 2000 gekürt. Hinter der monumentalen Architektur verbergen sich prächtige Gesellschaftsräume sowie 212 Zimmer und Suiten in klassischer Eleganz. Kulinarisch verwöhnen die beiden Spitzenlokale La Terrasse und Jungfraustube.

*****Chalet Swiss**, Seestr. 22, Tel. 8 26 78 78, Fax 8 26 78 70, Internet: www.chalet-swiss.ch. Das heimelige Chalethotel mit 54 Zimmern liegt zentrumsnah und bietet eine schöne Aussicht auf die Jungfrauregion.

Restaurant

Hirschen, Ortsteil Matten, Hauptstr. 11, Tel. 8 22 15 45. Traditionelle Schweizer Küche im rustikalen Ambiente eines 300 Jahre alten Bauernhauses (Di geschl.). Im Obergeschoss gibt es einige Gästezimmer.

5 Brienzer See

Brienz – Freilichtmuseum Ballenberg – Giessbachfälle – Aareschlucht – Rosenlauischlucht

In der Region um den See wird Brauchtum und altes Handwerk liebevoll gepflegt.

Bis zu 259 m tief sind die an ihrer Oberfläche meist hellgrün schimmernden Wasser des Brienzer Sees. Der 14 km lange und bis zu 2,5 km breite zweite Oberländer See [s. Thuner See, Nr. 3] wird im Süden vom Gebirgszug des Faulhorns

Nicht allzu viele grobe Schnitzer dürfen sich junge Leute an der Schule für Holzbildhauerei in Brienz erlauben

(2681 m), im Norden vom geringfügig niedrigeren Brienzer Grat eingefasst. Das am Nordostufer auf 571 m Höhe gelegene, 3200 Einwohner zählende **Brienz** ist ein Zentrum der Schweizer Holzschnitzkunst. In der Schleegasse 1 kann man in der *Schule für Holzbildhauerei* (Mo–Fr 8–11 und 14–17 Uhr, Juli/Anf. Aug. und Ende Sept./Anf. Okt. nur vormittags) dem Handwerkernachwuchs bei der Arbeit über die Schulter schauen. An der Ecke Schleegasse/Oberdorfstraße befindet sich die *Schweizer Geigenbauschule,* deren Werkstätten auf Anfrage (Tel. 0 33/9 51 18 61) ebenfalls besichtigt werden können.

Westlich von Brienz befindet sich bei Hofstetten der Haupteingang zum **Freilichtmuseum Ballenberg** (Mitte April–Okt. tgl. 10–17 Uhr). Auf dem 200 ha großen Gelände sind rund 80 hierher versetzte Gebäude aus fast allen Kantonen der Schweiz versammelt, darunter eine alte Mühle aus dem Wallis und eine Alpkäserei aus dem Kandertal. Auch die vollständig eingerichteten Wohnstuben und Küchen sind zu besichtigen.

Am Südufer des Brienzer Sees lohnt ein Besuch der **Giessbachfälle**. Hier stürzen die klaren Wasser mehrerer Gebirgsbäche in 14 Kaskaden 400 m über eine teilweise baumbestandene Felswand hinab. Den schönsten Zugang hat man über den Schiffsanleger ›Giessbach See‹, von dem aus eine Standseilbahn zum direkt an den Wasserfällen gelegenen *Grand Hotel Giessbach* führt.

Ein Naturwunder ist die **Aareschlucht** rund 15 km östlich von Brienz. Dort hat sich zwischen Meiringen und Innertkirchen der Gebirgsfluss Aare eine 1400 m lange und 200 m tiefe Klamm durch den Gebirgszug des Kirchet gegraben. Ebenfalls beeindruckend ist die 8 km südwestlich an der Straße zur Grossen Scheidegg gelegene **Rosenlauischlucht**. Beide Schluchten können im Sommerhalbjahr (April/Mai – Okt.) auf schmalen Stegen erkundet werden.

Schroffe Felswände rahmen das Lauterbrunnen-Tal, eindrucksvoll akzentuiert vom Staubbachfall beim Dorf Lauterbrunnen

6 Jungfrau

Lauterbrunnen – Mürren – Wengen – Grindelwald – Männlichen – Jungfraujoch

Majestätische Drei- und Viertausender machen die Bergwelt zum ›Top of Europe‹.

Die Jungfrauregion mit dem Dreigestirn Eiger (3970 m), Mönch (4099 m) und Jungfrau (4158 m) ist das Herzstück der Berner Alpen. Ende 2001 ernannte die UNESCO die Region Jungfrau – Aletsch – Bietschhorn gar zum ›Weltnaturerbe‹.

Eingebettet in die großartige Berglandschaft liegen kleine Ferienorte, die sich als Ausgangspunkte für Ausflüge anbieten. Da ist z. B. **Lauterbrunnen** (800 m) im gleichnamigen Trogtal, das zu beiden Seiten von schroff aufragenden Kalkwänden eingefasst wird. Hier gibt das gegenüber der Bushaltestelle gelegene *Talmuseum* (Juni–Okt. Di, Do, Sa und So 14–17.30 Uhr) in der ehemaligen Getreidemühle einen Einblick in die bäuerliche Kultur der Region. Sehr schön ist die kleine aber feine Sammlung von im Ort gefertigten Klöppelspitzen. Wahrzeichen von Lauterbrunnen ist der *Staubbachfall,* der nahe der oberen Dorfhälfte von einer überhängenden Felswand fast 300 m zu Tal stürzt. Johann Wolfgang von Goethe, der 1779 im hiesigen Pfarrhaus übernachtete, sah sich angesichts des Wasserfalls zu seinem Gedicht ›Gesang der Geister über den Wassern‹ inspiriert.

4 km taleinwärts bieten die **Trümmelbachfälle** (April–Nov. tgl. 9–17, Juli/Aug. bis 18 Uhr, Tel. 8 55 32 32) ein ohrenbetäubendes Naturschauspiel. Sie bestehen aus zehn Gletscherfällen, über die bis zu 20 000 l Wasser pro Sekunde schäumend hinabdonnern – immerhin befinden sich im Einzugsbereich die Gletscherwände von Eiger, Mönch und Jungfrau. Der Clou: Die insgesamt etwa 200 m hohen Fälle liegen im Inneren des Berges Schwarzer Mönch und sind über einen Aufzug zugänglich.

Von der Talstation Stechelberg in Lauterbrunnen führen **Berg-** und **Gondelbahnen** bergan, etwa in das autofreie **Mürren**, das in 1650 m Höhe am Fuß des *Schilthorns* auf einer sonnigen Terrasse liegt. Von dem heimeligen Chaletdorf aus lassen sich schöne Wanderungen, etwa zur Grütschalp (3 Std.), unternehmen, im Winter locken 53 km präparierte Skipisten. Gern fahren Besucher auch mit der Gondelbahn auf das **Schilthorn** (2970 m), zu Fuß dauert der Aufstieg 4,5 Std. Von dem spektakulären Aussichtsgipfel kann man an klaren Tagen sowohl den Mont Blanc als auch den Schwarzwald sehen. In Sportkreisen ist der Name bekannt, seit 1928 hier erstmals das *Inferno-Rennen* ausgetragen wurde, das steilste und mit 12 km längste Abfahrtsrennen der Welt. Außerdem war 1969 das auf seinem Gipfel gerade fertig gestellte Drehrestaurant Piz Gloria Schauplatz des James-Bond-Films ›Im Geheimdienst Ihrer Majestät‹.

Gegenüber von Mürren an der Ostflanke des Lauterbrunnentales liegt **Wengen** am Fuß des Jungfraumassiv auf 1275 m Höhe. Der renommierte Luftkur- und Wintersportort ist ebenfalls autofrei und durch Zahnradbahnen mit Lauterbrunnen und Grindelwald verbunden. Von der Wengener Bergstation befördern Elektroautos das Gepäck der anreisenden Gäste zu gediegenen Jugendstil-Hotelpalästen und pittoresken Chalets. In Wengen wird alljährlich im Januar das *Lauberhornrennen* ausgetragen, das durch die steile Streckenführung zu den schwierigsten Abfahrten im internationalen Skizirkus gehört.

Grindelwald (1090 m) ist mit 4100 Einwohnern größter Ferienort in der Jungfrauregion und einer der bekanntesten der Schweiz. Das Bergsteiger-, Wander- und Skizentrum breitet sich in einer Talmulde des Flüsschens Schwarze Lütschine aus, im Süden überragt von der gewaltigen Kulisse der Eigernordwand, im Osten von Schreckhorn und Wetterhorn, im Norden vom Faulhorn. Zu den landschaftlichen Attraktionen der Umgebung gehören die beiden **Grindelwaldgletscher**. Leicht erreichbar ist der *Untere Gletscher* (Mitte Mai–Okt. tgl. 10–17 Uhr), der sich entlang der Lütschine eine imposante Schlucht in den felsigen Untergrund gegraben hat. Von ihrem Eingang kann man auf Stegen bis fast zur Gletscherzunge vordringen. Will man den *Oberen Gletscher* besuchen, fährt man vom Verkehrsbüro in Grindelwald in Richtung Grosse Scheidegg bis zum Parkplatz am Hotel Wetterhorn. Dort führt von der Schwarzen Lütschine eine teils sehr steile Holztreppe mit 890 Stufen empor zur imposanten Gletscherzunge und zur Blauen Eishöhle. Geübte Wanderer brauchen für den Aufstieg etwa 40 Minuten.

Verstreut liegen die Häuser des Bergdorfes Grindelwald zu Füßen des 3701 m hohen Wetterhorns

Als Aussichtsgipfel mit Blick auf die Drei- und Viertausender der Jungfrauregion bietet sich der im Westen aufragende **Männlichen** (2345 m) an, der auch als Skigebiet geschätzt wird. 30 Minuten dauert die Fahrt von Grindelwald auf den Gipfel mit der längsten Gondelbahn Europas (6,2 km). Vom Männlichen lassen sich auch reizvolle Wanderungen unternehmen, beispielsweise in 2 Std. hinab nach Wengen [s. S. 33]. Eine Seilbahn führt von Grindelwald aus auch auf den *First* (2168 m) im Norden des Ortes. An der Bergstation beginnt der **Alpenrose-Trail**, auf dem man in 50 Minuten zum *Bachalpsee* gelangt. In dem ruhigen Bergsee spiegelt sich malerisch die Silhouette des Eiger.

TOP TIPP Die Attraktion der Region schlechthin aber ist ein Besuch des **Jungfraujoch** (3454 m), einer Bergstation unterhalb des 4158 m hohen Jungfrau-Gipfels. Die Konstruktion der Bahnstrecke hinauf ins ewige Eis war eine technische Meisterleistung. Ab 1896 wurde an der höchsten Baustelle Europas Tag und Nacht im Schichtbetrieb gearbeitet, bis nach 16 Jahren 1912 die Zahnradstrecke eröffnet werden konnte. Von der 9,4 km langen Trasse ab der Kleinen Scheidegg verlaufen 7,2 km in einem Tunnel durch den Berg. Zubringer zur Jungfraubahn starten von Interlaken, Lauterbrunnen, Wengen und Grindelwald. Trotz des nicht gerade billigen Tarifs von derzeit 147 CHF (ab Grindelwald) lassen sich jährlich eine halbe Million Fahrgäste zum Jungfraujoch hinauf bringen, der sich als höchst gelegener Bahnhof Europas ›Top of Europe‹ nennen darf. Durch den 230 m langen ›Sphinxstollen‹ gelangt man auf den **Jungfraufirn**, wo die Besucher je nach Gusto Sommerski laufen, über das ewige

Wanderer haben im Berner Oberland die Qual der Wahl, können etwa bei Grindelwald sehr schön entlang des Bachalpsees mit Blick auf Wetterhorn und Schreckhorn gehen

Traumpfade für Höhenwanderer

Die Berner Alpen sind ein **Wanderparadies** *par excellence, das durch Hunderte von markierten Routen erschlossen ist. Aus der Fülle der Möglichkeiten sind zwei schöne Höhenwege besonders zu empfehlen:* TOP TIPP *Die insgesamt 12 km lange* **Faulhorn-Wanderung** *beginnt an der Schynigen Platte* *[s. S. 31]**. In 6 Stunden kann man von dort über das Faulhorn (2681 m) zum First (2167 m) wandern, von wo aus es mit der Gondelbahn hinab nach Grindelwald geht. Das Tourismusbüro in Wilderswil (Tel. 0 33/8 22 84 55), dem südlichen Vorort von Interlaken, bietet die ansprechende Tour auch organisiert als Mondscheinwanderung an.*

Besonders beliebt und viel begangen ist die landschaftlich attraktive **Kleine Scheidegg-Wanderung** *(5 km). Startpunkt ist der Männlichen (2342 m)* *[s. S. 33]**, von dem aus man – immer mit spektakulären Ausblicken auf die Eigernordwand – etwa 2 Stunden Richtung Südosten zur Kleinen Scheidegg (2061 m) geht. Beide Gipfel sind via Bergbahnen mit Lauterbrunnen verbunden, wodurch sich An- bzw. Abstieg bequem gestalten lassen.*

Tendenz steigend – vorbei an der berühmt-berüchtigten Eigernordwand bringen die leuchtend roten Wagen der Jungfraubahn jährlich rund 600000 Besucher auf das Jungfraujoch

Eis des Aletschgletschers wandern oder sogar eine Schlittenpartie mit Polarhunden unternehmen können. Vom Sphinxstollen führt ein Lift zur Aussichtsplattform der *Wetterstation Sphinx* (3573 m), von der man einen einzigartigen Blick über die Berner Alpen genießt.

Praktische Hinweise

Vorwahl Lauterbrunnen, Mürren, Wengen, Grindelwald: 0 33

Information: Tourist Information Mürren, Alpines Sportzentrum, Tel. 8 56 86 86, Fax 8 56 86 96, Internet: www.wengen-muerren.ch. – Tourist Information Wengen, Tel. 8 55 14 14, Fax 8 55 30 60. – Tourist Center Grindelwald, Sportzentrum, Tel. 8 54 12 12, Fax 8 54 12 12, Internet: www.grindelwald.ch

Hotels

****__Regina__, Wengen, Tel. 8 56 58 58, Fax 8 56 58 50, Internet: www.wengen.com/hotel/regina. Viktorianische Architektur signalisiert die mehr als 100-jährige Tradition des Hauses, die Zimmer atmen biedermeierliche Gemütlichkeit. Im Erdgeschoss befindet sich das gediegene Spezialitätenrestaurant ›Chez Meyer's‹.

**__Sonnenberg__, Grindelwald, Tel. 8 53 10 15, Fax 8 53 28 02, Internet: www.sonnenberghotel.ch. Familiäres traditionelles Häuschen in ruhiger sonniger Hanglage. Alle Zimmer mit Balkon und gemütlich mit Holzmöbeln eingerichtet.

Eiger Guesthouse, Mürren, Tel. 8 55 35 35, Fax 8 55 35 31, Internet: www.muerren.ch/eigerguesthouse. Die einfache Unterkunft gegenüber der Mürrenbahn-Station mit Doppel- und Mehrbettzimmern ist bei jungem Publikum sehr beliebt. Im Erdgeschoss befindet sich ein Internet-Café.

Restaurants

Alpenruh, Mürren, Tel. 8 56 88 00. Das Hotelrestaurant bietet solide Schweizer Küche. Terrasse mit Blick auf den Junggraugipfel.

Bären, Wengen, Tel. 8 55 14 19. Gasthof mit bodenständiger und nicht allzu teurer Rösti-Küche sowie gepflegter Weinkarte.

Fiescherblick, Grindelwald, Tel. 8 53 44 53. Feinschmeckerlokal in gleichnamigem Hotel nahe der Kirche. Empfehlenswert sind insbesondere das Bärlauchrisotto und die sorgfältig zusammengestellte Käseplatte.

Zum schwarzen Horn
Coop
CREDIT SUISSE

Nord- und Ostschweiz – Heimat von Schweizer Banken und Appenzeller Käse

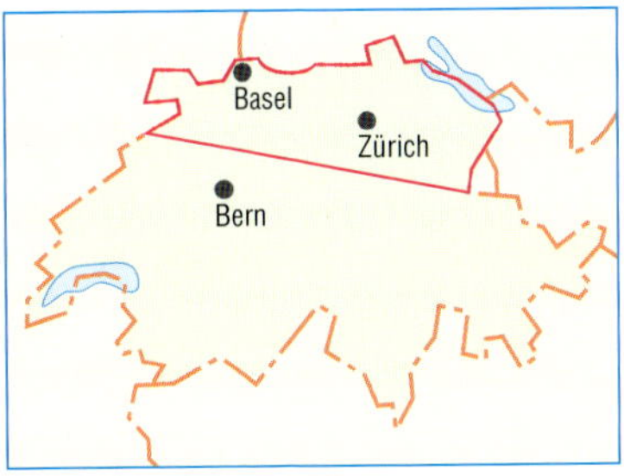

Auf immerhin 2501 m bringt es der **Säntis** im Kanton Appenzell Innerrhoden, was ihn zum höchsten Aussichtsgipfel der Nord- und Ostschweiz macht. Doch neben dem Blick auf die imposanten Gipfel des Alpenhauptkammes im Süden und schöner Berglandschaft hat die Region noch einiges mehr zu bieten. In **Basel** etwa gibt es eine gut erhaltene Altstadt zu entdecken. Gleichzeitig ist die Stadt am Rheinknie mit ihren renommierten Museen eines der bedeutendsten Kulturzentren der Schweiz. Auch in der heimlichen Bundeshauptstadt **Zürich** kommen Kunst und Kultur nicht zu kurz. Die kreative Szene mit Galeristen, Designern und Techno-Freaks macht den *Kreis 5* zu einem der angesagtesten und innovativsten Trendviertel Europas.

Als Kontrapunkt zu den umtriebigen Metropolen bietet sich das ruhigere **Appenzellerland** an, in dessen schmucken Dörfern althergebrachte Handwerkskunst und folkloristisches Brauchtum noch heute gepflegt werden. Bei Schaffhausen schließlich bietet der **Rheinfall** als einer der größten Wasserfälle Europas ein imposantes Schauspiel.

7 Basel

Plan Seite 38

Kultur- und Wirtschaftsmetropole im Dreiländereck.

Basel, bedeutender **Industriestandort** und **Messeplatz** sowie mit knapp 170 000 Einwohnern drittgrößte Stadt der Schweiz, liegt verkehrstechnisch günstig am Rheinknie in unmittelbarer Nachbarschaft zu Deutschland und Frankreich. In der gesamten *Regio Basiliensis* leben und arbeiten etwa 700 000 Menschen. Die linksrheinisch auf einem Hügel gelegene ältere Stadthälfte Gross-Basel ist durch sechs Brücken und vier nostalgische Personenfähren mit dem industriell bedeutenderen rechtsrheinischen Klein-Basel verbunden.

Geschichte Um 15 v. Chr. errichteten die Römer auf dem heutigen Münsterhügel von Gross-Basel einen Militärposten, um den bald eine bescheidene Siedlung entstand. Alemannen und Franken bauten dieses *Basilia* zu einem Städtchen aus, das 740 zum Bischofssitz avancierte. Der Bau der ersten Rheinbrücke über den ab hier auch für größere Schiffe befahrbaren Strom leitete 1226 den wirtschaftlichen Aufstieg ein. Um den Brückenkopf auf der rechtsrheinischen Seite entstand der neue Stadtteil Klein-Basel. Überaus belebend wirkte die Gründung der Universität im Jahr 1460 auf das Geistesleben der Stadt. Hier lehrten z. B. ab 1521 der Humanist *Erasmus von Rotterdam* (1466–1536) und in den Jahren 1527/28 der Heilkundige *Paracelsus* (1493–1541).

1501 trat Basel dem eidgenössischen Bund bei, 1529 bekannten sich die Bürger der Stadt zu einer gemäßigten reformatorischen Glaubensrichtung. In der religiös toleranten Stadt fanden nach Aufhebung des Edikts von Nantes 1685 zahlreiche Hugenotten aus Frankreich eine neue Heimat. Diese Glaubensflüchtlinge brachten Seidenbandweberei und Textilfärberei mit, zwei neue Erwerbszweige, die Basel zu beträchtlichem Wohlstand verhalfen.

Als Glücksfall für die Steuerkasse sollte sich Jahrhunderte später die aus den

◁ **Oben:** *Stein am Rhein kann mit einer putzigen mittelalterlichen Altstadt aufwarten*

Unten: *Nah, näher, mittendrin – Boote bringen Gäste zu den Felsen im Rheinfall bei Schaffhausen*

Elegant streben die gotischen Zwillingstürme an der Westfassade des Basler Münsters himmelwärts

Färbereien hervorgegangene chemisch-pharmazeutische Industrie erweisen. In Basler Labors wurden im 20. Jh. die ersten künstlichen Vitamine sowie Substanzen wie LSD oder DDT entwickelt. Mit Fusion der beiden Firmen Ciba-Geigy und Sandoz 1997 entstand am Rheinknie der größte Pharmakonzern der Welt.

Vom Münsterhügel zum Petersberg

Wer auf der Autobahn durch den Großraum Basel fährt, ist zunächst mit ausgedehnten Industrieanlagen konfrontiert. Doch dieser erste Eindruck ist angesichts der hübschen Altstadt von Gross-Basel schnell vergessen. Hoch über dem Fluss thront im mittelalterlichen Zentrum am linken Rheinufer das Wahrzeichen der Stadt, das **Basler Münster** 1 (Ostersamstag – Mitte Okt. Mo–Fr 10–17, Sa 10–16, So 13–17 Uhr, sonst eingeschränkte Öffnungszeiten) mit seinen beiden filigran gegliederten Türmen (Tickets für die Aussichtsplattform gibt es am Kiosk im südlichen Seitenschiff) und dem farbig gedeckten Dach. Seine Baugeschichte geht bis ins 9. Jh. zurück, doch wurde die Kirche später mehrfach umgebaut und erweitert. Die romanische Bauphase ist noch an der *Galluspforte* des nördlichen Querhauses erkennbar. Das um 1180 entstandene Figurenportal wird von Statuen der vier Evangelisten flankiert und zeigt im Tympanon das Jüngste Gericht. Die rote Sandsteinfassade mit den beiden schlank aufragenden Türmen, dem 65 m hohen Georgs- und dem knapp 63 m hohen Martinsturm, sowie das fünfschiffige **Innere** des Müns-

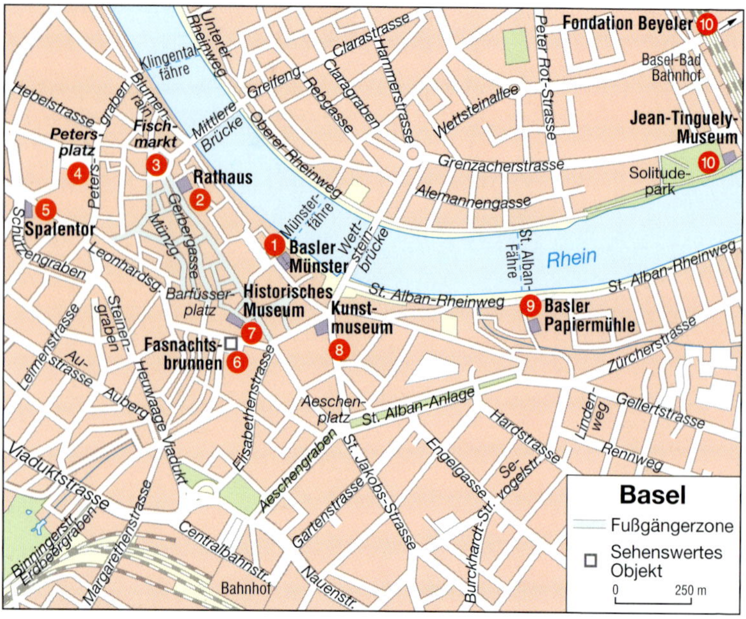

ters sind von der Frühgotik geprägt. Zu beiden Seiten des Mittelschiffs strukturieren je zwei Säulenreihen den 65 × 32,5 m großen Kirchenraum. Dahinter liegen zu beiden Seiten miteinander verbundene Kapellen. Am Fuß der Säule vor der Schalerkapelle neben dem nördlichen Seitenschiff ist die *Grabtafel* des 1536 in Basel verstorbenen *Erasmus von Rotterdam* angebracht. Gegenüber an der Südseite des Hauptschiffs befindet sich die reich geschnitzte gotische *Kanzel* von 1486. Ein Umgang führt um den erhöhten *Chor*, zu dessen beiden Seiten Treppen in die *Krypta* hinab führen. Hier sind romanische Friese an den Pfeilern sowie um 1400 entstandene Deckenmalereien mit Szenen aus dem Leben Jesu zu sehen.

Auf dem **Marktplatz** nordwestlich des Münsterhügels wird während der Woche jeden Vormittag Markt gehalten. An der zum Rhein gewandten Seite des Platzes zieht das **Rathaus** ❷ mit seiner roten Fassade die Blicke auf sich. Die spätgotischen Arkaden (1504–21) im Mittelbau sind der älteste Teil des später mehrfach erweiterten Repräsentationsbaus. Ein Prunkstück ist die von *Meister Wilhelm* 1511–12 geschaffene Rathausuhr. Sie wird von einem Figurenensemble gekrönt, das Justitia, die personifizierte Gerechtigkeit, zwischen Kaiser Heinrich II.

Oben: *Zu einer Stadtrundfahrt auf ›Vater Rhein‹ laden Ausflugsboote am Ufer von Gross-Basel ein*

Unten: *Unter den wachsamen Blicken Justitias zeigt die Rathausuhr (16. Jh.), was die Stunde geschlagen hat*

Als trutzig-prachtvolles Zeugnis des Mittelalters präsentiert sich das Basler Spalentor

(973–1024) und seiner Gemahlin Kunigunde darstellt.

An den Marktplatz schließt sich nordwestlich der **Fischmarkt** ❸ an. Den von Jugendstilhäusern und der modernen Anlage des Spiegelhofs eingefasste Platz ziert der gotische *Fischmarktbrunnen*. Engel- und Heiligenfiguren schmücken den aus einem zwölfeckigen Becken ragenden Brunnenstock. Schmale Treppenwege und Gassen führen im Westen bergauf zum **Petersplatz** ❹, an dem die Mitte des 20. Jh. neu erbauten Kollegiengebäude der *Universität* liegen. Der kleine *Botanische Garten* daneben lädt mit idyllischen Seerosenteichen zu einer Rast ein. Unweit davon, am Rand der Altstadt, steht das **Spalentor** ❺, eines von drei erhaltenen Stadttoren aus dem 14. Jh. Mit seinen beiden zinnengekrönten Rundtürmen und dem mit bunten Ziegeln gedeckten Spitzdach ist es eines der prächtigsten historischen Torbauten der Schweiz.

Mit Arkaden, Brunnen und Spiegelfassade vereint das Kunstmuseum schon von außen Tradition und Moderne

Kultur liegt in der Luft

Basels mehr als 30 Museen und Sammlungen machen die Stadt zum bedeutendsten Kunst- und Kulturzentrum der Schweiz. Außerdem findet seit 1970 hier alljährlich die **ART** statt, eine der renommiertesten Kunstmessen der Welt. Auch das Stadtbild wird von so manchem Kunstwerk geprägt. So steht am Theaterplatz südlich des Münsters seit 1977 der skurrile **Fasnachtsbrunnen** ❻ mit beweglich montierten Metallelementen von Jean Tinguely (1925–1991). Unweit davon zeigt in der einstigen Barfüßerkirche das **Historische Museum** ❼ (Mi–Mo 10–17 Uhr) vornehmlich sakrale Kunst des Mittelalters. Bemerkenswert ist die Sammlung von spätgotischen Wandteppichen. Im Chor befindet sich ein Graubündner Hochaltar, in der Sakristei ist ein Teil des Basler Münsterschatzes ausgestellt. Ein Kleinod der Sammlung ist der vom Straßburger Goldschmied Georg Gloner 1649 geschaffene Nautilus-Kelch. Im Untergeschoss zeigt sich mit dem ›Lällenkönig‹ ein Original: Das um 1639 aus Kupfer gearbeitete gekrönte Haupt streckt dank einer integrierten Uhrenmechanik immer wieder die Zunge heraus.

TOP TIPP Östlich des Historischen Museums konzentriert sich im **Kunstmuseum** ❽ (Di–So 10–17 Uhr) die umfangreichste Kunstsammlung der Schweiz. Schwerpunkte bilden die deutsche und Schweizer Malerei des 15. und 16. Jh., u. a. vertreten durch Lucas Cranach d. Ä., Matthias Grünewald und Hans Holbein d. J. Die Schweizer Malerei des 19. Jh. wird durch Werkgruppen von Ferdinand Hodler und dem Basler Arnold Böcklin (›Toteninsel‹, 1880) repräsentiert. ›Zwei Brüder‹ (1906) und

Beliebter Treffpunkt in der Basler Innenstadt ist Jean Tinguelys Fasnachtsbrunnen vor dem Basler Stadttheater. Die bewegten Brunnenfiguren heißen ›dr Schuffler‹ oder ›dr Waggler‹

›Sitzender Harlekin‹ (1923) von Pablo Picasso wurden angekauft, nachdem sich die Basler Bevölkerung in einer Volksbefragung 1967 dafür ausgesprochen hatte, für die beiden Gemälde 6 Mio. Schweizer Franken auszugeben. Herausragend ist die Sammlung französischer Impressionisten mit Meisterwerken von Paul Gauguin (etwa ›Ta matete‹, 1892, und ›Nafea Faa ipoino‹, 1892), Auguste Renoir, Claude Monet, Paul Cézanne und Edgar Degas. Dadaisten, Surrealisten, amerikanische Pop Art, dazu Skulpturen von Eduardo Chillida bis Auguste Rodin sowie ein umfangreiches Kupferstichkabinett runden die qualitätvolle Präsentation ab.

Ein Museum zum Mitmachen ist etwas weiter flussaufwärts die **Basler Papiermühle** 9 (Di–So 14–17 Uhr) unweit der Anlegestelle der St. Alban-Fähre. Besucher dürfen sich selbst beim Schöpfen und Bedrucken von Papier betätigen. Zu den Exponaten gehören ägyptische Papyri, babylonische Rollsiegel und Blätter mit chinesischer Kalligraphie. Im Museumsladen wird eine Auswahl schöner Papiere angeboten.

Auf der gegenüberliegenden Rheinseite nahe der Schwarzwaldbrücke ist dem Schweizer Objektkünstler Jean Tinguely das 1996 eröffnete **Jean-Tinguely-Museum** 10 (Mi–So 11–19 Uhr) gewidmet. Der Tessiner Stararchitekt Mario Botta entwarf den vom Chemiemulti Hoffmann-La Roche finanzierten nüchternen Museumsbau aus Backstein, Beton und Glas für die filigrane ›Schrottkunst‹ von Tinguely. Die motorisierten Installationen und Maschinenskulpturen des Künstlers bestehen größtenteils aus recycelten Alteisen- und Plastikteilen. Unter den Baseler Exponaten ragen die Riesenskulptur ›Fata Morgana‹ und der Werkzyklus ›Mengele-Totentanz‹ heraus.

Moderne Kunst vom Feinsten ist auch im Vorort Riehen zu sehen (am besten mit der Tram 6 zu erreichen). Dort stellen die Galeristen Ernst und Hildy Beyeler in der 1997 eröffneten **Fondation Beyeler** 11 (tgl. 10–18, Mi bis 20 Uhr) ihre 175 Werke umfassende Sammlung der Klassi-

Fernand Légers Gemälde ›Die Akrobaten‹ (1933), zu sehen in der Fondation Beyeler

Großnasige Masken und klappernde Holzschuhe sind Markenzeichen der närrischen ›Pfyfer‹ von Basel

Die Narren sind los

Wenn andernorts der Karneval bereits vorbei ist, dann beginnt die berühmte **Basler Fasnacht**. *Auftakt ist am Montag nach dem Aschermittwoch Punkt 4 Uhr morgens der* **Morgestraich**. *Auf dieses Zeichen hin ziehen kostümierte Gruppen von Flötenspielern und Trommlern, die so genannten Cliquen der Pfyffer und Tamboure, durch die Gassen der Altstadt. Dazu gesellen sich die für Basel typischen* **Waggis**. *Die vermummten Gestalten tragen Elsässer Holzschuhe (Zoggeli) und eine möglichst bizarre Maske aus Holz oder Pappmaschee, die unbedingt buschige Haare und eine ungeheuer große Nase aufweisen muss. Am Nachmittag formieren sich die Närrischen zum offiziellen Umzug, der vom Aeschenplatz über die Mittlere Brücke nach Klein-Basel führt. Abends wandern die ebenfalls fantasievoll verkleideten* **Schnitzelbängg** *von Lokal zu Lokal, um nach Art der Bänkelsänger in Moritaten die Ereignisse des vergangenen Jahres zu persiflieren. Der Dienstag gehört der* **Guggemuusig**, *die ganze Stadt ist dann von den schrägen Tönen bewusst falsch spielender Blechbläser erfüllt. Nach dem* **Ändstraich** *am Donnerstag Morgen ist der Spuk dann leider vorbei und die Basler Straßen präsentieren sich wieder aufgeräumt wie eh und je.*

schen Moderne sowie einige Objekte afrikanischer und ozeanischer Kunst aus. Glanzstücke sind Arbeiten von Vincent van Gogh, Paul Cézanne, Wassily Kandinsky, Skulpturen von Alberto Giacometti, Andy Warhols Portrait von Joseph Beuys sowie Werke von Roy Lichtenstein und Anselm Kiefer.

Ausflüge

Im 8 km südlich von Basel gelegenen **Dornach** hat die von Rudolf Steiner (1861–1925) begründete *Anthroposophischen Gesellschaft* im 1925–28 erbauten *Goetheanum* (Besichtigung tgl. 14 Uhr) ihren Sitz. Der monumentale Sichtbetonbau setzte mit dem konsequenten Verzicht auf rechte Winkel, etwa bei den asymmetrischen abgeschrägten Fensterrahmen, neue architektonische Maßstäbe. Im Großen Saal werden Mysteriendramen aufgeführt und Eurythmieveranstaltungen gegeben (Information und Kartenverkauf Tel. 0 61/7 06 44 44).

Lohnend ist auch ein Halbtagesausflug zu den frei zugänglichen Ausgrabungen von **Augusta Raurica** östlich von Basel. Die römische Stadt mit ihrem bedeutenden Kastell und etwa 20 000 Einwohnern erlebte im 2. Jh. ihre Blütezeit. Erhalten blieben ein Theater sowie Reste von Tempeln, Thermen und Wohnquartieren. Im *Römermuseum* (Di–So 10–18, im Winter bis 17 Uhr) ist u. a. das Tafelservice des einstigen Kastellkommandanten zu sehen.

Alles fließt – dieser Maxime folgt auch der Große Saal des Goetheanums in Dornach

Praktische Hinweise

Tel.-Vorwahl Basel: 0 61

Information: Basel Tourismus, Schifflände 5, Tel. 2 68 68 68, Fax 2 68 68 70, Internet: www.baseltourismus.ch

Schiff

Basler Personenschifffahrt, Hochbergstr. 160, Tel. 6 39 95 00, Fax 6 39 95 06, Internet: www.bpg.ch. Ausflugs- und Pendelfahrten auf dem Rhein, etwa ab Anlegestelle Schifflände via Augst nach Rheinfelden.

Hotels

*******Drei Könige am Rhein**, Blumenrain 8, Tel. 2 60 50 50, Fax 2 60 50 60, Internet: www.drei-koenige-basel.ch. Das Traditionshotel verfügt über komfortable Zimmer und luxuriöse Suiten mit Rheinblick.

*****Kunsthotel Teufelhof**, Leonhardsgraben 47–49, Tel. 2 61 10 10, Fax 2 61 10 04, Internet: www.teufelhof.com. Das ›Kultur- und Gasthaus‹ bietet 28 Zimmer und 5 Suiten, die von verschiedenen Künstlern extravagant und individuell gestaltet wurden. Das familiäre Haus vereint zudem ein Feinschmeckerlokal, Weinstube, Theater und Galerie unter seinem Dach.

****Hotel Au Violon**, Im Lohnhof 4, Tel. 2 69 87 11, Fax 2 69 87 12, Internet: www.au-violon.com. Das einstige Mönchskloster und spätere Gefängnis ist heute ein angenehmes Hotel mit 20 für Basel relativ günstigen Zimmern.

Restaurants

Bruderholz, Bruderholzallee 42, Tel. 3 61 82 22. Das auch als ›Stucki‹ bekannte Feinschmeckerlokal bietet französisch inspirierte Nouvelle Cuisine (So/Mo geschl.).

Banthai Waarethip, St. Alban-Rheinweg 188, Tel. 3 13 13 50. In dem Lokal direkt am Rheinufer servieren Bedienungen in thailändischer Tracht asiatische Gerichte wie z. B. würzige Satay-Spießchen. Reservierung unbedingt empfohlen (Mo geschl.).

Safran Zunft, Gerbergasse 11, Tel. 2 69 94 94. Historisches Zunfthaus, das trotz des vornehmen Ambientes ein erschwingliches Mittagsmenü bietet. Spezialität ist Kalbfleisch in Roséweinsud (So geschl.).

Beduinenzelt? Kirchenraum? Die Zimmer im Kunsthotel Teufelshof regen die Fantasie an

8 Schaffhausen

Der Rheinfall, die ›Niagarafälle Europas‹, machte die alte Handelsstadt berühmt.

Die **Kantonshauptstadt** liegt 400 m ü. d. M. am Nordufer des Oberrhein. Ihr Name geht auf ein Bootshaus (= Scafhus) am nahe gelegenen Rheinfall zurück, an dem früher Lastkähne entladen wurden. Aus dem mittelalterlichen Warenumschlagplatz entwickelte sich die heute 34 000 Einwohner zählende Stadt zu einem betriebsamen Standort der textil- und eisenverarbeitenden Industrie.

Das Stadtbild wird vom **Munot** (tgl. 8–20, Okt.–April 9–17 Uhr) beherrscht, einer kreisrunden Festung auf einem mit Weinstöcken kultivierten Hügel im Osten der stimmungsvollen Altstadt. Von dem Kastell, das 1564–89 nach Plänen von Albrecht Dürer (1471–1528) errichtet wurde, bietet sich eine schöne Aussicht auf Schaffhausen und den Rhein. Nahe dem Flussufer liegt das **Münster Allerheiligen**, eine flach gedeckte Säulenbasilika aus hellem Stein mit einem Viereckturm. Sie wurde 1087–1150 als Stiftskirche der Benediktinerabtei Allerheiligen errichtet und zeigt noch die charakteristische Askese des romanischen Stils. Ein südlich angebauter kleiner Hof birgt die

Seit dem 16. Jh. wacht das Munot genannte Kastell mit seinem markanten Rundturm über das Handelsstädtchen Schaffhausen und den regen Schiffsverkehr auf dem Rhein

große *Osannaglocke* von 1486, die Friedrich von Schiller zu seinem Gedicht ›Die Glocke‹ inspirierte. In dem angrenzenden ehem. Klostergebäude präsentiert heute das **Museum zu Allerheiligen** (Di–Sa 12–17, Do 12–20, So 11–17 Uhr) eine Sammlung sakraler Kunst sowie heimat- und völkerkundliche Exponate.

Rund um das Münster laden malerische Gassen zum Bummeln ein. Stattliche Patrizierhäuser stehen in der zum zentralen Fronwagplatz führenden **Vordergasse.** Sehenswert ist hier das *Haus zum Ritter* (Nr. 65) von 1566. Seine im Renaissancestil gehaltenen Fassadenfresken zeigen Motive aus der antiken Mythologie. Es handelt sich dabei um Kopien, die 1570 entstandenen Originale von *Tobias Stimmer* sind im Museum zu Allerheiligen ausgestellt. Das *Zunfthaus der Schmiede* (Nr. 61) gefällt durch einen verspielten dreigeschossigen Eckerker. In der Vordergasse 8 schließlich steht das nach 30-jähriger Bauzeit 1412 fertig gestellte **Rathaus**. Der Ratssaal über dem früher als Kornkammer genutzten Erdgeschoss ist mit kunstvoll gearbeiteten Renaissancetäfelungen geschmückt.

Nur 4 km westlich der Stadt stürzt der Rhein auf einer Breite von 150 m mit donnerndem Getöse eine 23 m hohe Kalkschwelle hinab. Der **Rheinfall** ist zwar nicht der höchste, doch was die Wassermassen angeht der beeindruckendste Wasserfall Mitteleuropas. Je nach Jahreszeit rauschen 270 bis 750 m³ Wasser pro Sekunde über den Katarakt. Den besten Blick auf das Naturspektakel bietet sich vom **Schloss Laufen** am Südufer des Rheins. Das bewirtschaftete Anwesen (Tel. 0 52/6 59 67 67) mit der schönen Aussichtsterrasse erreicht man mit dem Auto über die N4 oder ab dem Stadtteil Neuhausen in einem knapp halbstündigen Spaziergang flussaufwärts, der u. a. über die 192 m lange Rheinfallbrücke führt.

Praktische Hinweise

Tel.-Vorwahl Schaffhausen: 0 52

Information: Schaffhausen Tourismus, Fronwagplatz 4, Tel. 6 25 51 41, Fax 6 25 51 43, Internet: www.sh.ch/tourismus/

Schiff

Mändli Rhyfall, Neuhausen am Rheinfall, Tel. 6 72 48 11, Fax 6 72 49 48, Internet: www.maendli.ch. Ausflugsfahrten, z. B. ab Schloss Laufen und Schlössli Wörth zum Rheinfall (Juni–Aug. 8.30–18.30 Uhr, April–Okt. eingeschränkte Fahrzeiten).

9 Stein am Rhein

Mittelalterliches Flair in Reinkultur.

Rund 3000 Menschen leben in dem schmucken mittelalterlichen Städtchen am *Untersee*, wie der Rhein bei seinem

Harmonisch fügt sich Stein am Rhein an die Ufer des mächtigen Stromes und in die sanfte Hügellandschaft westlich des Bodensees

breiten Ausfluss im Westen des Bodensees genannt wird. Mehr als 1 Mio. Tagesausflügler besuchen jährlich die fotogene Altstadt von Stein am Rhein.

Prunkstück des Ortes ist der **Rathausplatz**. Er ist umgeben von größtenteils gotischen Bürgerhäusern, deren Fachwerkgiebel, Erker und reiche Fassadenmalereien eine Augenweide sind. Das *Haus zum Roten Ochsen* zieren Bibelszenen, am *Weißen Adler* überraschen Motive aus Boccaccios ›Decamerone‹. Das 1539–42 errichtete **Rathaus** mit seinem aufgesetzten Uhrtürmchen zeigt zur Marktseite hin eine von dem Stuttgarter *Carl von Haeberlin* gemalte Szene aus der Schlacht von Murten.

Östlich des Rathausplatzes schließt sich der weitläufige Komplex des Klosters **St. Georgen** an, der von einer auf das 11. Jh. zurückgehenden romanischen Säulenbasilika dominiert wird. Die Gebäude des 1524 säkularisierten Klosters beherbergen heute ein *Heimatkundliches Museum* (März–Okt. Di–So 10–12 und 13.30–17 Uhr). Besondere Beachtung verdienen hier die Renaissancefresken im Festsaal des Abts David von Winkelsheim und die Butzenscheiben im Zimmer von Abt Jodokus Krum.

Ausflug

10 km südlich von Stein am Rhein liegt bei Frauenfeld die einstige **Kartause Ittingen**. Das 1152 von Augustinern gegründete Stift wurde 1461 an die Kartäuser verkauft. 1703 erneuerten die Brüder *Kaspar* und *Johannes Moosbrugger* aus Einsiedeln die **Stiftskirche** in reinstem Rokokostil. Der Innenraum ist üppig mit Deckenfresken und Stuckaturen ausgeschmückt. Das Kloster wurde 1848 aufgehoben, doch seit 1977 betreibt eine Stiftung in der restaurierten Anlage eine Begegnungsstätte mit angeschlossenem Gasthof (Tel. 0 52/7 48 44 11).

10 Zürich

Plan Seite 48

Umtriebiger Finanzplatz, Kulturmetropole und heimliche Hauptstadt der Schweiz.

Die am nördlichen Ende des Zürichsee gelegene Stadt (409 m) wirbt mit dem griffigen Slogan von der ›kleinsten Großstadt der Welt‹. Für eine richtige Großstadt ist Zürich in der Tat zu klein, doch reicht es mit 360 000 Einwohnern zur mit Abstand größten Stadt der Schweiz. Kleinteiliges **Altstadtidyll** und weltmännisches Flair – Zürich besitzt beides. Vor allem hat die vom Flüsschen Limmat geteilte Altstadt ihre beschaulichen Ecken bewahrt. Prächtige Zunfthäuser säumen die Flussufer und in den verwinkelten Gassen präsentieren sich hinter alten Gemäuern edle Boutiquen. Ihr **Naherholungsgebiet** haben die Zürcher dank des Sees praktischerweise vor der Haustür, und an heißen Sommertagen sind die Strandbäder am Uto- und am Mythenquai rappelvoll.

Geschichte Die Anfänge der Stadt gehen auf die Römer zurück, die 15 v. Chr. auf einem Hügel über der Limmat – dem heutigen Lindenhof – einen **Zollposten** namens *Turicum* errichteten. Die ringsum entstandene Siedlung ließ Kaiser *Valentinian I.* im 4. Jh. mit einem Kastell verstärken. Auf den Ruinen der römischen Befestigung erbaute Mitte des 9. Jh. der ostfränkische König *Ludwig der Deutsche* (804–876) eine karolingische **Pfalz**, die 1172 zur Reichsstadt aufstieg. Mit Hilfe der bis dahin politisch nicht repräsentierten Handwerker stürzte 1336 der Adlige *Rudolf Brun* (1300–1360) den vom Kaufmannsstand dominierten Rat Zürichs und führte die **Zunftverfassung** ein. Unter Brun trat Zürich 1351 der Schweizer Eidgenossenschaft bei. 1523 machte der Prediger Ulrich Zwingli (1484–1531) die Stadt zum Zentrum der **Schweizer Reformation**. Die Messe und der Ablasshandel wurden abgeschafft, Klöster gingen in Stadtbesitz über und durch die Kirchen fegte der Bildersturm, der manchen Kunstschatz unwiederbringlich zerstörte.

Nach der Französischen Revolution Ende des 18. Jh. setzte sich in der Schweiz der liberale Zeitgeist in Zürich am schnellsten durch. Während dieser Epoche prägten **Vordenker** wie der Sozialreformer Johann Heinrich Pestalozzi (1746–1827) oder der Erfinder Johann Georg Bodmer (1786–1864) die Atmosphäre in der Stadt. Die treibende Kraft auf dem Weg zur modernen **Wirtschaftsmetropole** war der Politiker und Eisenbahnmagnat *Alfred Escher* (1818–1882). Unter seiner Ratspräsidentschaft wurde die Eidgenössische Technische Hochschule und die Schweizerische Kreditanstalt gegründet sowie die Gotthard-Bahn gebaut, die Zürich mit Oberitalien verbindet. Im 19. Jh. spezialisierte sich Zürich auf Handel, Bank- und Versicherungsgeschäfte. Als Sitz von 350 nationalen und internationalen Großbanken avancierte die Stadt bald zu einem der weltweit wichtigsten **Finanzplätze**. Im 20. Jh. zog ihr liberales Klima Exilanten und Emigranten aus ganz Europa an, August Bebel und Thomas Mann waren nur zwei von ihnen. 1916 begründeten *Hans Arp, Tristan Tzara* und *Hugo Ball* im ›Cabaret Voltaire‹ in der Spiegelgasse den **Dadaismus**, ab 1933 führten Erika Mann und Therese Giehse ihr in Deutschland verfemtes politisches Kabarett ›Pfeffermühle‹ in der Stadt an der Limmat fort.

Dann blieb es lange Zeit eher ruhig in Zürich, bis sich in den 80er-Jahren des 20. Jh. anlässlich der Schließung eines Jugendhauses der aufgestaute Zorn junger Schweizer über eine konservative Stadt- und Staatspolitik in blutigen Straßenschlachten mit der Polizei entlud. Doch der Aufruhr währte nicht lange und schon lange bummeln Einheimische wie Touristen wieder guter Dinge durch die malerische Altstadt und entlang der berühmten Bahnhofsstrasse der Schweizer Metropole.

Westliche Altstadt

Unter gut 40 Museen, Stiftungen und Kunsthallen hat man als kunstinteressierter Besucher in Zürich die Qual der Wahl. Unmittelbar nördlich des Hauptbahnhofes lohnt etwa das **Schweizerische Landesmuseum** 1 (Di–So 10.30–17 Uhr) einen Besuch. In rund 80 Sälen des 1898 fertig gestellten burgartigen Komplexes wird Schweizerische Geschichte und Kultur facettenreich präsentiert. Ein Schwerpunkt der Sammlung ist die Frühgeschichte, ältester Fund das auf 3000 v. Chr. datierte hölzerne ›Rad von Zürich‹. Unter den zahlreichen mittelalterlichen Kunstschätzen fällt eine fast 900 Jahre alte polychrome Holzstatue der Muttergottes aus dem wallisischen Raron besonders auf. Die Sammlung umfasst

Oben: *Kirchenreigen an der Limmat: Fraumünster, St. Peter, Grossmünster (v.l.n.r.)*

Unten: *Überhängender Wohnraum – in Zürichs Altstad ragen Erker über verheißungsvolle Arkadengänge*

ferner eindrucksvolle Tafelmalerei und kunstvolle Schnitzaltäre. Den Wissensstand des 16. Jh. verkörpert der kleine Himmelsglobus von Jost Bürgi (1594).

Auf der südlichen Seite des Hauptbahnhofs beginnt die **Bahnhofstrasse** **2**. Die Schweizer Nobelmeile schlechthin ist 1,4 km lang und führt zum Bürkliplatz am Nordufer des Zürichsees. Bis ins 19. Jh. hinein verlief hier der ›Fröschengraben‹, der Stadtgraben um die mittelalterliche Altstadt. Er wurde erst 1867 zugeschüttet und nach dem Vorbild der Pariser Champs-Elysées in einen Boulevard verwandelt. Heute können die exorbitant hohen Mieten nur von exklusiven Modeboutiquen, Pelzgeschäften und Juwelieren aufgebracht werden. Folglich wird im ›Schaufenster der Schweiz‹ nur das Teuerste vom Teueren offeriert, neoklassizistische Architektur bildet den passenden Rahmen dazu.

Auch die Seitengassen der Bahnhofstrasse lohnen einen Bummel. Eine der schönsten ist die teilweise um den Lindenhof-Hügel laufende **Augustinergasse** **3**, in der dekorative Erker die Fassaden der handtuchschmalen Bürgerhäuser zieren. Die **Schipfe** **4** auf der entgegengesetzten Seite des Lindenhofs zur Limmat hin besticht durch ihr geschlossenes Ensemble von Patrizierhäusern aus dem 17. und 18. Jh.

Südwärts steht auf einem weiteren Hügel **St. Peter** ❺ (Mo–Fr 8–18, Sa 9–16 Uhr), die älteste Pfarrkirche Zürichs, deren Baugeschichte bis ins 9. Jh. zurückreicht. Im Jahr 1538 erhielt der spätromanische Turm aus dem 13. Jh. an allen vier Seiten je ein riesiges Ziffernblatt, mit 8,70 m Durchmesser die größten in Europa. Oben verrichtete bis 1911 der Stadt-Brandwächter seinen Dienst. Heute kann man den Turm nur nach Voranmeldung besteigen (Tel. 01/2 11 25 88).

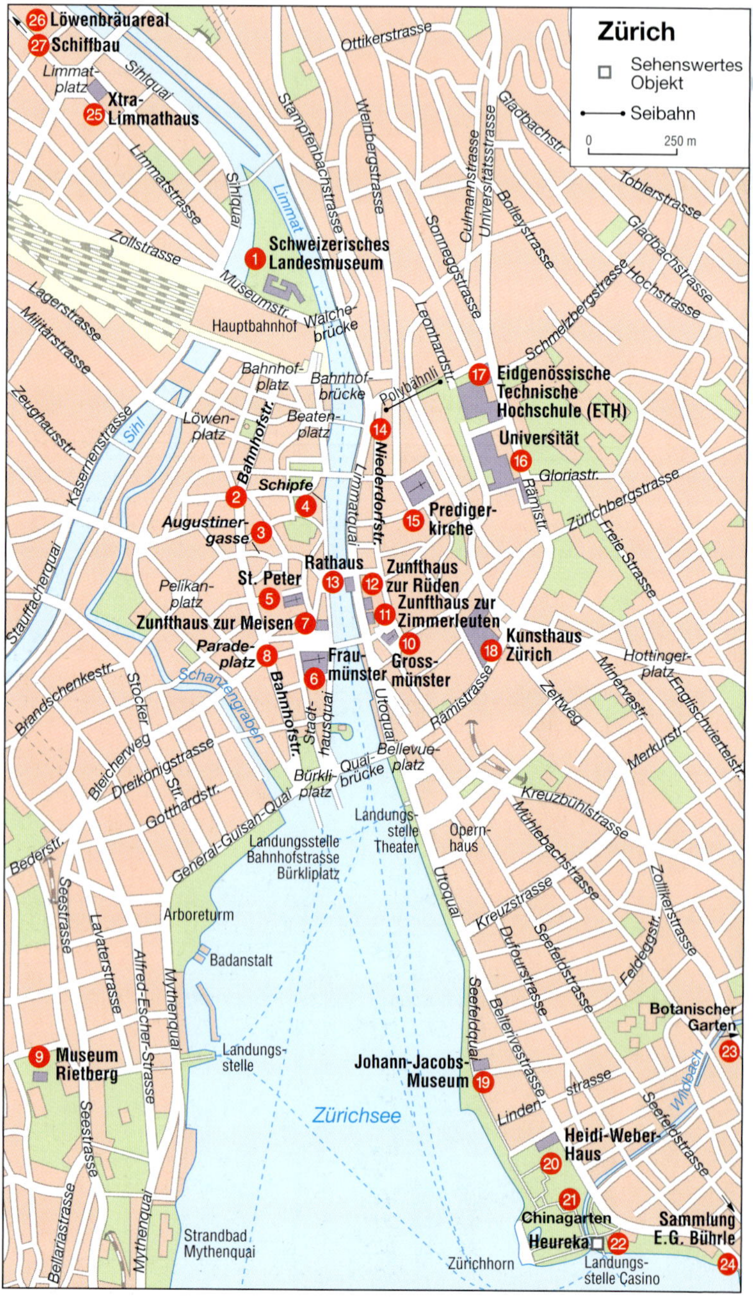

Von der Kirche führen enge Gassen zum **Münsterhof** hinab, der im Mittelalter das Zentrum der östlichen Altstadt war. Seine Ostseite wird vom **Fraumünster** 6 dominiert. Ein erstes Gotteshaus an dieser Stelle übergab Kaiser Ludwig der Deutsche im Jahr 853 seinen Töchtern Hildegard und Bertha, die dem zugehörigen Kloster als Äbtissinnen vorstanden. Vom 13. bis 15. Jh. wurde die Kirche im Stil der Gotik zu einer dreischiffigen Pfeilerbasilika umgebaut. Der spätromanische Chor aber wartet mit einer neuzeitlichen Attraktion auf: Die fünf Fenster schmückte 1970 kein Geringerer als *Marc Chagall* (1887–1985) mit Glasmalereien zu biblischen Themen. Die Fensterrose im südlichen Querschiff stellt die Schöpfungsgeschichte dar und ist ebenfalls eine Arbeit des russischen Malers, die er 1978 im Alter von 91 Jahren anfertigte.

Prächtige Zunfthäuser säumen noch heute den Münsterhof. Im Norden steht z. B. das **Zunfthaus zur Meisen** 7 (Di–So 10.30–17 Uhr), ein stolzes 1752–57 entstandenes Stadtpalais. Heute zeigt es als Dependance des Schweizerischen Landesmuseums [s. S. 46] eine Porzellan- und Fayencenausstellung des 18. Jh. Aber allein schon die in prachtvollem Rokoko mit Kachelöfen und Stuckaturen ausgestalteten einstigen Zunfträume sind einen Besuch wert.

Im Westen des Fraumünsters weitet sich die Bahnhofstrasse zum **Paradeplatz** 8, wo sich der Finanzplatz Zürich in seiner ganzen Größe zeigt. Die 1877 im Stil des Neobarock erbaute *Schweizerische Kreditanstalt* thront wie ein Stadtschloss an dem Straßenbahnknotenpunkt. Noch etwas älter ist das nicht minder monumentale Grand Hotel *Savoy Baur en Ville* von 1838. Angesichts all dieses Pomps kann man sich getrost den Luxus leisten, im traditionsreichen *Café Sprüngli* um die Ecke in der Bahnhofstrasse 21 die berühmten Schokoladenwürfel ›Number one‹ zu probieren.

Etwas südwestlich davon bietet im Rieterpark am Rande der Innenstadt das **Museum Rietberg** 9 (Di–So 10–17, Mi 10–20 Uhr) eine Kunstsammlung von Weltruf. In der neoklassizistischen *Villa Wesendonck* dokumentieren japanische Holzschnitte und chinesische Malerei, altägyptische Textilien und afrikanische Masken, indische Plastiken und tibetische Mandalas die vielfältige Kunst fremder Kulturen.

Glaube, Trost und Zuversicht vermitteln die von Marc Chagall entworfenen Glasfenster im Fraumünster

Am rechten Limmatufer

Vom Fraumünster führt die Münsterbrücke über die Limmat in die östliche Altstadt und zum **Grossmünster** 10, dessen romanische Doppeltürme als Wahrzeichen das Stadtbild bestimmen (Turmbesteigung März–Okt. tgl., Nov.–Feb. Sa/So 13.30–17 Uhr). An der Stelle des im 11.–13. Jh. errichteten Sakralbaus soll sich vormals ein von *Karl dem Großen* gegründetes Chorherrenstift befunden haben. Der Kaiser, mutmaßlicher Gründer des Grossmünsters, wurde in luftiger Höhe am Südturm als überlebensgroße Sitzfigur (Kopie) verewigt. Das um 1470 entstandene Original ist in der *Krypta* ausgestellt. Die drei Rundbogenfenster im erhöhten Chor malte 1933 der Bergeller Meister *Augusto Giacometti* (1877–1947) mit Szenen aus der Weihnachtsgeschichte aus. Ansonsten blieb das Gotteshaus, in dem der Neuerer Ulrich Zwingli (1484–1531) ab 1519 predigte, nach der Reformation innen schmucklos.

Ab der Münsterbrücke begleitet den Fluss aufwärts an seinem rechten Ufer die schicke Shoppingmeile des **Limmatquai**. Neben den verlockenden Schau-

Shoppingmüde? In Zürichs Fußgängerzonen kann selbst das Ausruhen zu einem Happening werden

fenstern bieten auf der überwiegend einseitig bebauten Straße Arkadengänge und alte Zunfthäuser etwas fürs Auge. Das **Zunfthaus zur Zimmerleuten** ⓫ (Nr. 40) von 1708 etwa gefällt durch die über beide Stockwerke gezogenen und von einem Spitzdach bekrönten Erker. An dem mittelalterlichen **Zunfthaus zur Rüden** ⓬ (Nr. 42) gleich daneben fällt der vorkragende Fachwerkbau im zweiten Stock auf. Im Vergleich zu diesen beiden schmucken Gebäuden, die heute jeweils ein Restaurant beherbergen, nimmt sich schräg gegenüber der kubische Bau des **Rathauses** ⓭ geradezu nüchtern aus. Er wurde 1694–98 von dem Tessiner Architekten *Giovanni Maria Ceruto* im Stil der Spätrenaissance errichtet. In seinem prächtigen mit Stuckaturen und allegorischen Gemälden ausgestatteten barocken Festsaal tagt heute die Kantonsregierung von Zürich.

Die einen kaufen, die anderen schauen – Zürichs Bahnhofsstrasse bietet in gewisser Weise für jeden etwas

Weiter flussaufwärts verläuft parallel zum Limmatquai die autofreie **Niederdorfstrasse** ⓮, die Amüsiermeile Zürichs. Sie wird gesäumt von Bars, Wirtschaften und Restaurants, weitere scharen sich um den *Hirschenplatz* am südlichen Ende der Niederdorfstrasse.

Im Zentrum des ›Dörfli‹, wie die Zürcher das sich östlich anschließende lebhafte Wohn- und Geschäftsviertel Niederdorf nennen, liegt die **Predigerkirche** ⓯. Sie gehörte ursprünglich zu einem nicht erhaltenen romanischen Dominikanerkloster aus dem 13. Jh., wurde jedoch 1614 weitgehend umgebaut und u. a. mit üppigem Stuckdekor barockisiert. 1917 zog man Zwischenetagen ein, die seither einen Teil der umfangreichen Bestände der *Schweizer Zentralbibliothek* aufnehmen. Erst im Jahr 1900 kam der 97 m aufragende neogotische *Kirchturm* hinzu, der höchste der Stadt.

Östlich der Predigerkirche liegt das Universitätsviertel mit der 1838 gegründeten **Universität** ⓰, deren 1911–14 entstandener ›Neubau‹ an seiner 64 m hohen Zentralkuppel leicht zu erkennen ist. Nördlich davon schließt sich die **Eidgenössische Technische Hochschule (ETH)** ⓱ an. Der markante zweistöckige Flügelbau wurde 1864 nach Entwürfen von *Gottfried Semper* fertig gestellt und gilt als wichtigstes Beispiel des Historismus in der Schweiz. Im Hochparterre des Südflügels zeigt die *Graphische Sammlung der ETH* (Mo–Fr 10–17, Mi 10–19 Uhr) neben zeitgenössischer Druckgraphik auch Radierungen und Kupferstiche von Albrecht Dürer, Goya und Rembrandt. Von der *Aussichtsplattform* vor der ETH pendeln die roten Wagen der 1889 eingeweihten und 1996 umfassend restaurierten Standseilbahn *Polybähnli* (Mo–Fr 6.45–19.15, Sa 7.30–14 Uhr) alle 2 Min. hinab zum Centralplatz gegenüber dem Hauptbahnhof und wieder retour.

Im Süden des Universitätsviertels am Heimplatz präsentiert das renommierte **Kunsthaus Zürich** ⓲ (Di–Do 10–21, Fr–So 10–17 Uhr; Internet: www.kunsthaus.ch) Meisterwerke der europäischen Kunst und vor allem einen ausgezeichneten Überblick über die Schweizer Malerei. Gleich neben dem Eingang erwartet Besucher ›Das Höllen-

TOP TIPP

tor‹, eine berühmte Bronze von Auguste Rodin. Im ersten Stock des quadratischen, äußerlich schlichten Sandsteinbaus finden sich die mittelalterlichen Nelkenmeister wie Hans Leu d. Ä. ebenso wie Johann Heinrich Füssli, Arnold Böcklin oder Ferdinand Hodler, von dem mehr als 100 Arbeiten zu sehen sind. Prominent vertreten ist auch die französische Malerei des 19. Jh., hervorzuheben sind Werkgruppen von Paul Cézanne, Henri Toulouse-Lautrec und Claude Monet. Für die niederländische und flämische Barockmalerei stehen mehrere Gemälde von Jan Breughel d. Ä. und Peter Paul Rubens. Außerdem ist ein ganzer Saal den Werken Marc Chagalls gewidmet, und die Sammlung mit Gemälden Edvard Munchs gilt als die größte außerhalb Norwegens. Zu den Highlights gehören auch eine Fülle von Skulpturen Alberto Giacomettis sowie eine umfassende Dokumentation zur Kunstrichtung Dada, die in Zürich ihren Anfang nahm.

Imposante moderne Skulpturen umgeben den klassisch-geradlinigen Bau des Kunsthauses Zürich

Die ›Goldküste‹ am Zürichsee

An Zürichs so genannter ›Goldküste‹, dem **Seefeldquartier**, sind keine Nuggets zu finden. Aber man sollte sie tunlichst bereits besitzen, um in der exklusiven Wohngegend östlich des Zürichsees Fuß fassen zu können. An Sonntagen flaniert die halbe Stadt durch das Villenviertel. Ausgangspunkt ist meist der *Bellevueplatz* am nördlichen Ende des Zürichsees,

Im Jahr 1891 öffnete das von den Architekten Ferdinand Fellner und Hermann Helmer entworfene Opernhaus erstmals seine Pforten; das Premierenpublikum sah ›Lohengrin‹

Die ›Bäuerin beim Wollezupfen‹ (Camille Pissarro, 1875) ist eines der Meisterwerke der Sammlung E. G. Bührle

dann geht es vorbei am klassizistischen *Opernhaus*, über den Utoquai und am Seefeldquai entlang. Hier sollten Kaffeefreunde das kleine aber feine **Johann-Jacobs-Museum** ⑲ (Fr/Sa 14–17, So 10–17 Uhr) besuchen. In der schmucken, strahlend weißen Villa von 1913 wird anhand einer sorgfältig zusammengestellten Porzellan- und Silbersammlung die Kulturgeschichte des Kaffees erzählt.

Wer sich für Architektur interessiert, sucht sicher das südlich in der Höschgasse 8 gelegene **Heidi-Weber-Haus** ⑳ (Do–So 14–17, Mi 10–20 Uhr) auf. Das futuristisch anmutende, streng geometrische Gebäude mit den großflächigen farbigen Außenverkleidungen entstand 1967 nach Plänen von *Le Corbusier* (1887–1965). Es ist das letzte Bauwerk des großen Meisters der Moderne und sein einziges in Zürich. Der Clou der avantgardistischen Konstruktion: Über den kubischen Räumen erhebt sich ein scheinbar losgelöstes luftiges Stahlplattendach. Das ursprünglich als Wohnhaus konzipierte Gebäude dient heute als Ausstellungspavillon für moderne Kunst.

Ganz in der Nähe ragt das **Zürichhorn** in den See. Auf dem breiten Landvorsprung sorgt seit 1994 der **Chinagarten** ㉑ (Ende März–Okt. tgl. 11–19 Uhr) mit Pagoden und Wasserspielen, Zickzackbrücken und Bambushainen für exotisches Flair. Die 3000 m² umfassende Parkanlage ist ein Geschenk von Zürichs südchinesischer Partnerstadt Kunming. Ebenfalls exotisch präsentiert sich an der Anlegestelle des Zürichhorns die 1964 entstandene Maschinenplastik **Heureka** ㉒ von *Jean Tinguely*. April bis Oktober kann man das eiserne Ungetüm täglich um 11 und 17 Uhr für 15 Minuten in Aktion erleben, wenn sich Zahnräder drehen und Gewinde ächzen.

Der nur wenige Hundert Meter ostwärts gelegene **Botanische Garten** ㉓ (Mo–Fr 7–19, Sa/So 8–18; Okt.–Feb. Mo–Fr 8–18, Sa/So 8–17 Uhr; Schauhäuser tgl. 9.30–11.30 und 13–16, März–Sept. Sa/So 9.30–17 Uhr) gehört zur Zürcher Universität. Herrlich ist es, sich im Winter in eines der drei Gewächshäuser zu flüchten, unter deren Glaskuppeln in tropischer Schwüle urtümliche Farne wuchern, bunt schillernde Orchideen und Fleisch fressende Pflanzen. Im Sommer lockt das 53 000 m² große Außengelände mit rund 8500 Pflanzenarten vom geschützten heimischen Edelweiß bis zum mediterranen Zitronenbäumchen.

Es lohnt sich, etwas stadtauswärts zu fahren, um in der Zollikernstraße 172 nahe dem Zürcher Bahnhof Tiefenbrunn der **Sammlung E. G. Bührle** ㉔ (Di, Fr und So 14–17, Mi 17–20 Uhr) einen Besuch abzustatten. In dem efeuumrankten zweistöckigen Landhäuschen sind Gemälde des Impressionismus und der klassischen Moderne zu sehen, etwa von Amedeo Modigliani, Edgar Degas oder Georges Braque. Weitere Highlights sind Vincent van Goghs ›Der Sämann‹ (1888) und Paul Cézannes ›Der Knabe mit der roten Weste‹ (1895).

Innovationen in Zürich-West

Rund um den Limmatplatz beim Sihlquai im Nordwesten des Hauptbahnhofs erstreckte sich einst zwischen Fluss und Bahngleisen das Industriequartier. Heute ist dieser Stadtteil als **Kreis 5** bekannt und hat sich zum Trendviertel der Sub- und Clubkultur gewandelt. In den alten Fabrikgebäuden haben sich Galerien, Designerläden und Werbeagenturen eingerichtet. Vorreiter war das **Xtra-Limmathaus** ㉕ (Limmatstr. 118), ein eleganter Bau aus den 1930er-Jahren, der unter seinem Dach neben einem großen Club mit zwei Dancefloors auch ein angesagtes Restaurant und ein Hotel beherbergt. Auf dem nahe gelegenen **Löwenbräuareal** ㉖ (Limmatstr. 270) wurde noch bis Mitte des 20. Jh. Bier gebraut. Seit 1996 sind in den Backsteinhallen das *Migros Museum für Gegenwartskunst* und die *Kunsthalle Zürich* (beide Di–Fr 12–18,

Sa/So 11–17 Uhr) untergebracht und vereinen sich zu einem Zentrum zeitgenössischer Kunst. Neuester Kulturtempel ist der 2000 eröffnete **Schiffbau** 27 auf dem Escher-Wyss-Areal an der Limmat. Wo früher Dampfmaschinen und Turbinen gebaut wurden, hat sich das *Zürcher Schauspielhaus* eine zweite Spielstätte geschaffen und genügend Platz für Proberäume, Ateliers und Werkstätten gefunden.

Zwischen Bahnhof und Technischer Hochschule pendelt das nostalgische ›Polybähnli‹

Praktische Hinweise

Tel.-Vorwahl Zürich: 01

Information: Zürich Tourismus, Bahnhofbrücke, Tel. 2 15 40 00, Fax 2 15 40 40, Internet: www.zurichtourism.ch

Öffentliche Verkehrsmittel

Das mit Bussen und Straßenbahnen hervorragend ausgebaute öffentliche Nahverkehrsnetz betreiben die Verkehrsbetriebe Zürich (VBZ), Hauptbahnhof, Tel. 2 25 95 95, Internet: www.vbz.ch

Flughafen

Der Internationale Airport Kloten liegt 11 km außerhalb der City, Tel. 09 00/30 03 13. Verbindung zur Stadt mit Tram S2 und S7.

Schiff

Zürichsee Schifffahrtgesellschaft (ZSG), Bürkliplatz, Tel. 4 87 13 33, Fax 4 87 13 20, Internet: www.zsg.ch. Bootsausflüge auf dem Zürichsee, z. B. mit einem Raddampfer oder dem ›Chäs-Fondue-Schiff‹. Abfahrt von der ›Schiffflände Bahnhofstrasse‹ am Bürkliplatz (Saison April–Okt.).

Einkaufen

Fabric Frontline, Ankerstr. 118. Zur Kundschaft des exquisiten Seidengeschäfts gehören die berühmtesten Modeschöpfer Europas.

Heimatwerk, Bahnhofstr. 2 (im Gebäude der Nationalbank). Kunsthandwerk und traditionelle Kleidung aus Schweizer Produktion.

Schwarzenbach Kolonialwaren, Münstergasse 15. Liebevoll gestalteter Laden von anno dazumal mit Tee, Kaffee und Trockenfrüchten.

Sprüngli, Bahnhofstr. 21. Traditionsconfiserie mit berühmten hauseigenen Schokoladekreationen.

Kultur

Opernhaus, Falkenstr. 1, Tel. 2 68 66 66. Ein Haus von Weltruf mit breitem Repertoire und erstklassiger Besetzung.

Schauspielhaus, Rämistr. 34, Tel. 2 65 58 58. Eine der renommiertesten deutschsprachigen Schauspiel-Bühnen.

Theaterhaus Gessnerallee, Gessnerallee 8, Tel. 2 12 00 83. Avantgardistische Produktionen von Warhol bis Schlingensief machten das Haus bekannt.

Nachtleben

Rohstofflager, Binzmühlestr. 86, Tel. 4 39 90 74. Angesagter Club der House- und Techno-Szene in einem ehem. Lagerhaus.

Die süßen Verlockungen im Schaufenster der Confiserie Sprüngli sind eine Sünde wert

Rote Fabrik, Seestr. 395, Tel. 4 81 91 21. Das bekannteste alternative Kulturzentrum der Schweiz inmitten eines herrlichen Gartens bietet Disko, Livemusik, Theater, Galerie und das preisgünstige, auf Vollwertkost spezialisierte Restaurant ›Ziegel oh Lac‹ (Mo geschl.).

Hotels

*******Dolder Grand Hotel**, Kurhausstr. 65, Tel. 2 69 30 00, Fax 2 69 30 01, Internet: www.doldergrand.ch. Luxushotel mit 163 Zimmern und Suiten der Extraklasse im Residenzviertel hoch über der Stadt. Zum Haus gehören u. a. 9-Loch-Golfplatz, Kunsteisbahn und Wellenbad.

******Zürichberg**, Orellistr. 21, Tel. 2 68 35 35, Fax 2 68 35 45, Internet: www.zuerichberg.ch. Gediegenes Haus mit 67 gemütlichen Zimmern am Waldrand auf dem Zürichberg. Tolle Aussicht auf Stadt und See.

*****Florhof**, Florhofgasse 4, Tel. 2 61 44 70, Fax 2 61 46 11, Internet: www.florhof.ch. Elegantes und doch familiäres Hotel mit 35 Zimmern in historischem Patrizierhaus aus dem 16. Jh.

****Otter**, Oberdorfstr. 7, Tel. 2 51 22 07, Fax 2 51 22 75, Internet: www.wueste.ch. Ein junges Szene-Publikum weiß die relativ günstigen Preise und die teils ausgeflippt gestalteten Zimmer zu schätzen. Im Parterre befindet sich die angesagte ›Wüste Bar‹.

Lady's First, Mainaustr. 24, Tel. 3 80 80 10, Fax 3 80 80 20, Internet: www.ladysfirst.ch. Erstes Frauenhotel der Schweiz. 28 unterschiedlich geschnittene, geschmackvoll eingerichtete Zimmer. Im Haus befindet sich eine kleine aber feine Wellness-Abteilung.

Restaurants

Carduff's Wine Loft, Kanzleistr. 126, Tel. 2402255. Der Hit für Käse- und Weinliebhaber (Samstagmittag und So geschl.).

TOP TIPP **Hiltl Vegi**, Sihlstr. 28, Tel. 2 27 70 00. Es gilt als das älteste vegetarische Lokal Europas. Geboten werden ausgefallene fleischlose Kreationen mit asiatischem Touch und einem opulenten Salatbüffet, aber auch Bodenständiges wie Pilz-Rösti oder fleischloses Balkan-Gulasch.

Kaufleuten, Pelikanstr. 18, Tel. 2 21 15 06. Seit Jahren das In-Lokal der Popszene mit französisch-internationaler Speisekarte. Reservierung empfohlen.

TOP TIPP **Kronenhalle**, Rämistr. 4 (am Bellevue), Tel. 2 51 66 69. Eines der bekanntesten Lokale der Stadt glänzt mit echten Bildern von Picasso, Miró und Chagall an den Wänden. Zu essen gibt es ganz bodenständige Rösti und Wiener Schnitzel, doch die Preise sind gehoben, denn hier trifft sich die Hautevolee Zürichs.

Reithalle, Gessnerallee 8, Tel. 2 12 07 66. Statt Reitschülern tummeln sich heute Gourmets in dem weiten Hallenrund und erfreuen sich an feiner Schweizer Küche. Im Sommer sitzt man sehr schön im Garten.

11 Winterthur

Symbiose zwischen Industrie und Kunst.

Die Winterthurer hören nicht gern, dass sie ja gewissermaßen in einer Vorstadt von Zürich leben. Zwar ist die 20 km nordöstlich der Bankenhochburg gelegene Industriestadt verwaltungsmäßig der Zürcher Kantonsregierung unterstellt, doch mit 85 000 Einwohnern sowie bedeutender Maschinen- und Textilindustrie versteht sich Winterthur durchaus als eigenständig.

Gegründet wurde der Ort im 12. Jh. durch die gräflichen Landesherren von Kyburg. Den Mittelpunkt der kompakten **Altstadt** mit ihrem fast quadratischen Grundriss bildet die autofreie *Marktgasse* mit dem 1782–84 erbauten frühklassizistischen *Rathaus*. Doch die eigentliche Attraktion von Winterthur sind seine großartig bestückten Museen. So hinterließ z. B. der Industrielle und Mäzen *Oskar Reinhart* (1885–1965) seiner Heimatstadt gleich zwei renommierte Kunsttempel. In der parallel zur Marktgasse verlaufenden Stadthausstraße bietet das etwa 600 Exponate umfassende **Museum Oskar Reinhart am Stadtgarten** (Di 10–20, Mi–So 10–17 Uhr) einen guten Einstieg in die Schweizerische und deutsche Malerei des 18.–20. Jh. Aus der Fülle der hochkarätigen Arbeiten ragt Caspar David Friedrichs ›Kreidefelsen von Rügen‹ (1818/19) heraus. Nicht minder sehenswert ist die **Sammlung Oskar Reinhart am Römerholz** (Di–So 10–17

Eigenhändig schaffen Besucher im Technorama bei Winterthur an der Plasmakugel Lichtspiele aus Elektronen

Uhr) in der jüngst von Grund auf umgebauten Villa des Stifters im Norden von Winterthur. Sie zählt zu den bedeutendsten Privatsammlungen der Schweiz. Neben Gemälden Alter Meister wie Breughel d. Ä., Rembrandt, El Greco oder Goya gehören auch Meisterwerke französischer Impressionisten (Paul Cézanne, Auguste Renoir, Edouard Manet, Claude Monet u. a.) zum Bestand. Will man beide Reinhart-Museen besuchen, lohnt sich der Kauf der günstigeren Kombieintrittskarte.

Das **Technorama** (Di–So 10–17 Uhr, Internet: www.technorama.ch) im Norden etwas außerhalb der Stadt (Autobahn N1, Ausfahrt Oberwinterthur) ist weniger Museum als vielmehr hypermodernes ›Science Center‹. Hier ist Interaktion mit den Exponaten ausdrücklich erwünscht und anhand von rund 500 Installationen können Besucher aller Altersklassen naturwissenschaftliche Phänomene im wahrsten Sinne des Wortes begreifen. Besucher können sich z. B. durch das lichtlose Labyrinth tasten oder an einem Hochspannungsexperiment teilnehmen, das ihnen im wahrsten Sinne des Wortes die Haare zu Berge stehen lässt.

12 St. Gallen

Berühmtes Kloster und andere architektonische Meisterwerke.

St. Gallen (670 m) ist mit 70 000 Einwohnern das kulturelle und wirtschaftliche Zentrum des gleichnamigen Kantons in der Ostschweiz. Die 15 km südlich des Bodensees gelegene Stadt kam ab dem 16. Jh. durch die Textil- und Stickereiindustrie zu beachtlichem Wohlstand. Ihre Anfänge gehen jedoch bis ins Jahr 612 zurück, als der irische Wandermönch **Gallus** in dem engen Hochtal der Steinach eine Einsiedelei errichtete, aus der gut 100 Jahre später ein einflussreiches *Benediktinerkloster* entstand. Seine Äbte stellten ab 1206 bis zur Aufhebung der Abtei im Jahr 1805 die Reichsfürsten. Seit 1826 dienen die repräsentativen Gebäude des Klosters als Bischofsresidenz und 1983 erklärte die UNESCO das Architekturensemble zum **Weltkulturerbe**.

Besichtigung Im Süden der verwinkelten Altstadt wird der Bezirk der ehem. **Benediktinerabtei** von der äußerlich spätbarocken **Kathedrale** (Mo–Sa 9–18, So 12.15–17.30 Uhr) überragt. Das dreischiffige Langhaus mit der prächtigen *Doppelturmfassade* im Osten steht auf den Fundamenten der mehrfach durch Brände zerstörten Stiftskirche. Vom Ursprungsbau blieb die

Strahlend hell präsentiert sich die Ostfassade der Kathedrale in der ganzen überbordenden Pracht des Barock

Reich verzierte Erker wie hier am Haus Zum Schwanen sind charakteristisch für die Altstadt von St. Gallen

Krypta aus dem 9./10 Jh. erhalten, in der alle St. Gallener Bischöfe bestattet sind. Der heutige Kathedralbau wurde 1755–66 unter der Leitung der Baumeister Peter Thumb und Johann Michael Beer aus hellem Sandstein errichtet. Im reich ausgestatteten **Innenraum** ergänzen sich Stuckaturen, Fresken, Plastiken und Holzarbeiten zu einem harmonischen Gesamtkunstwerk des Rokoko. Die 1757–60 von Joseph Wannenmacher geschaffenen *Deckengemälde* zeigen Szenen aus der Bibel und aus der Klostergeschichte, sie stellen u. a. den Mönch Gallus und Otmar, den ersten Abt des Klosters, dar. Etwas düster wirkt die große *Kuppel* über der Rotunde, deren in drei konzentrischen Kreisen angeordnete Malereien die Ankunft des Weltenrichters zum Thema haben. Die in zartem Lindgrün gehaltenen meisterhaften Stuckaturen im *Chor* führten die Brüder Johann Georg und Mathias Gigl unter Leitung des Bildhauers Johann Christian Wenzinger aus. Ein herausragendes Beispiel der Handwerkskunst ist das um 1772 von Joseph Anton Feuchtmayer geschaffene dreireihige *Chorgestühl* aus Nussbaumholz, dessen Seiten und Rückenlehnen fein gearbeitete vergoldete Reliefs mit Szenen aus dem Leben des hl. Benedikt zieren. Über dem klassizistischen *Hochaltar* (1808–10) prangt ein monumentales Gemälde mit Mariens Himmelfahrt (1645) des italienischen Barockmalers *Francesco Romanelli.*

Den Süden des Kirchplatzes nimmt die mit Deckengemälden von Joseph Wannenmacher, Stuck, Holzschnitzereien und -intarsien überreich geschmückte **Stiftsbibliothek** (Mo–Sa 9–12 und 13.30–17, Dez.–März nur bis 16 Uhr, Nov. geschl.) ein, die Baumeister Peter Thumb in der zweiten Hälfte des 18. Jh. errichtete. Auf ihn geht auch die Ausführung des überaus prächtigen *Rokokosaals* zurück. Besucher dürfen nur in dicken Filzpantoffeln über das kostbare Parkett dieses zweigeschossigen *Lesesaals* schlurfen. In den deckenhohen Intarsienschränken aus Kirsch- und Nussbaumholz entlang der Wände sind etwa 2000 Handschriften und etwa 130 000 in Leder gebundene Folianten aufgereiht. Darunter finden sich Kostbarkeiten wie der *Codex Abrogans* aus dem Jahr 790, ein Synonymenlexikon, das als eines der ältesten deutschen Schriftdokumente gilt. Von den liturgischen Psalmenbüchern ist der um 900 in Goldschrift abgefasste *Psalterium*

Fresken, Intarsien, Edelholz – die Stiftsbibliothek des Benediktinerklosters St. Gallen ist vom Boden bis zur Decke ein Kunstwerk, von den wertvollen Büchern ganz zu schweigen

Aureum hervorzuheben. Vor allem besitzt die Stiftsbibliothek den berühmten *St. Gallener Klosterplan* vom Beginn des 9. Jh. Er entstand auf der Bodenseeinsel Reichenau als Kopie eines noch älteren karolingischen Plans und zeigt den Grundriss einer idealen Benediktinerabtei, nach dem das Kloster St. Gallen teilweise angelegt wurde.

Nördlich des Klosterbezirks fällt das farbig gedeckte Steildach der reformierten Stadtkirche **St. Laurenzen** (Mo–Fr 9.30–11.30 und 14–16 Uhr) auf, deren 73 m hoher Kirchturm gar noch um 5 m die Türme der Kathedrale überragt. Der ursprünglich gotische Bau aus dem 15. Jh. wurde 1851–54 im neogotischen Stil komplett umgestaltet. Vom Turm aus bietet sich eine schöne Aussicht über die Dächer der Stadt und auf das Appenzellerland am Fuß des Säntis.

Über die Markt- oder die parallel dazu verlaufende Kugelgasse führt der Weg in die **Altstadt**, wo malerische Fachwerkhäuser aus der Blütezeit der Stickereiindustrie vom einstigen Wohlstand der Stadt zeugen. Typisch für St. Gallen sind die zahlreichen, oft mehrgeschossigen **Erker**. Zu den schönsten zählen der Prunkerker von 1690 am Haus *Zum Schwanen* in der Kugelgasse 9, der Pelikanerker von 1708 in der Schmiedgasse 15, an dem die vier damals bekannten Erdteile (ohne Australien) dargestellt sind, sowie in der Gallusstraße der eingeschossige Kastenerker am Haus *Zum Greif* mit Löwenköpfen und dazwischen liegenden Reliefs mit biblischen Szenen.

Nur einige Hundert Meter sind es von hier zum **Textilmuseum** (Mo–Fr 10–12 und 14–17 Uhr, April–Okt. auch Sa) in einem 1886 entstandenen Stadtpalais, das die große Zeit der St. Gallener Stickerei dokumentiert. Die Exponate umfassen eine historische Spitzensammlung, Kostüme und Musterbücher mit Stoffproben. Besonders sehenswert ist eine mit Szenen aus dem Leben Napoleons filigran bestickte Tischdecke aus dem 19. Jh.

Praktische Hinweise

Tel.-Vorwahl St. Gallen: 0 71

Information: St. Gallen-Bodensee Tourismus, Bahnhofplatz 1a, Tel. 2 27 37 37, Fax 2 27 37 67, Internet: www.st.gallen-bodensee.ch

Hotel

******Einstein Hotel**, Berneggstr. 2, Tel. 2 27 55 55, Fax 2 27 55 77, Internet: www.einstein.ch. Gepflegtes, freundliches Hotel unweit des Stiftsbezirks mit 62 Zimmern und 3 Suiten.

Restaurant

Zum Goldenen Schäffli, Metzgergasse 5, Tel. 2 23 37 37. Eine nach ihrer Lage im Obergeschoss benannten ›Erststockbeizen‹. Unter der Dachschräge wird z. B. St. Galler Kalbsbratwurst mit Rösti serviert.

Wie in der ›guten alten Zeit‹ präsentiert sich der Marktplatz von Appenzell als wahres Idyll der Ländlichkeit

13 Appenzellerland

Stein – Appenzell – Säntis

Tradition und Brauchtum werden in dem lieblichen Bauernland groß geschrieben.

Südlich des Bodensees bedecken sattgrüne Wiesen die sanft geschwungenen Hügelzüge des Appenzellerlandes. Die Region ist seit einem Volksentscheid im Jahr 1597 in zwei zusammen 415 km² umfassende Halbkantone geteilt, das reformierte **Ausserrhoden** und das katholische **Innerrhoden**. Innerrhoden ist als Hochburg der Erzkonservativen verschrien, seine Bewohner gelten als Völkchen der ›Neinsager‹, denen traditionelle Werte und Brauchtum mehr bedeuten als Gegenwart und Fortschrittsdenken. Da mag es nicht verwundern, dass hier erst 1990 das allgemeine Wahlrecht für Frauen eingeführt wurde.

Wirtschaftlich sind neben dem Tourismus Vieh- und Milchwirtschaft von großer Bedeutung. Entsprechend groß ist der Andrang, wenn im Herbst die Appenzeller auf *Viehschauen* ihre Jungtiere präsentieren. Zum volkstümlichen Rahmenprogramm gehören Geißenrennen und Kuhfladenlotto. Im Dörfchen **Stein**, etwa 8 km südlich von St. Gallen, demonstriert die *Appenzeller Schaukäserei* (Mo–Fr 9–19, Sa/So 8–19; Nov.–Feb. Mo–So 9–18 Uhr, gekäst wird nur vormittags) für ihre Besucher den zehnstufigen Prozess der Käseherstellung von der Rohmilch bis zum fertigen Laib. Vor Ort kann man sich dann auch gleich mit den fertigen Produkten eindecken.

Während sich **Herisau,** Verwaltungszentrum von Ausserrhoden, als Industriestandort einen gewissen Namen machte, hat sich Innerrhodens malerisch inmitten von Weiden und Wäldchen gelegener Hauptort **Appenzell** (780 m, 5000 Einw.) ganz dem Tourismus verschrieben. Das schmucke Ortsbild mit den bunt bemalten Holzhäusern lockt an schönen Sommerwochenenden Ausflügler in Scharen an. Auf sie sind die zahlreichen Dorfgasthöfe und Andenkenläden beidseits der Hauptstraße bestens eingestellt. Neben dem zentral gelegenen Rathaus ist das *Historische Museum* (Mo–So 10–12 und 14–17, Nov.–März Di–So 14–16 Uhr)

***Oben:** Vom Gipfel des Säntis schweift der Blick über das Meer der Alpengipfel*

Unten: *Aufgeputzt mit Kopfschmuck und Schellen – ›Silvesterchlaus‹ im Historischen Museum von Appenzell*

untergebracht, das Heimatkunde und Brauchtum der Appenzeller anhand von Trachten, jahreszeitlichen Dekorationen wie dem weihnachtlichen ›Chlauszüüg‹ oder traditionellem Handwerk dokumentiert.

Das beliebteste Ausflugsziel im Appenzellerland ist der 2501 m hohe TOP TIPP **Säntis**. Dieser höchste Bergstock der Ostschweiz bietet ein imposantes Panorama vom Bodensee bis zum Zürichsee, auf den Hauptkamm der Alpen und weit ins österreichische Vorarlberg hinein. Von Appenzell aus fährt man über das knapp 15 km westlich gelegene Dorf Urnäsch bis zur Talstation Schwägalp (1283 m), von dort in 10 Min. mit der *Seilbahn* (Mai–Okt. tgl. 8.30–17 Uhr, Juli–Sept. Fr/Sa zusätzl. Abendfahrten bis 21.30 Uhr) zur Bergstation ›Säntis‹ (2476 m) kurz unterhalb des Gipfels.

Praktische Hinweise

Information: Appenzellerland Tourismus, Hauptgasse 4, Appenzell, Tel. 0 71/7 88 96 41, Fax 7 88 96 50, Internet: www.appenzell.ch

RIGI

Zentralschweiz – auf den Spuren Wilhelm Tells

Im Herzen der Schweiz vereinen sich Berge und Seen zu einer bukolischen Landschaft. Wirtschaftliches und kulturelles Zentrum der Region ist **Luzern** am Nordwestufer des viel verzweigten **Vierwaldstätter Sees**. Wer eher Natur als Boutiquen und Theater sucht, kann von hier aus schöne Ausflüge ins Voralpenland unternehmen oder den Anblick der majestätischen Alpen von einem der beiden nahe gelegenen Aussichtsberge genießen, von der **Rigi** oder von dem mit der steilsten Zahnradbahn der Welt erschlossenen **Pilatus**.

Rings um die zahlreichen Seen des Schweizer Kernlandes laden im Sommer vor der grandiosen Kulisse schroff zum Ufer hin abfallender Bergzüge *Weggis* und andere Badeorte zu beschaulichen Ferien ein. Am Ostufer des Vierwaldstätter Sees lassen sich die historischen Wurzeln der Eidgenossenschaft aufspüren. Denn auf der **Rütliwiese** konstituierten Vertreter der Urkantone Schwyz, Uri und Unterwalden im August des Jahres 1291 die Schweizer Nation. Im ländlich geprägten **Urnerland** soll auch die Schweizer Sagengestalt Wilhelm Tell zu Hause gewesen sein. Einen Besuch wert ist außerdem das Wallfahrtskloster **Maria Einsiedeln** beim *Sihl-See*, das mit üppiger barocker Ausstattung aufwartet.

14 Luzern

Plan Seite 63

»Luzern ist ganz reizend. Es beginnt mit einem Saum von Hotels unten am Wasser und krabbelt (...) malerisch über drei steil ansteigende Berge.« *Mark Twain*

Die 57 000 Einwohner zählende ›Leuchtenstadt‹ Luzern (436 m) liegt am Ausfluss der Reuss an der nordwestlichen Ecke des Vierwaldstätter Sees. Der Beiname der **Kantonshauptstadt** geht auf eine Legende zurück, nach der ein Engel den nachts im See fischenden ersten Siedlern den Platz für eine zu errichtende Kapelle ausgeleuchtet haben soll. Heute hat sich hier eine ansehnliche Stadt entwickelt, die im Sommer eines der umtriebigsten touristischen Zentren der Schweiz ist.

◁ **Oben:** *Malerisch führt die Kapellbrücke mit angebautem Wasserturm in Luzern über die Reuss*

Unten: *Während der Fahrt mit der Rigi-Bahn auf den gleichnamigen Aussichtsgipfel am Vierwaldstätter See dient der Pilatus als Kulisse*

Geschichte Die Siedlung **Luciaria** entwickelte sich aus einem um 700 von Benediktinermönchen am rechten Ufer der Reuss gegründeten Kloster. Mit dem Ausbau des transalpinen Handelsweges über den St.-Gotthard-Pass um 1220 wurde daraus bald ein lebhafter Marktflecken. Waren auf dem Weg von Süddeutschland nach Oberitalien wurden an den Seequais von Pferdewagen auf Lastkähne umgeladen und ans südliche Ende des Vierwaldstätter See nach Flüelen transportiert. 1291 kauften die **Habsburger** das prosperierende Städtchen, das bis dato dem Kloster Murbach im Elsass unterstand. Die Luzerner waren von der neuen Herrschaft nicht sonderlich erbaut und schlossen sich deshalb 1332 dem Bund der Waldstätte an. Nach der Schlacht von Sempach 1386 erzwangen sie ihre Unabhängigkeit. Im 16. Jh. hielt Luzern am katholischen Glauben fest und wurde zum Zentrum der *Gegenreformation* in der Schweiz. Nach der Besetzung durch napoleonische Truppen fungierte die Stadt 1798–1803 kurzzeitig als Hauptstadt der Helvetischen Republik.

Zu erheblicher Blüte verhalf der Gemeinde schließlich der **Fremdenverkehr**. Am schönen nördlichen Seeufer eröffneten ab 1850 noble Hotelpaläste, die bewaldeten Hänge im Rücken mit Blick auf das romantische stille Wasser und Luzern stieg zu einem mondänen **Ferienort** auf. Der damalige Glanz ist freilich nach dem fast vollständigen Erliegen des Tourismus während des Zweiten Weltkriegs trotz heute wieder zahlreicher Gäste noch nicht ganz erreicht.

Auf der Kapellbrücke über die Reuss

Einen Stadtrundgang beginnt man am besten am linken Ufer der Reuss mit einem Bummel von den *Landungsbrücken* beim Bahnhofsplatz zu dem sich südlich anschließenden *Europaplatz*. Zur Jahrtausendwende konnte hier eines der ehrgeizigsten Großprojekte des modernen Luzern seiner Bestimmung übergeben werden, das neue **Kultur- und Kongresszentrum** ❶. Der von dem französischen Architekten Jean Nouvel konzipierte Komplex vereint unter seinem Dach Kongresssäle, eine Konzerthalle und das **Kunstmuseum** (Di–So 10–17, Mi 10–21 Uhr), das vor allem Schweizer Landschaftsmalerei des 19. Jh. zeigt. In der Konzerthalle finden jedes Jahr im September die renommierten *Internationalen Musikfestwochen* statt [s. S. 136].

Vom Bahnhof aus ist es nur ein kurzes Stück westwärts entlang der Reuss zur berühmten **Kapellbrücke** ❷, dem fotogenen Aushängeschild der Leuchtenstadt. Die 204 m lange überdachte Holzbrücke verbindet seit 1333 die Stadtteile beidseits des Flusses. Seit dem 17. Jh. war ihr offener Dachstuhl mit 111 Giebelbildern geschmückt, die der Zürcher *Hans Heinrich Wägmann* im Stil der Renaissance gemalt hatte. Doch 1993 zerstörte ein Brand das Mittelstück der Brücke und mit ihm 86 der interessanten Szenen zu Stadtgeschichte und Leben der Heiligen. Unter dem originalgetreu wieder aufgebauten Brückendach hängen nun – mit Brandmeldern ausgestattet und hinter Glas – Reproduktionen neben den wenigen verbliebenen Originalgemälden. Im Fluss, doch über die Brücke erreichbar, steht der steinerne achteckige **Wasserturm** aus dem 14. Jh., der im Laufe seiner Geschichte als Wachturm, Gefängnis und Schatzhaus diente.

TOP TIPP

Eine schmiedeeiserne Fußgängerbrücke führt über die Reuss zum Alten Rathaus

In der Altstadt am rechtsseitigen Reussufer steht etwas flussaufwärts am Kornmarkt das **Alte Rathaus** ❸. Der 1602–06 errichtete Bau bildet eine eigenwillige Stilkombination: Die Fassade folgt dem Kanon der oberitalienischen Renaissance, darüber erhebt sich ein typisch schweizerisches Walmdach. In das gefällige Ensemble ist der Rathausturm aus dem Jahr 1505 integriert. Der mittelalterliche Vierungsbau war ursprünglich ein Wachturm gewesen, die aufgesetzte Renaissancehaube und die vier putzigen Dacherker erhielt er erst 1619. Von der Renaissance beeinflusst ist auch das benachbarte **Haus am Rhyn**. Der kleine 1618 erbaute Palazzo beherbergt das **Picasso-Museum** ❹ (tgl. 10–18, Nov.–März 11–13 und 14–16 Uhr) mit einer interessanten Sammlung von Werken des spanischen Meisters aus der Donation Rosengart. Sehenswert sind auch die rund 200 Fotografien von David Douglas Duncan, die Pablo Picasso bei der Arbeit in seinem Atelier zeigen.

Von den mittelalterlichen Schanzanlagen blieb im Norden der Altstadt die schnurgerade **Museggmauer** ❺ erhalten. Mit ihren 870 m und neun Wachtürmen ist sie die längste erhaltene Stadtbefestigung der Schweiz. Über die 1566 entstandene **Spreuerbrücke** ❻, ebenfalls eine überdachte Holzbrücke, geht es wieder zurück an das linke Reussufer. Ihr Name weist darauf hin, dass es einst nur hier gestattet war, Spreu und Asche im Fluss zu entsorgen. Die 1626–35 entstandenen Giebelbilder im Brückendach zeigen einen Totentanz-Zyklus des Malers Kaspar Meglinger.

Ausflugsschiffe warten an National- und Schweizerhofquai am Nordufer des Vierwaldstätter Sees auf Gäste, bewacht von den Zwillingstürmen der Hofkirche

Gleich neben der Brücke ist im spätgotischen Zeughaus von 1567 das **Historische Museum** 7 (Di–Fr 10–12 und 14–17, Sa/So 10–17 Uhr) untergebracht. Die auf drei Stockwerken präsentierte Sammlung von Waffen und Bannern sowie von Glasarbeiten und Goldschmuck aus Luzerner Werkstätten reicht bis ins Mittelalter. Besonderer Stolz des Museums ist ein Panzerhemd des österrei-

chischen Widersachers von Luzern, Herzog Leopold, das dieser bei seinem Tod 1386 in der Schlacht von Sempach trug.

Auf dem Weg entlang der Reuss über die Bahnhofstraße zurück zu den Landungsbrücken beschließt neben dem Stadttheater ein Blick in die **Jesuitenkirche** ⑧ den Rundgang. Das kleine Gotteshaus wurde 1666–77 als landesweit eines der ersten im schweizerischen Barock errichtet und wirkt noch vergleichsweise schlicht, doch innen beherbergt es einen sehenswerten Rokoko-Hochaltar aus rotem Marmor.

Heldengedenken, Natur und Technik

Am *Löwenplatz* auf dem rechen Reussufer nordöstlich der Altstadt befindet sich in einem Rundbau das von dem Genfer *Edouard Castres* 1877–79 gemalte **Bourbaki-Panorama** ⑨ (tgl. 9–18 Uhr). Das 1100 m² große Wandgemälde zeigt äußerst realistisch den Einmarsch der französischen Ostarmee in die Schweiz im Winter 1870/71 unter dem Kommando von General Charles Denis Sauter Bourbaki. Nördlich des Löwenplatzes erinnert das in eine 20 m hohe Felswand gemeißelte **Löwendenkmal** ⑩ an 750 Schweizer Gardisten, die 1792 in Paris bei der Verteidigung der Tuilerien gegen revolutionäre Kräfte gefallen waren. Das 1820–21 entstandene Monument stellt einen sterbenden Löwen dar.

Das Verkehrshaus der Schweiz zeigt auch, wie der uralte Menschheitstraum vom Fliegen Wirklichkeit wurde

Einige Hundert Meter bergan zeigt der **Gletschergarten** ⑪ (tgl. 9–18, Nov.–März tgl. 10–17 Uhr) Naturphänomene, die während der letzten Eiszeit vor etwa 20 000 Jahren entstanden. Bizarr wirken die durch Schmelzwasserstrudel frei gelegten bis zu 10 m tiefen Gletschermühlen, die sich hier eingruben, gewaltig die erratischen Gesteinsblöcke. In der geologischen Sammlung des angeschlossenen *Gletschergarten-Museums* lohnt ein Blick auf die 20 Mio. Jahre alten versteinerten Palmblätter. Das kuriose Spiegellabyrinth ist besonders für Kinder eine Attraktion.

Auf der Seepromenade erreicht man das am östlichen Stadtrand gelegene TOP TIPP **Verkehrshaus der Schweiz** ⑫ (tgl. 10–18, Nov.–März 10–17 Uhr), eines der größten Verkehrsmuseen der Welt. Jedes Jahr besuchen rund 750 000 Gäste die hervorragend präsentierte Schau, in der auch Kinder einen unterhaltsamen und lehrreichen Tag verbringen können. Auf einer Fläche von 40 000 m² wird ausgestellt, was immer sich an Gerätschaften zu Lande, zu Wasser und in der Luft fortbewegt, vom Postschlitten bis zur Raumsonde. Ein Schwerpunkt ist neben der stattlichen Oldtimer-Sammlung die Luftfahrtausstellung mit diversen Flugzeugmodellen, Eisenbahnfans können zwischen Dampflokomotiven und nostalgischen Waggons flanieren. Als neueste Attraktion bietet das Museum eine Fahrt über Luzern mit einem bis zu 30 Personen fassenden Fesselballon, dem sog. *Hiflyer* (tgl. 13–17 Uhr, Start je nach Witterung).

Luzerns Hausberg

Der 2120 m hohe **Pilatus** 8 km südlich von Luzern zieht im Sommer Ausflügler und Wanderer, im Winter Skifahrer und Langläufer an. Ein Halbtagesausflug beginnt mit der Schifffahrt von Luzern nach *Alpnachstad*, von dort geht es mit der steilsten Zahnradbahn der Welt (Mai–Mitte Nov. 8.50–16.30 Uhr) mit bis zu 49 % Steigung in 30 Min. hinauf zur Station Pilatus-Kulm (2070 m). Von dem 10 Gehminuten entfernten Gipfel des *Esel* (2118 m) bietet sich eine grandiose Sicht auf die Alpenkette im Norden und im Westen bis zum Schwarzwald bzw. bis zu den Vogesen. Als Variante für den Rückweg kann man mit der Gondel- und Luftseilbahn nach Kriens abfahren und von dort mit Bus oder Bahn nach Luzern.

Hier muss die Freiheit wohl grenzenlos sein – manchmal taucht vom Gipfel des Pilatus aus gesehen lediglich der Bürgenstock aus dem Wolkenmeer über dem Vierwaldstätter See auf

Rund um den Vierwaldstätter See

Am Nordufer des Vierwaldstätter Sees liegt **Küssnacht**, das durch die Geschichte des Wilhelm Tell bekannt wurde. In einem Hohlweg an der Straße nach Immensee soll der wackere Schweizer den Landvogt Gessler mit dem Pfeil einer Armbrust getötet haben. »Durch diese hohle Gasse muss er kommen«, dichtete Friedrich von Schiller 1804 in seinem Drama über den Nationalhelden.

Der Kurort **Weggis** am Fuß der Rigi liegt geschützt in einer Bucht am See, Palmen und Mandelbäume vermitteln ein beinahe mediterranes Flair. Westlich des beliebten Ferienzentrums befindet sich der städtische *Lido*, ein viel besuchtes Strandbad.

TOP TIPP

Ein 1798 m hoch aufragender Höhenzug im Nordwesten des Vierwaldstätter Sees, die **Rigi**, gehört gewissermaßen zu den Keimzellen des Schweizer Fremdenverkehrs. Spätestens nachdem der amerikanische Autor *Mark Twain* 1880 den vom Gipfel der Rigi genossenen Sonnenaufgang in schillerndsten Farben beschrieben hatte, wurde der Berg zu einem bevorzugten Ausflugsziel und Aussichtspunkt auf die Alpen. Die Tour beginnt man am besten in Luzern, wo man das Linienschiff nach Vitznau nimmt. Von dort geht es mit der Zahnradbahn (tgl. 7–22 Uhr, Fahrtzeit 30 Min.) zum höchsten Gipfel, dem *Rigi-Kulm*. Bergab kann man ab *Rigi-Kaltbad* die Luftseilbahn (tgl. 7–19.45 Uhr, Fahrtzeit 10 Min.) nach Weggis nutzen, von dort per Schiff wieder nach Luzern.

Als südlichster Arm des Vierwaldstätter Sees ragt der **Urner See** wie ein Fjord in das Voralpenland hinein, beiderseits der Ufer erheben sich fast 2000 m hohe Bergstöcke. Hier bietet sich ein Abstecher nach **Altdorf** an. In dem seit dem 11. Jh. viermal abgebrannten und immer wieder aufgebauten Hauptort des Kantons Uri soll Wilhelm Tell den Apfel vom Kopf seines Sohnes geschossen haben. Vor dem mittelalterlichen Wohnturm am klassizistischen *Rathaus* hält das 1855 von dem Bildhauer Richard Kissling geschaffene bronzene *Tell-Denkmal* die Erinnerung an die Legende wach. Im nahe gelegenen *Tellspielhaus* wird alle drei Jahre Schillers ›Wilhelm Tell‹ aufgeführt (nächster Termin 2003).

Praktische Hinweise

Tel.-Vorwahl Luzern: 0 41

Information: Tourist Information, Zentralstr. 5 (im Bahnhof), Tel. 2 27 17 17, Fax 2 27 17 20, Internet: www.luzern.org

Schiff

Schifffahrtsgesellschaft Vierwaldstättersee (SGV), Landungsbrücken am Bahnhof, Tel. 3 67 67 67, Fax 3 67 68 68, Internet: www.lakelucerne.ch. Nostalgische Schaufelraddampfer verbinden Luzern täglich mit Weggis, Vitznau und Flüelen (Mai–Okt.)

Einkaufen

Alphornbau Stocker, Schweighof, Tel. 3 40 88 86. In der Werkstatt von Josef Stocker kann man sich über die Herstellung von Alphörnern informieren – und natürlich auch welche kaufen.

Hotels

****Chateau Gütsch**, Kanonenstrasse, Tel. 2 49 41 00, Fax 2 49 41 91, Internet: www.chateau-guetsch.ch. Das noble Hotelschlösschen thront in aussichtsreicher Lage hoch über Stadt und See.

***Hotel des Alpes**, Rathausquai 5, Tel. 4 10 58 25, Fax 4 10 74 51, Internet: www.desalpes-luzern.ch. Haus in zentraler Lage direkt an der Kapellbrücke. Teils verfügen die 45 geräumigen Zimmer über kleine Balkone mit Seeblick.

Löwengraben, Löwengraben 18, Tel. 4 17 12 12, Fax 4 17 12 11, Internet: www.loewengraben.ch. Das frühere Stadtgefängnis bietet günstige Familienzimmer.

Restaurant

Galliker, Schützenstr. 1, Tel. 2 40 10 02. Wirtshaus mit Schweizer Küche und guter Weinkarte (So/Mo geschl.).

15 Schwyz

Wiege der Eidgenossenschaft.

Die geschichtsträchtige, für den Kanton und das ganze Land namensgebende **Kleinstadt** (12 000 Einw.) liegt in 517 m Höhe am Fuß der markanten Zwillingsgipfel des **Mythen** (1815 m und 1902 m). Der von den Alemannen urbar gemachte Landstrich mit der Siedlung östlich des Lauerzer See wird urkundlich erstmals im Jahr 972 erwähnt. Auch Schwyz profitierte wirtschaftlich von der Gotthardroute. Um diese Interessen militärisch abzusichern, verbündete sich die Stadt 1291 mit den benachbarten Waldstätten Uri und Unterwalden – und damit war die Urschweiz ins Leben gerufen.

Im **Bundesbriefarchiv** (Mo–Fr 9.30–11.30 und 14–17 Uhr) der Stadt in der Bahnhofstrasse 20 sind die Gründungsurkunden der Schweiz ausgestellt. Die lateinisch abgefassten und mit Siegeln versehenen Pergamentblätter des Bundesbriefes vom 1. August 1291 ruhen sicher und gekühlt hinter Panzerglas. Das Museum verfügt zudem über eine stattliche Sammlung alter Banner. Sehenswert ist auch die **Ital-Reding-Hofstatt** (April–Nov. Di–Fr 14–17, Sa/So 10–12 und 14–17 Uhr) in der Rickenbachstrasse nahe der Pfarrkirche. Das 1609 errichtete Patrizierhaus mit seinem Originalmobiliar dokumentiert die Wohnkultur jener Zeit. Besonders schön sind die Kassettendecken und kunstvoll mit Intarsienarbeiten verzierten Schränke. Das benachbarte zweistöckige **Haus Bethlehem** stammt aus dem Jahr 1287 und gilt als das älteste Holzgebäude der Schweiz.

16 Maria Einsiedeln

Geistliches Zentrum der Schweiz.

Das Städtchen **Einsiedeln** (905 m) südlich des **Zürichsees** lebt in erster Linie vom Tourismus, denn das benachbarte **Benediktinerkloster** Maria Einsiedeln ist der bedeutendste Wallfahrtsort der Schweiz. In der Abtei wird eine Schwarze Madonna verehrt, die alljährlich das Ziel Zehntausender Pilger ist.

Die Anfänge des Klosters gehen ins 10. Jh. zurück, als Benediktinermönche an der Eremitenklause des von Räubern erschlagenen *Hl. Meinrad* († 861) ein Kloster gründeten. Die Brüder begannen in dem unzugänglichen Hochtal den Wald zu roden, betrieben Landwirtschaft, führten Weinbau ein und wurden erfolgreiche Pferdezüchter. Insgesamt fünf Großbrände machten im Laufe der Zeit den wiederholten Neuaufbau der ursprünglich romanischen Klosteranlage notwendig. Das heutige Erscheinungsbild der Abtei präsentiert sich in reinem Barock, für den der Vorarlberger Laienbruder *Kaspar Moosbrugger* (1656–1723) verantwortlich zeichnete. Kernstück ist das über rechteckigem Grundriss errichtete, umlaufende *Konventsgebäude*, das 34 000 m^2 umfasst. In dessen Mitte liegt die von vier Höfen eingefasste **Stiftskirche**. Sie wurde 1719–35 errichtet, ihre Fassade flankieren zwei jeweils 56 m hohe Türme. Die Decken in Langhaus und Chor sind mit prächtigen Fresken der Brüder *Cosmas Damian* und *Egid Quirin Asam* aus Bayern ausgemalt. Stuckaturen, kostbare Glasfenster und das schmiedeeiserne Chorgitter zeugen von bester Handwerkskunst. In der *Gnadenkapelle* gleich gegenüber dem Kircheneingang befindet

Traulich wirkt die üppige Barockschönheit der Stiftskirche von Maria Einsiedeln am Abend, doch schon am nächsten Tag versammeln sich hier wieder unzählige Marienpilger

sich die in prunkvolle Gewänder gehüllte Holzfigur der Schwarzen Madonna aus dem 15. Jh.

17 Zug

Kleines Steuerparadies am Zuger See.

Die **Hauptstadt** (24 000 Einw.) des Kantons Zug liegt am Nordostende des gleichnamigen See und wartet mit zwei Superlativen auf: Vom Rathaus aus wird der mit 239 km^2 flächenmäßig kleinste Kanton verwaltet, dafür ist statistisch gesehen das Pro-Kopf-Einkommen der Bevölkerung das höchste der Schweiz. Eine liberale **Steuerpolitik** machte Zug zum Sitz von mehr als 1000 multinationalen Gesellschaften. Nicht alle haben ein Büro im Ort, doch zumindest einen Briefkasten.

Die Stadt wurde 1242 von dem Adelsgeschlecht der Kyburger gegründet, wenige Jahrzehnte später von den Habsburgern übernommen und zu einer Festung ausgebaut. Trotzdem trat Zug im Jahr 1352 als siebter Kanton der Eidgenossenschaft bei.

Die mittelalterliche **Altstadt** wird landeinwärts, also im Osten, durch eine teils noch erhaltene Stadtmauer und vier Wachtürme begrenzt. Die autofreien Gassen rund um den zentralen *Kolinplatz* werden vom **Zytturm** (12./13. Jh.) überragt. Mit seinem in den Kantonsfarben blau-weiß gehaltenen Ziegeldach ist er das Wahrzeichen der Stadt. Wenige Schritte entfernt steht an der Untergasse das spätgotische **Rathaus** von 1509. Der Ratssaal (Mo–Fr 8–12 und 14–17 Uhr) im dritten Stock wirkt durch die mit Schnitzereien in Form von Blumen und Vogelmotiven verzierte Holztäfelung äußerst gefällig. Unweit davon beherbergt ein wuchtiger Viereckturm aus dem 12. Jh. das **Museum in der Burg** (Di–Fr 14–17, Sa/So 10–12 und 14–17 Uhr). Die Räume sind mit barockem Mobiliar ausgestattet, eine kleine kulturgeschichtliche Sammlung zeigt Waffen, Kirchenkunst und lokales Kunsthandwerk.

Wendet man sich von der Altstadt aus am See entlang nordwärts, ist es nicht weit bis zur **Schiffstation** am Bahnhofsteg, wo man Tretboote mieten oder mit einem Ausflugsboot der Zuger Seeschifffahrt (Tel. 0 41/7 28 58 58) eine Rundfahrt unternehmen kann. Von der Seepromenade öffnet sich ein schöner Blick auf Rigi und Pilatus, bei Föhn sieht man sogar das Dreigestirn Eiger, Mönch und Jungfrau.

DUMENG CLALGUNA
IUZI ET. ION CLAU. ET IA
CHEN. SEIS FILGS · A° 1647 ·
QUID SIS QUID FUERIS QUIDERIS
SEMPER MEDITERIS
SIC MINUS ATQUE MINUS
PECCATIS SUBYCIERIS ·

Graubünden – wo der Wintersport laufen lernte

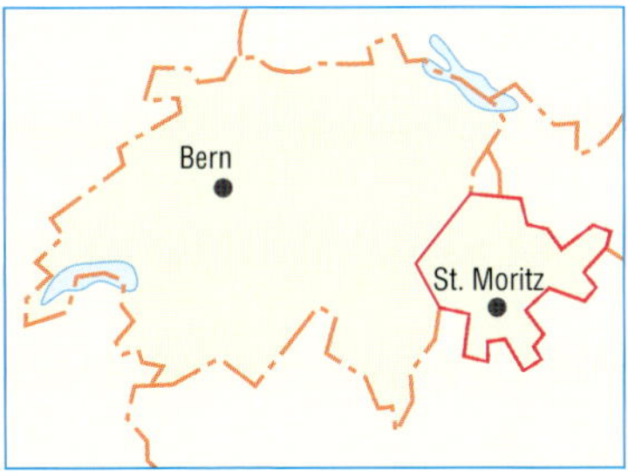

Lange Zeit waren die Bündner als spleenige Hinterwäldler verschrien, nicht zuletzt weil sie anfangs das Automobilzeitalter schlichtweg ignorierten: Von 1900 bis 1925 blieb die Grenze des flächenmäßig größten Schweizer Kantons (7105 km^2) für Kraftfahrzeuge geschlossen. Heute freilich rollt der **Verkehr** ungehindert über nicht weniger als acht Alpenpässe in die ›Ferienecke‹ der Schweiz.

Rund 150 Täler zählt der Alpenkanton und fast 1000 Berggipfel. Hier schufen etwa die Quellflüsse des jungen Rheins mit der **Via Mala** und der **Rheinschlucht** grandiose Naturlandschaften. Nicht minder reizvoll ist das **Engadin** entlang des Inn, eines der schönsten Hochgebirgstäler der Welt. In der *Oberengadiner Seenplatte* spiegeln sich die Silhouetten der vergletscherten Bergriesen der *Berninagruppe*, im Herbst tauchen Lärchenwälder Hänge und Tal in ein glühendes Farbenspektakel.

Außerdem – nicht zu vergessen – wird in Graubünden *Ski* gelaufen. **Davos** ist der größte Wintersportort der Schweiz, **St. Moritz** der mondänste, das nicht weniger berühmte **Arosa** der vielleicht ruhigste. Und mit der Alpenarena **Flims-Laax-Falera** ist den arrivierten Skiressorts ein neuer Konkurrent gewachsen, der vor allem auf die junge *Snowboard-Szene* anziehend wirkt.

18 Chur

Kleine Metropole mit sprödem Charme.

Churs Reize offenbaren sich nicht auf den ersten Blick, denn die kompakte Altstadt ist von gesichtslosen Geschäfts- und Wohnblöcken aus Beton umzingelt, die zumindest deutlich machen, dass der Ort boomt. Schon seit Jahrhunderten profitiert die **Kantonshauptstadt** (587 m) Graubündens von ihrer günstigen Lage am Fuß der Alpenpässe, über die wichtige Handelsrouten von Nord nach Süd führen.

Geschichte Chur bezeichnet sich stolz als die ›Älteste Stadt der Schweiz‹. Tatsächlich belegen archäologische Ausgrabungen, dass an dieser Stelle vor 13 000 Jahren **steinzeitliche Jäger** siedelten. Im 1. Jh. v. Chr. eroberten die Römer die Region, 284 machten sie das damalige **Cuera** zur Hauptstadt der Provinz *Raetia Prima*. Latein wurde Amtssprache, aus ihm entwickelte sich das umgangssprachliche *Rätoromanisch*, das in Graubünden noch heute gesprochen wird.

Um 450 wurde Chur der erste **Bischofssitz** nördlich der Alpen, 806 gliederte Karl der Große das Bistum ins Heilige Römische Reich Deutscher Nation ein. Die Churer Bischöfe gewannen zunehmend an Macht und regierten vom 12. Jh. bis zum 15. Jh. als **Reichsfürsten**. Im 15. Jh. schloss sich Chur mit Vorder- und Hinterrheintal zum **Grauen Bund** gegen habsburgische Expansionsstrebungen zusammen. 1803 wurde durch napoleonisches Dekret Graubünden ein Schweizer Kanton und Chur seine **Hauptstadt**.

Besichtigung Vom zentralen **Postplatz** zweigen die wichtigsten Straßen der Stadt sternförmig ab. Hier ist in der zweistöckigen *Villa Planta* aus dem 19. Jh.

◁ **Oben:** *Morteratschgletscher und der 4049 m hohe Piz Bernina (re.) als erhabene Kulisse auf dem Wanderweg von Pontresina zur Bovalhütte*

Unten: *Den Sündenfall thematisiert die fantasievolle Fassadenmalerei am Adam-und-Eva-Haus in Ardez bei Scuol*

Bei Sitzungen in der Täferstube des Rathauses heizte der Turmofen (17. Jh) den Ratsherren einst kräftig ein

das **Bündner Kunstmuseum** (Di–So 10–12 und 14–17, Do bis 20 Uhr) angesiedelt, das sich in erster Linie auf schweizerische Kunst konzentriert. Zu sehen sind u. a. Bilder der aus Chur stammenden Malerin *Angelica Kauffmann* (1741–1807) sowie größere Werkgruppen von Giovanni Segantini und der Brüder Augusto und Giovanni Giacometti. Zwei Säle im Obergeschoss sind Arbeiten des deutschen Expressionisten *Ernst Ludwig Kirchner* vorbehalten.

Nicht weit davon findet sich das **Rathaus** inmitten der dicht gedrängten Altstadt. Der wuchtige Bau war nach einem Brand 1465 wieder aufgebaut worden und diente im ausgehenden Mittelalter auch als Markthalle. Prunkstück der Innenräume ist die *Täferstube* im Obergeschoss mit einem bunt gekachelten Turmofen aus dem Jahr 1632, die jedoch nur nach Voranmeldung (Büro Chur Tourismus, s.u.) zu besichtigen ist.

Einkaufsmeile von Chur ist die **Obere Gasse**, in der alteingesessene Geschäfte und moderne Designerboutiquen zum Flanieren einladen. Sie beginnt im Südwesten der Altstadt am *Obertor* nahe dem Flüsschen *Plessur* und läuft im Osten auf die reformierte **St.-Martinskirche** zu. Dieser spätgotische Sakralbau geht im Wesentlichen auf das Jahr 1491 zurück. Innen sind besonders das mit Relieffiguren verzierte Chorgestühl sehenswert sowie die Glasfenster im Hauptschiff, die 1919 Augusto Giacometti gestaltete. Das **Rätische Museum** (Di–So 10–12 und 14–17 Uhr) nebenan beherbergt die archäologische, historische und volkskundliche Sammlung Graubündens. Ein barockes Patrizierhaus aus dem 17. Jh. liefert den stilvollen Rahmen für die Fülle interessanter Exponate. Zu den bedeutendsten Fundstücken aus der römischen Epoche zählen zwei 15–20 cm hohe Bronze-Statuetten der Diana und des Merkur.

Durch den Torturm erreicht man die **Bischöfliche Residenz**, eine repräsentative Gebäudegruppe auf einer kleinen Anhöhe im Osten der Altstadt. Im schlossähnlichen Hauptbau am Hofplatz konzentrierte sich über Jahrhunderte die kirchliche und weltliche Macht der Region. Entsprechend prunkvoll ließ Bischof *Benedikt von Rost* einen Vorgängerbau 1733 im österreichischen Barockstil grundlegend erneuern. Nun zieren getönte Stuckgirlanden die beiden Rundbogenportale und die Fenster an der Westfassade. Gegenüber der eleganten Residenz steht die 1272 geweihte romanische Kathedrale **St. Mariae Himmelfahrt** auf einer Felsterrasse. Der räumlich begrenzte Bauplatz war für den achsenverschobenen Grundriss verantwortlich. Die *Fassade* der Kirche gibt sich schlicht und kaum gegliedert, das *Innere* jedoch birgt Säulen mit kunstvoll gearbeiteten Kapitellen. Unter den sieben Altären ragt der 1492 von dem Ravensburger Jakob Ruß geschnitzte *Hochaltar* heraus; selbst die Rückseite ist mit prächtigem Figurenschmuck plastisch gestaltet. Im **Dommuseum** (Anmeldung Tel. 2 52 92 50) in einem Nebenraum der Krypta unter dem Chor ist der *Domschatz* ausgestellt. Zu den wertvollsten Stücken gehört der St.-Luziens-Schrein mit vergoldeten Kupferauflagen aus dem Jahr 1252.

Ausflug

Auf der A 13 in Richtung San Bernadino ist bald die knapp 30 km entfernte **Via Mala** erreicht. Schon zu Goethes Zeiten war die grandiose, vom Hinterrhein mehr als 500 m tief in den Schiefer gefräste *Klamm* eine Attraktion. Spätestens John Knittels Roman ›Via Mala‹ (1943) machte die imposante Schlucht weltbekannt. Bei der Ortschaft *Thusis* führen gut 300 Betonstufen zum Rhein hinab. Unten bietet sich ein spektakulärer Blick auf die

Über den Dächern von Chur ließ Kirchenfürst Benedikt von Rost 1733 die Bischöfliche Residenz errichten und unterstrich so auch architektonisch seinen Machtanspruch

schäumenden Strudeltöpfe und steil aufragenden Felswände.

TOP TIPP Im 2 km entfernten **Zillis** beherbergt die Pfarrkirche **St. Martin** eine in der abendländischen Kultur einzigartige polychrome Holzdecke, die ein unbekannter Künstler um 1160 schuf. Die flache Decke setzt sich aus 153 annähernd quadratischen, mit Bibelszenen bemalten Bildfeldern zusammen. Die vier Eckfelder stellen Engel als Personifikationen der vier Winde dar, die Randbilder entlang der Wand zeigen skurrile Fabelwesen. Fischschwänzige Tiere, Löwen, Widder und Elefanten sind als Sinnbilder des Bösen und Dämonischen zu deuten. Der innere Bilderzyklus widmet sich dem Leben Christi, wobei jeweils mehrere Abbildungen die Heiligen Drei Könige, die Flucht nach Ägypten und den Bethlehemischen Kindermord zum Thema haben. Übrigens: Damit man sich beim Betrachten der 8 m hohen Decke nicht den Hals verrenken muss, liegen neben dem Eingangsportal der Kirche Handspiegel bereit.

Fantastische Details – die Bilderdecke (12. Jh.) von St. Martin in Zillis ist ein Patchworkwunder auf Holz

Praktische Hinweise

Tel.-Vorwahl Chur: 0 81

Information: Chur Tourismus, Grabenstr. 5, Tel. 2 52 18 18, Fax 2 52 90 76, Internet: www.churtourismus.ch

Hotel

Freieck, Reichsgasse 44/50, Tel. 2 52 17 92, Fax 2 53 34 19, Internet: www.freieck.ch. Das historische Haus inmitten der autofreien Altstadt verfügt über 35 schlichte, doch behagliche Zimmer.

Bergidyll im Kinderbuch – Heidi macht das Stadtkind Klara auf der Alm mit Ziegen bekannt

Heidiland

Ein herzensgutes Bauernmädchen verhalf dem Örtchen **Maienfeld** *20 km nördlich von Chur zu Weltruhm. Denn hier siedelte die Kinderbuchautorin* **Johanna Spyri** *(1827–1901) ihre schwärmerische Alpensaga an, die sie 1880/81 unter dem Titel* **›Heidi‹** *veröffentlichte. Die Geschichte um die aufgeweckte Heidi, den treuen Geißenpeter, die gehbehinderte Klara und den kernigen Alm-Öhi wurde in 50 Sprachen übersetzt und rund 20 Mio. mal verkauft – eine* **Erfolgsstory**. *Der ans Herz gehende Stoff wurde bereits mehrfach verfilmt. In der jüngsten Version (2001) wandelte der Schweizer Regisseur Martin Imboden die Handlung stark ab und produzierte einen* **modernen Heimatfilm**, *in dem er Heidi kurzerhand ins 21. Jh. versetzt: Die Teenagerin fährt im Landrover zum Großvater auf die Alp und chattet munter im Internet.*

Maienfeld und sein Umland leben nicht schlecht von der Vermarktung der jungen Roman- und Filmheldin (Infos im Internet: www.myheidi.ch). Vor allem japanische Gäste wandeln begeistert auf den vermeintlichen Spuren des Naturkindes. Im sog. **Heididorf** *Oberrofels oberhalb von Maienfeld gibt es beispielsweise ein* **Heidimuseum** *(Mitte März – Mitte Nov. tgl. 10–17 Uhr) und auf dem* **Großen Heidiweg** *kann man vom Dorf aus in 4,5 Std. zur* **Heidialp** *wandern. Die stilgerechte Reise durchs Land übernimmt der* **Heidi-Express** *der Rhätischen Bahn (Tel. 081/2 88 61 04).*

19 Surselva

Rheinschlucht – Flims – Laax – Falera – Ilanz – Disentis – Val Lumnezia

Naturwunder am Vorderrhein.

Im Norden Graubündens erstreckt sich vom Oberalppass bis Trin das 80 km lange Tal der Surselva. In der landschaftlich reizvollen Region wird größtenteils rätoromanisch gesprochen. Die spektakuläre **Rheinschlucht** (rom. Ruinaulta) bildet das Tor zur Surselva. Vor etwa 15 000 Jahren sperrte eine ungeheure tektonische Verschiebung, der sog. *Flimser Bergsturz*, den Vorderrhein ab, der sich in der Folge auf 15 km Länge eine bis zu 300 m tiefe Schlucht durch die aufgetürmten Felsmassen graben musste. Autos ist mangels einer Straße der Weg durch den Canyon verwehrt, doch Fahrgäste der Rhätischen Bahn genießen eine optimale Sicht auf den Felsabsturz, denn die Bahntrasse folgt genau dem Flusslauf. Entlang der Gleise kann man die Schlucht auch durchwandern. Die beeindruckende Tour beginnt am Bahnhof Versam und endet nach 1,5 Std. an der Station Valendras.

Hoch über der Rheinschlucht liegt der Wintersportort **Flims** (1100 m). Er und seine Nachbarorte Laax und Falera verfügen mit der etwa 140 km² großen *Alpenarena* über eines der bedeutendsten **Skigebiete** der Alpen. Es erstreckt sich vom Cassonsgrat (2674 m) bis zum von Snowboardern favorisierten Crap Sogn Gion (2220 m). Mit dem Sessellift via *Naraus* und weiter mit der Seilbahn lohnt ein Ausflug auf den über dem Ort aufragenden *Flimserstein* zum **Fil de Cassons** (2634 m). Der spektakuläre Aussichtsgipfel ist auch ein guter Ausgangspunkt für Bergtouren. Schlichtweg grandios ist die fünfstündige *Rundwanderung* zum Martinsloch am **Segnaspass** (2627 m). Am Weg begeistern die bizarr gezackten Tschingelhörner (2849 m) und die von einem mäandernden Gebirgsbach durchzogenen beiden sumpfigen Segnasböden.

Laax (1020 m) ist nicht nur ein Mekka der *Snowboarder*, im Sommer finden z. B. *Biker* ringsum ein perfekt ausgebautes Revier vor. Zum **Laaxer Bike-Park** gehören zwei Abfahrtsstrecken, eine BMX-Bahn sowie eine Cross-Strecke. Von Laax führt im Winter auch ein Lift auf den als ›Top of Alpenarena‹ vermark-

Abenteuer Rafting – die wildromantische Rheinschlucht bietet ideale Bedingungen

Gewagte Schräglage – bei Laax können Snowboarder ihrem Sport ausgiebig frönen

teten **Vorabgletscher** (3018 m), im Sommer kann man von *Crap Masegn* aus in 3 Std. zum Fuß der Gletscherzunge wandern, an der das Schmelzwasser einen kleinen See gebildet hat.

Das autofreie **Falera** (1213 m) ist der ruhigste Ort der Alpenarena. Am Dorfrand steht auf einer malerischen Aussichtsterrasse die Kirche **St. Remigius.** Ihr spätromanischer Glockenturm geht auf das 13. Jh. zurück, die Wandmalereien im einschiffigen Inneren stammen aus dem 14.–17. Jh. Herausragend ist das *Letzte Abendmahl,* das die ganze Breite der Nordwand einnimmt. Es wurde 1646 von dem Konstanzer Maler Georg Wilhelm Gresner geschaffen und zeigt einen reich gedeckten Tisch, um den sich die überlebensgroß dargestellten Apostelfiguren gruppieren. Auf dem nahe der Kirche gelegenen Muata-Hügel weisen aus Menhiren gesetzte *Steinkreise* auf einen frühgeschichtlichen Kultplatz hin.

Vor der Touristenära war **Ilanz** (698 m, 2200 Einw.) an der Mündung des Valsertals in die Surselva der Hauptort am Vorderrhein. Das Städtchen wurde 1289 erstmals erwähnt, seine Wurzeln dürften jedoch bis ins 8. Jh. zurückreichen. Von der mittelalterlichen Befestigung sind noch

Eindrucksvoll erhebt sich die Benediktinerabtei St. Martin mit ihrer rechts angebauten barocken Stiftskirche über den Häusern des Städtchens Disentis und dem Rheintal

Reste der Ringmauer und zwei Stadttore erhalten. Das Obertor wird von einem barocken Aufbau mit Walmdach bekrönt und fungiert als Wahrzeichen des Ortes. Über dem Torbogen prangt das Stadtwappen – eine goldene Krone, durch die der Rhein fließt. Die zentrale Lage im Tal macht Ilanz zu einem guten Standort für **Wanderer**. Für sie sind die alten Passwege ins Glarnerland sehr reizvoll. So erlaubt der heute gut ausgebaute Übergang von Pigniu nach Elm exzellente Ausblicke auf den markanten *Hausstock* (3158 m). Hoch im Kurs steht auch die Zwei-Tages-Wanderung vom bündnerischen Breil über den *Kistenpass* (2640 m) nach Linthal.

Kulturgeschichtlicher Fixpunkt der Surselva ist das Städtchen **Disentis** (rom. Mustér). Am Zusammenfluss der beiden Quellflüsse des Rhein gründeten die Churer Bischöfe im 8. Jh. die Benediktinerabtei *St. Martin*, deren Einflussbereich sich auf das ganze Bündner Oberland erstreckte. Noch heute gehört ihre barocke Stiftskirche von 1712 mit den beiden Zwiebeltürmen zu den schönsten Sakralbauten Graubündens. Das Langhaus ist innen reich mit Stuckaturen und Deckengemälden ausgeschmückt, die neun Altäre sind aufwändig vergoldet.

Val Lumnezia

Pittoreske Dörfer wie Vella und Vrin vor der prachtvollen Silhouette des **Piz Terri** (3159 m) machen den besonderen Reiz des größten Seitentals der Surselva aus. Im Talschluss können Bergwanderer von Vrin über Puzzatsch und den Pass Diesrut (2428 m) zur **Plaun la Greina** aufsteigen. Die einmalig schöne, faszinierende Hochebene ist wegen ihrer speziellen Gebirgsflora als geschützter Naturpark ausgewiesen.

Praktische Hinweise

Tel.-Vorwahl Flims, Laax, Falera, Ilanz, Disentis: 0 81

Information: Flims Laax Falera Tourismus, Flims-Dorf, Tel. 9 20 92 00, Fax 9 20 92 01, Internet: www.alpenarena.ch

Hotels

*******Park Hotel Waldhaus**, Flims-Waldhaus, Tel. 9 28 48 48, Fax 9 28 48 58, Internet: www.park-hotels-waldhaus.ch. Ausgesprochen komfortables Haus mit liebevoll gestaltetem Hotelmuseum inmitten einer weitläufigen Parklandschaft.

Hof Meiler Cangina, Flims-Dorf, Tel. 9 11 15 10. Ruhig gelegene Frühstückspension am Ortsrand, mit sechs einfachen Zimmern und Kochgelegenheit im Aufenthaltsraum.

Riders Palace, Laax-Murschetg, Tel. 9 27 97 00, Fax 9 27 97 01, Internet: www.riderspalace.ch. Der Treff der Snowboard-Szene bietet preisgünstige Mehrbettzimmer.

Restaurant

Pomodoro, Hauptstraße, Flims-Waldhaus, Tel. 9 11 10 62. Die beliebte Trattoria wartet mit einer breiten Auswahl an Pizzen und Nudelgerichten auf. Deftig sind die Spare Ribs (*Costini*) vom Grill.

20 Arosa

Ferienidyll im ruhigen Schanfigg.

Östlich von Chur windet sich ein Sträßchen am Wildbach Plessur entlang durch das 30 km lange malerische Hochtal *Schanfigg*. An seinem Ende liegt der überschaubare Ferienort Arosa (1800 m), der bereits Ende des 19. Jh. als Luftkurort bekannt war. Im *Eggahus* ist das **Heimatmuseum Schanfigg** (Mitte Juni – Mitte Okt. Mo, Mi, Fr 14.30–16.30, Mitte Dez. – Mitte April nur Di/Fr) untergebracht, das einen kulturgeschichtlichen Einblick in die ab dem 14. Jh. von Wal-

Jingle Bells – in warme Decken gehüllt genießen Gäste die Schlittenfahrt durch das verschneite Arosa

Es heißt, auf den Bergen sei man Gott näher – daher wurde das schlichte Bergkirchlein wohl Ende des 15. Jh. in luftiger Höhe über Arosa errichtet

sern besiedelte Talschaft gibt. Pittoresk überragt die spätgotische **Bergkirche** von 1493 auf einem Hügel Arosa. Über ihrem schindelgedeckten Satteldach erhebt sich ein Turm mit gezimmerter Glockenstube.

Für **Wintersportler** ist die Infrastruktur in und um Arosa mit Skipisten, Langlaufloipen und einer Halfpipe für Snowboarder sehr gut ausgebaut. Dazu gibt es eine Eissporthalle und eine Rodelbahn. Bergbahnen, Sessel- und Schlepplifte bringen die Skifahrer bis auf das 2630 m hohe *Weisshorn*. Im **Sommer** können die Fast-Dreitausendern um Arosa auf gut markierten Wegen erwandert werden. Eine einfache Kurztour ist der durch einen Tannenwald verlaufende 1,5-stündige *Eichhörnchenweg* zum Bergdorf Maran. Dort befindet sich auch ein schön gelegener 18-Loch-Golfplatz.

Praktische Hinweise

Tel.-Vorwahl Arosa: 0 81

Information: Arosa Tourismus, Poststrasse, Tel. 3 78 70 20, Fax 3 78 70 21, Internet: www.arosa.ch

Hotel

******Hotel Anita**, Tel. 3 77 11 09, Fax 3 77 36 18, Internet: www.hotelanita.ch. Gediegenes Berghotel, dessen aussichtsreiche Zimmer geschmackvoll mit Arvenholzmöbeln eingerichtet sind. Das angeschlossene Gourmetlokal bietet u. a. 50 Rohmilchkäsesorten zur Wahl und die Weinkarte enthält mehr als 2000 (!) edle Tropfen.

21 Davos

Dorado der Skifahrer und Schauplatz der Weltliteratur.

›Landschaft Davos‹ nennt sich offiziell die mit 254 km² flächenmäßig größte Gemeinde Graubündens, die aus den beiden zusammengewachsenen Ortsteilen Davos-Dorf und Davos-Platz am Fuß des Wolfgangpasses besteht. Über rund 4 km zieht sich Davos beiderseits der Bahnlinie am Flüsschen Landwasser entlang und widersetzt sich alpinen Klischees. Davos ist eine weltoffene **Kleinstadt** mit 11 500 Einwohnern, die ihren urbanen Charakter nicht verhehlen kann und will. Gleichzeitig ist die höchstgelegene Stadt Europas (1560 m) mit 24 000 Gästebetten auch der größte Ferienort der Schweiz.

Geschichte Das ansprechende, von Gletschern geschaffene *Davoser Trogtal* wurde im 13. Jh. von Walsern besiedelt. Der Aufstieg vom Bauerndorf zu einem weltweit bekannten **Kurort** begann um 1860, als der Mannheimer Arzt Alexander Spengler (1827–1901) das trockene

Reizklima von Davos für die Behandlung von Lungenkrankheiten entdeckte. Binnen weniger Jahre entstand ein mondäner Kurort mit großen Sanatorien für Tuberkulosepatienten. Thomas Manns Roman **›Zauberberg‹** (1924) verhalf dem Ort in den 20er-Jahren des 20. Jh. vollends zu Weltruhm.

Mit dem Siegeszug der Antibiotika zur Behandlung von Tbc brach Mitte des 20. Jh. zwar der Kurtourismus ein, dafür stieg Davos zu einem attraktiven **Wintersportzentrum** auf. Außerdem finden in dem 1965 eröffneten **Kongresszentrum** an der Promenade regelmäßig medizinische Symposien sowie im Januar meist die Jahrestagung des Weltwirtschaftsforums statt.

Besichtigung Als Hauptstraße zieht sich die *Promenade* durch die beiden Ortsteile Davos-Platz und Davos-Dorf. Die großen Hotels und Apartmenthäuser konzentrieren sich rund um den *Bahnhof Davos-Platz*, von dem es nur ein paar Schritte zur reformierten Pfarrkirche **St. Johann** sind, die im Wesentlichen aus dem Jahr 1481 stammt. Das gegenüberliegende **Rathaus** entstand 1564 als ›Neubau‹ nach einem Brand. Die Große Stube im Obergeschoss gefällt durch die Arvenholztäfelung und den prächtigen achteckigen Turmofen.

Im alten Postamt am Postplatz dokumentiert das **Wintersportmuseum** (Di/Do 16.30–18.30 Uhr, Dez.–April auch Sa) die Geschichte des Wintersports in und um Davos von den Anfängen bis zur Gegenwart. Die altertümlichen Schlittenmodelle, Bobs, Skier und Schlittschuhe muten ebenso kurios an wie die Sportkleidung von anno dazumal.

Rösti satt – von der Jatzhütte auf dem Jakobshorn muss niemand hungrig aufbrechen

Für Kunstliebhaber ist ein Besuch des **Kirchner-Museum** (Weihnachten – Ostern und Mitte Juli – Sept. Di–So 10–18, sonst 14–18 Uhr) am Kurpark ein Muss. Den deutschen Expressionisten Ernst Ludwig Kirchner (1880–1938) zog es 1917 aus gesundheitlichen Gründen nach Davos. Die Sammlung bietet in dem gläsernen Museumsbau von 1922 eine umfangreiche Werkschau von der Brücke-Periode bis zum Spätwerk des Künstlers, darunter Aktzeichnungen (›Badende am Fehmarnstrand‹, 1913), Zirkusszenen, Portraits und Landschaften (›Sertigtal im Herbst‹, 1925/26).

Bei jüngeren Besuchern kommt das **Puppen- und Spielzeugmuseum** (Juni – Mitte Okt. und Dez. – Mitte April So–Fr 14–18 Uhr) gut an. Die Privatsammlung an der Promenade in Davos-Platz umfasst Mode- und Spielzeugpuppen des 18.–20 Jh. und ausgefallene Spielsachen wie etwa ein Modell des Sanatoriums ›Berghof‹ aus Thomas Manns ›Zauberberg‹. Wer auf den Spuren des großen deutschen Schriftstellers wandelt, kann am Kurpark die Buostrasse hinauf einen Abstecher zum ehem. *Waldsanatorium* des Geheimrates Dr. Jessen (heute Waldhotel Bellevue) machen, das dem Literaturnobelpreisträger von 1929 als Vorlage für den ›Berghof‹ diente.

Freizeit- und Skizirkus total

Romantiker werden sich in Davos verloren vorkommen, doch dafür ist der Ort für Wintersportler eine der besten Adressen der Welt. Mehr als 50 Seil-, Gondel- und Skilifte erschließen mehr als 300 km schneesichere, gut präparierte **Skipisten**. Anfänger und Profis finden rund 100 Abfahrten aller Schwierigkeitsgrade vor. Die Parsennbahn z. B. führt auf den *Weissfluhgipfel* (2844 m), von dem aus man 12 km lang ins 2000 m tiefer gelegene Tal nach Küblis abfahren kann. Das *Jakobshorn* ist eine der Schweizer Top-Adressen für Snowboarder. Außerdem kann Davos mit Europas größter *Eisbahn* aufwarten, in der regelmäßig große internationale Wettkämpfe im Eiskunstlaufen, Eisschnelllauf und Eishockey stattfinden. Die gut ausgebaute Infrastruktur nutzen auch viele Hochleistungssportler zum Höhentraining.

Mühelos schweben Wintersportler und Bergwanderer mit der Parsennbahn auch die letzten 181 Höhenmeter vom Weissfluhjoch (2663 m) bis zum Gipfel des Weissfluh (2844 m)

Im Sommer warten auf Naturfreunde rund um Davos 450 km markierte **Wanderwege** in fünf ausgewiesenen Wandergebieten, die alle per Bergbahn erreicht werden können. Außerdem fehlt ein **18-Loch-Golfplatz** (Golf Club Davos, Mattastr. 25, Tel. 4 16 56 34, Internet: www.golfdavos.ch) ebenso wenig wie etwa eine Schule für **Gleitschirmflieger** (Flugcenter Grischa, Ortsteil Clavadel, Tel. 4 22 20 70, Internet: www.fs-grischa.ch). Bei Kids steht die **Sommerrodelbahn** auf der *Schatzalp* hoch im Kurs. Sie ist als Ausflugsziel ausgesprochen beliebt, auch wegen des hier eingerichteten *Alpinum* (Juni–Sept. 9–17 Uhr), das Alpenflora aus den verschiedenen Gebirgsregionen zeigt.

Ausflug

Über den Wolfgangpass erreicht man nordwestlich von Davos den *Prättigau*. Der Hauptort des von der Landquart durchflossenen Tales ist **Klosters** (1200 m), ein 3500 Einwohner zählender Kurort mit charmanten, meist im Chaletstil gehaltenen Häusern. Von dem im Mittelalter hier ansässigen Prämonstratenserkloster blieb nur noch der Ortsname und der romanische Kirchturm erhalten. Im **Nutli-Hüschi** (Juli–Mitte Okt. und Ende Dez.–Mitte April Mi–Fr 10–18 Uhr), einem gut erhaltenen Walserhaus aus dem 16. Jh. im Zentrum, ist ein kleines Heimatmuseum untergebracht. Vom Bahnhof aus führt eine Seilbahn auf den **Gotschnagrat** (2285 m). Vom Gipfel aus liegt dem Betrachter der ganze Prättigau zu Füßen und man sieht sogar die *Silvretta-Gruppe* mit dem 3312 m hohen Piz Buin.

Praktische Hinweise

Tel.-Vorwahl Davos, Klosters: 0 81

Information: Davos Tourismus, Promenade 67, Tel. 4 15 21 21, Fax 4 15 21 00, Internet: www.davos.ch

Öffentliche Verkehrsmittel

Die Nutzung der Davoser Busse ist kostenlos.

Hotels

******Berghotel Schatzalp**, bei Davos, Tel. 4 15 51 51, Fax 4 15 52 52, Internet: www.schatzalp.ch. Jugendstilambiente in einzigartiger Lage etwa 100 Höhenmeter über der Stadt. Gäste genießen die hervorragende Fernsicht, die schönsten Zimmer liegen auf der Südseite.

****Edelweiss**, Rossweidstr. 9, Davos, Tel. 4 16 10 33, Fax 4 16 11 30. Einfaches Familienhotel in ruhiger Lage.

Muchetta, Aussergasse, Davos-Wiesen (17 km südwestlich von Davos-Platz),

Tel. 4 04 14 24, Fax 4 04 17 18, Internet: www.kinderhotel.ch. Ganz auf Kinder eingestellt: kindergerechte Einrichtung, Kinder- und Babybetreuung, Spielparadies und Kinderskischule.

Restaurants

Bündnerstübli, Dischmastr. 8, Davos, Tel. 4 16 33 93. In der authentisch mit Arvenholz verkleideten Stube wird klassische Bündner Küche in gutem Preis-Leistungs-Verhältnis serviert (Mai/Juni/Nov. und Mo/Di geschl.).

Zauberberg, Promenade 63, Davos, Tel. 4 15 42 00. Gepflegtes Chinarestaurant.

22 St. Moritz

Exklusiver Kurort der internationalen Hautevolee.

St. Moritz im **Oberengadin** gibt sich kosmopolitisch und elegant, ist jedoch als Treff der Reichen und Schönen vor allem teuer. Die Stadtväter loben das ›prickelnde Champagnerklima‹ des weltberühmten Bergdorfes um den *St. Moritzer See*, wobei man bedenken muss, dass in dem 1800 m ü. d. M. gelegenen **Hochtal** am Inn der Winter fast ein halbes Jahr dauert – und den kann man in St. Moritz mit seinen reizvollen Skipisten und Wanderwegen ringsum sehr angenehm verbringen.

Geschichte St. Moritz wurde erstmals 1139 erwähnt, als die Grafen von Gametingen das ganze Oberengadin an den Bischof von Chur veräußerten. Doch wie die bronzezeitliche Einfassung der namensgebenden **Mauritiusquelle** am Südwestufer des St. Moritzer Sees belegt, waren die kohlesäurehaltigen *Eisenquellen* schon lange vor der Zeitenwende bekannt. Im Mittelalter war die Quelle ein **Wallfahrtsziel**, 1535 attestierte der Arzt Paracelsus dem Wasser Heilqualität. 1831 entstand am See ein Kurhaus mit Trinksaal und Badekabinen, gut 20 Jahre darauf gründete sich die ›Heilquellen-Gesellschaft von St. Moritz‹, die kräftig den **Bädertourismus** ankurbelte. Als Pionier betätigte sich *Johannes Badrutt*, der 1855 mit dem **Engadiner Kulm** das erste Hotel im Ort eröffnete. Der rührige Unternehmer gilt als ›Erfinder‹ des Wintersports, denn 1864 wettete er mit englischen Sommergästen, dass es ihnen auch im Winter in seinem Hotel gefallen würde. Die Engländer kamen ins tief verschneite St. Moritz und waren begeistert. Anstelle von Bergtouren standen nun Schlittenfahrten und Skiausflüge auf dem Programm. Sozusagen die i-Tüpfelchen für den kometenhaften Aufstieg waren die **Olympischen Winterspiele**, die St. Moritz 1928 und 1948 ausrichtete.

Besichtigung 6000 Einwohner leben in den beiden Ortsteilen **St. Moritz-Dorf** und dem etwas tiefer gelegenen **St. Moritz-Bad**, während der Saison kommen fast doppelt so viele Wintergäste dazu. Das Ortsbild mag enttäuschen, da es kaum heimelige Engadinerhäuser gibt. Stattdessen wirken die vornehmlich in den 50er- und 60er-Jahren des 20. Jh. hochgezogenen Hotelburgen trotz etlichen Faceliftings wenig attraktiv. Kulturgeschichtlich ist der **Schiefe Turm** im alten Friedhof von St. Moritz-Dorf interessant. Der Glockenturm der ehem. Mauritius-Kirche geriet im 19. Jh. aus dem Lot. Seit 1893 das zugehörige baufällige Kirchenschiff kurzerhand abgebrochen wurde, steht er alleine da.

Südlich davon, Richtung Suvretta, in der Via Somplaz widmet sich das **Segantini-Museum** (Di–So 10–12 und 15–18 Uhr, Nov. und Mai/Juni geschl.) dem italienischen Maler Giovanni Segantini (1858–1899), der die ursprüngliche Hochgebirgslandschaft seiner Engadiner Wahlheimat meisterhaft auf die Leinwand bannte. Sein Hauptwerk ›Werden – Sein – Vergehen‹ ist im zentralen Kuppelsaal des Museums zu sehen. Das Mittelbild des Triptychons zeigt St. Moritz, wie es Segantini von der nach ihm benannten Hütte auf dem Schafberg (2700 m) aus unter sich liegen sah.

In der Parallelstraße macht das **Engadiner Museum** (Mo–Fr 9.30–12 und 14–17, So 10–12 Uhr, Mai–Nov. geschl.) mit der Engadiner Wohnkultur des 16.–19. Jh. bekannt. Besonders sehenswert ist im Obergeschoss ein getäfelter Prunksaal aus dem Veltlin mit antikem Mobilar. Trachten, Kunsthandwerk und allerlei Hausrat komplettieren die Sammlung. Sie ist in einem typischen *Engadinerhaus* untergebracht, das sich durch Rundbogentor und farbiger Sgraffiti an der Fassade auszeichnet.

Im Januar und Februar finden auf dem zugefrorenen St. Moritzer See Windhund- und Pferderennen statt, und man spielt auf der Eisdecke Polo, Cricket und Golf.

Klare Größenverhältnisse – eindrucksvolle Dreitausender wie der Pitz Corvatsch (3451 m, rechts) umgeben das ›kleine große Weltdorf‹ St. Moritz

Ausflüge

Trotz des kleinen Flugplatzes und dem in der Saison immer ausgebuchten 18-Loch-Golfplatz konnte der Nachbarort **Samedan** seinen dörflichen Charakter bewahren. An dem sehenswerten Dorfplatz befindet sich die auf das Jahr 1593 zurückgehende *Chesa Planta*, eines der stattlichsten Patrizierhäuser im Engadin. Das Doppelhaus beherbergt unter seinem Walmdach ein *Museum für Wohnkultur* (Führungen Mitte Dez.– März, Juni und Okt. Di–Do, Juli–Sept. Di–Fr jew. 16 Uhr) des 18. und 19. Jh. sowie das rätische *Kulturarchiv* (Do 16–19 Uhr). Die Konditorei *Zisler* in der nahe gelegenen Via Retica ist für ihre vorzüglichen *Engadiner Nusstorten* bekannt. Auf Wunsch werden die mehrere Monate haltbaren Kuchen in alle Welt verschickt (Informationen im Internet: www.nusstorten.ch).

Winterspaß hoch zu Ross: White Turf Skijöring auf dem zugefrorenen St. Moritzer See

Windsurfer zieht es im Sommer an den etwa 2 km südwestlich von St. Moritz gelegenen **Silvaplaner See**. Hier weht jeden Nachmittag vom Malojapass her ein beständiger Südwestwind und sorgt für konstant gute Surfbedingungen. Zwischen Silvaplaner See und dem benachbarten Silser See liegt malerisch eingebettet der Luftkurort **Sils-Maria,** der im Laufe seiner mehr als 100-jährigen Geschichte auf Literaten und Künstler besonders anziehend wirkte. »Hier im Engadin ist mir bei weitem am wohlsten auf Erden.« schrieb z. B. Friedrich Nietzsche, der während der Sommer 1881–88 in Sils-Maria an ›Zarathustra‹ und dem ›Antichrist‹ arbeitete. Im *Nietzsche-Haus* (Di–So 15–18 Uhr) erinnern persönliche Gegenstände, Fotos und Bücher an die Silser Zeit des großen deutschen Philosophen.

Praktische Hinweise

Tel.-Vorwahl St. Moritz: 0 81

Information: Kur- und Verkehrsverein, Via Maistra 12, Tel. 8 37 33 33, Fax 8 37 33 66, Internet: www.stmoritz.ch

Bus

Schweizerische Post, Via Serlas, St. Moritz, Tel. 8 37 67 64. *Palm Express* heißt eine Rundfahrt im Postauto durch das Bergell [Nr. 26] nach Lugano.

Hotels

*******Badrutt's Palace Hotel**, Via Serlas 27, St. Moritz, Tel. 8 37 10 00, Fax 8 37 29 99, Internet: www.badruttspalace.com. Die legendäre Nobelherberge für den Jetset setzt nach wie vor Maßstäbe, auch preislich. Im Sommer sind ›Schnäppchen‹ möglich.

TOP TIPP *****Waldhaus am See**, Via Dim Lej 6, St. Moritz, Tel. 8 36 60 00, Fax 8 36 60 60, Internet: www.waldhaus-am-see.ch. Das empfehlenswerte Haus liegt sehr schön und für sich am St. Moritzer See. Neben 53 gemütlichen Zimmern stehen vier geräumige Apartments zur Verfügung. Die Whiskysammlung von Hotelier Claudio Bernasconi umfasst 2500 Sorten, was ihr einen Eintrag ins Guinness-Buch der Rekorde eingebracht hat.

Restaurants

Jöhri's Talvo, Via Gunels 15, St. Moritz (im Ortsteil Champfér), Tel. 8 33 44 55. Bekanntes Feinschmeckerlokal mit französischer Küche und schöner Terrasse.

Steinbock, Via Serlas 12, St. Moritz, Tel. 8 33 60 35. Das Restaurant im gleichnamigen Hotel bietet Fleischgerichte vom Holzkohlengrill, im Herbst Wildspezialitäten.

Die Höhensonne – im wahrsten Sinne des Wortes – genießen Winterurlauber auf der Diavolezza über Pontresina

23 Pontresina

Wanderer- und Bergsteigerzentrum am Fuß der Bernina.

Würzig duftende Arven- und Lärchenwälder umgeben den im Val Bernina gelegenen **Luftkurort** Pontresina (1820 m). In dem geschützten Seitental an der Passstraße zum Berninagipfel eröffneten bereits Mitte des 19. Jh. die ersten Hotels für bergwandernde Gäste, unter ihnen das **Grand Hotel Kronenhof**. 1850 wurde das bescheidene Gasthaus zur Krone in eine palastartige Dreiflügelanlage verwandelt. Die im spätklassizistischen und neobarocken Stil prunkvoll ausgestatteten Gesellschaftsräume, luxuriösen Suiten und der mit antikisierenden Deckengemälden geschmückte Speisesaal machen den Kronenhof zu einem herausragenden Beispiel nobler Hotelkultur des 19. Jh.

Im Ortszentrum birgt die romanische Pfarrkirche **St. Martin** aus dem 12. Jh. sehenswerte Wandmalereien. Die Bilder der unteren Zone stammen zum Teil noch aus der Zeit um 1230, die Fresken darüber und der Maria-Magdalena-Zyklus an der Nordwand sind spätgotisch vom Ende des 15. Jh. Nahe der Kirche steht der **Spaniola-Turm**, ein fünfeckiger romanischer Wohnturm aus dem 12. Jh. Zinnen krönen seine Spitze, ein kleiner Aborterker ziert das Mauerwerk.

In der *Chesa Delnon*, einem 1716 erbauten Engadinerhaus, informiert das **Museum Alpin** (Mitte Dez. – Mitte April und Mitte Juni – Mitte Okt. Mo – Sa 16 – 18 Uhr) über die Geschichte des Alpinismus und des Wintersports in der Bernina-Region. Daneben sind eine Mineralien- und eine Vogelsammlung zu sehen, in der auf Knopfdruck 60 verschiedene Vogelstimmen abgerufen werden können.

Vom Punt Muragl führt eine Standseilbahn (Weihnachten – April und Juni – Mitte Okt. tgl. 8 – 23 Uhr) auf **Muottas Muragl** (2453 m), von der Talstation Bernina-Diavolezza eine Schwebebahn (Dez. – April und Mitte Juni – Mitte Okt.

Eine Standseilbahn führt auf die 2456 m hoch gelegene Aussichtsterrasse von Muottas Muragl mit herrlichem Rundblick auf Piz Nair (rechts) und die Oberengadiner Seen

tgl. 9–16 Uhr) zur *Diavolezza* (2973 m). Im Winter werden beide Ziele von Skifahrern gern besucht, im Sommer dienen sie als Ausgangspunkte für **Wander-** und **Bergtouren** in die Bernina. Von der Bergstation Muottas Muragl führt der **Philosophenweg** auf den Schafberg zur bewirteten *Segantinihütte* (2731 m) und über Alp Languard hinab nach Pontresina. In Zusammenarbeit mit dem World Wild Fund wurde entlang der aussichtsreichen Route 1998 der erste europäische *Klimawanderweg* angelegt. Infotafeln erläutern entlang des Weges die drastischen Auswirkungen der Klimaveränderung in den Alpen.

Ausflüge

Mit der Bahn kann man von Pontresina etwa 2 km bergauf bis zur Station Morteratsch fahren, wo eine sehr reizvolle zweistündige Bergtour zur **Bovalhütte** (2495 m) am Fuß des Berninamassivs beginnt. Der felsige Steig windet sich oberhalb des Morteratschgletschers durch lichte Arvenwälder und vorbei an Alpenrosenwiesen. Am Weg türmt sich eine schroffe Moränenlandschaft auf, an der Felswand *Pasculs da Boval* stürzen ein halbes Dutzend Wasserfälle hinab. Von der Terrasse der Bovalhütte genießt man bei einer herzhaften Bündner Gerstensuppe ein grandioses Panorama auf die schneebedeckten Bergriesen der Bernina. Die Bovalhütte ist auch Basislager für die Besteigung des *Piz Palü* (3905 m) und des *Piz Bernina* (4049 m), dem einzigen Viertausender im Engadin.

Ein sehr schöner Abstecher führt von Pontresina über den Berninapass in das weit ins italienische Staatsgebiet hinein reichende **Val di Poschiavo** (dt. Puschlav). An den terrassierten Talflanken des italienischsprachigen Poschiavo-Tals wird Wein und etwas Tabak angebaut, und je näher man dem Grenzort *Campocologno* kommt, desto öfter sieht man Zypressen, Kamelien und Palmen in den Vorgärten. Im Hauptort *Poschiavo* (1014 m) gruppieren sich herrschaftliche Palazzi, der alte Rathausturm und die mit Fresken ausgemalte spätgotische Kirche San Vittore Mauro um die Piazza. Reizvoll ist ein Spaziergang durch das *Spaniolenviertel* mit seinen stattlichen Bürgerhäusern südlich des Dorfplatzes.

Praktische Hinweise

Tel.-Vorwahl Pontresina: 0 81

Information: Kur- und Verkehrsverein, Tel. 8 38 83 00, Fax 8 38 83 10, Internet: www.pontresina.com

Hotel

***__Chesa Mulin__, Via da Mulin, Pontresina, Tel. 8 38 82 00, Fax 8 38 82 30, Internet: www.chesa-mulin.ch. Moderne Frühstückspension in zentraler und doch ruhiger Lage.

Restaurant

Kronenstübli, im Grand Hotel Kronenhof, Via Maistra 45, Pontresina, Tel. 8 42 01 11. Exquisite Nouvelle Cuisine von glasierter Kalbshaxe bis Loup de Mer (Mai, Okt. und Nov. geschl.)

Typische Engadinerhäuser mit Fassadenmalerei und Bogentoren prägen das malerische Bergdorf Guarda

24 Scuol

Bäderzentrum im Unterengadin.

Die Landschaft des Unterengadin mag nicht ganz so verträumt sein wie die um Sils-Maria oder Pontresina, doch wunderschön ist die **Bergkulisse** beiderseits des unteren Inn allemal. Scuol (1200 m), der touristische Hauptort der Region, liegt in einer der sonnigsten und niederschlagsärmsten Alpengegenden. In der Gemeinde sprudeln mehr als 20 Mineralquellen aus dem Fels, die Scuol ab der Mitte des 19. Jh. zu einem bescheidenen **Bädertourismus** verhalfen. Weiteren Auftrieb bekam der Ort durch das 1993 eröffnete moderne Gesundheits- und Erlebnisbad **Bogn Engiadina** (Mo–Sa 8–22, So 9–22 Uhr). Die Therme bietet eine entspannende Bäderlandschaft mit Sol-, Dampf- und Heißsprudelbad sowie zwei Saunen.

In der schmucken Trinkhalle von Scuol am Inn wenden Kurgäste das heimische Heilwasser innerlich an

In beiden Ortsteilen von Scuol, in *Ober-* und *Unterdorf*, säumen stattliche Engadinerhäuser die malerischen Gassen und Plätze. Etliche Fassaden sind mit Sgraffiti, Erkern, schmiedeeisernen Balkonen und Wappen geschmückt. Aus etlichen Dorfbrunnen strömt das trinkbare lokale Mineralwasser, das Leber- und Gallenleiden lindern soll. In der auf das Jahr 1622 zurückgehenden und 1703 um einen dreistöckigen Laubengang erweiterten *Cha Gronda* am südlichen Ortsrand nahe des Flusses befindet sich das **Museum d'Engiadina Bassa** (Juli–Sept. Mo–Mi und Fr 15–18, Okt.–Ostern Führungen Di und Do 17 Uhr). Die volkskundliche Sammlung spiegelt die traditionelle bäuerliche Selbstversorgerkultur der Talschaft wider. Besonders stolz ist das Museum auf eine 1679 in Scuol gedruckte Bibel.

Das nahe Wintersportgebiet **Motta Naluns** – das einzige im Unterengadin – ist mit zwei Gondelbahnen und einem Sessellift erschlossen. Hier lassen 80 km Pisten, darunter eine 12 km lange Traumabfahrt, Tiefschneegebiete und ein Snowboardpark keine Wünsche offen.

Ausflug

Der Nachbarort *Ardez* mit seinen schmucken Engadinerhäusern aus dem 16. und 17. Jh. wie dem über und über bemalten Adam-und-Eva-Haus, auch *Chasa Clalglüna* genannt, zählt zu den schönsten Dörfern des Engadin, wird aber sogar noch übertroffen von TOP TIPP **Guarda** (1653 m). Der über dem Inn gelegene Ort wurde im 17. Jh. von den Österreichern komplett zerstört, doch anschließend wieder aufgebaut. Seitdem hat sich kaum etwas verändert: Die schmucken Häuser sind mit in den Mörtel geritzten Sgraffiti, formschönen Erkern oder Reliefwappenschildern geschmückt. Guarda wurde mehrfach prämiert und gehört zu den ›Ortsbildern von nationaler Bedeutung‹ der Schweiz.

Praktische Hinweise

Tel.-Vorwahl Scuol: 0 81

Information: Scuol Information, Tel. 8 61 22 22, Fax 8 61 22 23, Internet: www.scuol.ch

Hotels

*****Engiadina**, Rablüzza 152, Scuol, Tel. 8 64 14 21, Fax 8 64 12 45, Internet: www.engiadina-scuol.ch. Geschmackvoll restauriertes Engadinerhaus im Zentrum. Das Gourmetstübli ist für sein Überraschungsmenü bekannt.

****Crusch Alba**, Stradun, Scuol, Tel. 8 64 11 55, Fax 8 64 90 12, Internet: www.crusch-alba.ch. Familiär geführtes kleines Haus mit Zimmern zu erschwinglichen Preisen.

Seit einigen Jahrzehnten sind im Schweizerischen Nationalpark wieder Steinböcke heimisch

Über Stock und über Stein

Die Alpen sind ein überaus sensibler Naturraum, der zugleich als Transportkorridor und Erholungsgebiet intensiv genutzt wird. Umso wichtiger ist der 1914 gegründete und nach Erweiterungen nun 173 km² umfassende TOP TIPP **Schweizerische Nationalpark** *als geschütztes Rückzugsgebiet für Flora und Fauna.*

In Zernez informiert das **Nationalparkhaus** *(Juni–Okt. tgl. 8.30–18, Di bis 22 Uhr) in Bild und Ton über das Ökosystem des Schutzgebietes. Die dort stationierten Parkwächter bieten geführte Wanderungen an und erläutern die* **Verhaltensregeln**. *So sind z. B. Campen, offenes Feuer, Biken, Blumen pflücken und das Mitbringen von Hunden strengstens untersagt.*

Den einfachsten Zugang zum Nationalpark hat man von der Straße Nr. 28 zum **Ofenpass** *aus, an der zehn Parkplätze für Wanderer eingerichtet sind, von denen aus Rundwege ausgeschildert sind. Insgesamt durchziehen 80 km markierte* **Wanderwege** *den Park. Eine erlebnisreiche Rundwanderung führt von Prasüras (1690 m) bei S-chanf durch das* **Val Trupchun** *zur Alp Trupchun (2090 m). Das pittoreske Seitental des Inn erstreckt sich 8–10 km nach Süden bis an die italienische Grenze und rühmt sich, eine der wildreichsten Regionen Europas zu sein. Die Wanderung ist vor allem im September zur* **Brunftzeit** *der Rothirsche spektakulär. Auch siedelte die Parkverwaltung erfolgreich den fast ausgestorbenen* **Steinbock** *wieder an, die Population beläuft sich zurzeit auf 400 Tiere. Mit etwas Glück und einem Fernglas ausgerüstet lassen sich außerdem Gemsen, Steinadler und Bartgeier beobachten. Ganz sicher wird man auf Murmeltiere treffen, die in Kolonien meist direkt am Weg leben.*

Unterwegs kann man in der **Parkhütte Varusch** *(Tel. 0 81/7 92 80 43 03, im Winter geschl.) einkehren, die auch einfache Schlafgelegenheiten bietet.*

Restaurant

Traube, Stradun (beim Thermalbad), Scuol, Tel. 8610700. In der gemütlichen Arvenstube werden Fisch- und Wildgerichte aufgetischt.

TOP TIPP 25 Kloster St. Johann in Müstair

Mit seinen karolingischen Fresken besitzt das Kloster in dem einsamen Alpental einen kunsthistorischen Schatz von Weltgeltung.

Das **Val Müstair**, auf deutsch Münstertal, gehört geographisch schon zum Vinschgau. Sein Name leitet sich wie der des Ortes Müstair (1248 m) von ›monasterium‹, was im Lateinischen und dem daraus entstandenen Rätoromanischen ›Kloster‹ bedeutet. Die Bezeichnung bezieht sich auf das **Kloster St. Johann** (tgl. 8–19 Uhr), das Benediktinermönche um 785 auf Anregung Karls des Großen hin in dem einsamen Alpental gründeten. Seit 1163 leben und arbeiten hier Benediktinerinnen.

Der baulich verschachtelte **Klosterbezirk** umfasst im Wesentlichen die karolingische *Stiftskirche*, die benachbarte romanische *Heiligkreuzkapelle* aus dem 11. Jh., den von Zinnen abgeschlossenen wuchtigen *Plantaturm* mit kleinem *Klostermuseum* (Juni–Okt. Mo–Sa 10–12 und 14–17, So/Fei 14–17 Uhr, Jan.–Mai Mo–Sa 14–17 Uhr) sowie um drei Höfe angeordnete Wohn- und Wirtschaftsgebäude. Die **Klosterkirche** (tgl. sommers 5.30–20, winters 6–17 Uhr) weist noch Bausubstanz aus der Gründungszeit auf und wurde 1489–92 unter Äbtissin *Angelina von Planta* zu einer dreischiffigen gotischen Hallenkirche ausgebaut. Dabei übertünchte man kurzerhand die *karolingischen Wandmalereien* aus der Zeit um 800, die man erst Mitte des 19. Jh. unter dem Verputz wieder entdeckte. Seitdem wird der großartige Freskenzyklus sorgfältig freigelegt und restauriert. Immerhin gilt er als weltweit größter erhaltener Freskenzyklus des frühen Mittelalters und wurde 1983 von der UNESCO zum Weltkulturerbe erklärt. Die karolingischen Malereien füllen alle Wände des Langhauses: Süd- und Nordwand sind mit Szenen aus dem Leben und der Passion Christi geschmückt, die Darstellung des Jüngsten Gerichts an der Westwand gilt als älteste Darstellung dieses Themas überhaupt.

Zentraler Blickfang ist das in leuchtenden Farben erhaltene *spätromanische Bildprogramm* vom Ende des 12. Jh. in

In kräftigen Farben zeigen die spätromanischen Fresken der Klosterkirche von St. Johann den Tanz Salomes sowie die daraus resultierende Enthauptung von Johannes dem Täufer

Zu der wunderbaren Lage von Soglio im Bergell kommt als Attraktion die weite Aussicht auf die Scioragruppe

den Apsiden der Ostwand mit der Enthauptung des Johannes und dem Tanz Salomes beim Gastmahl des Herodes im Zentrum. Von der *plastischen Ausstattung* der Klosterkirche ist ein in die Nordwand eingelassenes romanisches Flachrelief aus dem 11. Jh. beachtenswert. Es stellt die Taufe Christi dar und zeigt den Heilsbringer bis zu den Hüften in den Wellen des Jordan. Am Südpfeiler der Mittelapsis steht die lebensgroße *Stuckfigur* des Klosterstifters Karl des Großen. Die Plastik entstand um 1166 und zeigt den Deutschen Kaiser mit Reichsapfel und Zepter.

Durch den um 1500 errichteten südlichen Torturm gelangt man in den trapezförmigen Wirtschaftshof, an dessen Westseite sich die ehem. **Bischofsresidenz** befindet, die sich Bischof *Norbert von Chur* im 11. Jh. errichten ließ. Sehenswert ist das getäfelte, originalgetreu eingerichtete Fürstenzimmer von 1642, das den Fürstbischöfen von Chur als Wohnstube diente. Im Mittelfeld der prächtigen Kassettendecke hat sich die Äbtissin *Ursula Karl von Hohenbalken* mit ihrem Wappen verewigt. Schmuckstück des Zimmers ist ein Turmofen mit glasierten Reliefkacheln.

26 Bergell

Die »Schwelle zum Paradies«.

Das Bergell (ital. Val Bregaglia) fällt vom Malojapass (1815 m) im Oberengadin steil nach Südosten zur italienischen Grenze ab. Reste einer Römerstraße bezeugen hier, dass der Passweg vom Engadin zum Comer See schon in der Antike benutzt wurde.

TOP TIPP Eine Perle von Dorf ist das malerisch im Tal gelegene **Soglio** (1000 m) – »Schwelle zum Paradies« nannte es der Maler Giovanni Segantini [s. S. 78] liebevoll. Eng drängen sich die schlichten Häuser aneinander, mit ihren aus Bruchsteinen zusammengefügten Mauern und den schiefergedeckten Dächern muten sie fast archaisch an. Das homogene Dorfbild wird vom haubengekrönten Campanile der reformierten Kirche überragt. Der Familienclan der Salis hinterließ Soglio einige sehenswerte Palazzi, die sich jedoch nach wie vor in Privatbesitz befinden und nicht besichtigt werden können. Das stattlichste der historischen Häuser im Zentrum ist die *Casa Battista* aus dem 17. Jh., die heute als Hotel Palazzo Salis geführt wird. Für eine Einkehr wie geschaffen ist das Restaurant *Stüa Granda* am südlichen Ortsrand, in dem man bei Polenta, Gnocchi und Kastanienkuchen eine spektakuläre Aussicht auf das Tal genießt.

Tessin – Sonnenstube der Schweiz

Im Norden vom Alpenhauptkamm geschützt ragt der südlichste Kanton der Eidgenossenschaft tief in die italienische Lombardei hinein. Vor den schneebedeckten Berggipfeln bilden die lieblichen palmenbestandenen Ge-stade des **Lago Maggiore** und des **Luganer Sees** die Kulisse zu einer der schönsten mitteleuropäischen Kulturlandschaften. Hier paart sich Schweizer Präzision und Korrektheit mit italienischem Flair und beinahe mediterran-mildem Klima.

Die Metropole **Lugano** am nach ihr benannten See ist gleichermaßen umtriebiger Finanzplatz wie charmante Hafenstadt mit lebendigem Kulturbetrieb. **Locarno** und **Ascona** am Nordufer des Lago Maggiore sind bedeutend kleiner, geben sich jedoch als Kurorte so mondän, wie sie nur können. Hier flanieren Gäste aus aller Welt auf den von Palmen gesäumten Seepromenaden und lassen sich in luxuriösen Hotels mit allem erdenklichen Komfort verwöhnen.

Wieder anders zeigt sich da das reizvolle Hinterland mit seinen weit ins Gebirge hinein reichenden Tälern wie dem **Centovalli** oder dem **Valle Maggia**. Geradezu abgeschieden liegen hier friedliche Bergdörfer wie *Fusio, Intragna* oder *Cevio*, die wegen ihres pittoreskem Erscheinungsbildes ebenso einen Besuch wert sind wie wegen ihrer kulturhistorisch bedeutsamen Kirchlein – oder dem Wein, der an den umliegenden Hängen angebaut wird.

Ausführlich stellt der **ADAC Reiseführer Tessin** die Vielfalt und Schönheit dieses ungewöhnlichen Kantons vor.

27 Bellinzona

Die Stadt gilt als ›Tor zum Süden‹, ihre drei Burgen zählen zum Weltkulturerbe.

Bellinzona (18 000 Einw.) konnte sich nie aus dem Schatten der berühmten Tessiner Seeorte Lugano und Locarno lösen, daher kennen die meisten Urlauber die **Kantonshauptstadt** des Tessin nur von der Durchreise. Und doch hat der Ort seine Reize, denn zu Füßen der drei weithin sichtbaren Burgen präsentiert sich eine sehenswerte Altstadt mit typisch lombardischem Flair.

Geschichte Die Römer waren im 1. Jh. v. Chr. die ersten, die an dieser Stelle im Tal des Ticino die Nord-Süd-Route über die Alpen mit einem Kastell befestigten. Von da an kontrollierten die jeweiligen Herren von Bellinzona die wichtigen Passübergänge am St. Gotthard, Lukmanier und San Bernadino. Unter den Mailänder Herzögen *Visconti* und *Sforza* wurde der Ort ab dem 13. Jh. zu einem Bollwerk ausgebaut, das über drei Jahrhunderte uneinnehmbar war. Eine gewaltige Mauer, die so genannte *Murata*, verband die drei Burgen miteinander und riegelte so die gesamte Talebene ab. Erst 1516 konnten die Eidgenossen im Zuge ihrer Südexpansion diesen Sperrriegel knacken und sich Bellinzona einverleiben. 1803 fand dann der damals neu geschaffene Kanton Tessin offiziell Aufnahme in den Bund, 1878 wurde das historisch so bedeutsame Bellinzona seine Hauptstadt.

◁ **Oben:** *Bis ins 16. Jh. galt die Burg Castelgrande über Bellinzona als uneinnehmbar*

Unten: *Italienisches Flair am Luganer See – Palmen säumen die Uferpromenade von Lugano gegenüber des dicht bebauten Monte Bré*

Besichtigung Im Jahr 2000 erklärte die UNESCO die drei Trutzburgen von Bellinzona zum Weltkulturerbe. Sie bilden gemeinsam eine der besterhaltenen Festungsanlagen der Schweiz. Prunkstück ist

TOP TIPP das inmitten der Stadt auf einem Felsplateau aufragende **Castelgrande**. Diese auf das 12. Jh. zurückgehende Hauptfestung wurde unter Federführung des Tessiner Architekten Aurelio Galfetti 1984–91 umfassend restauriert. Gleichzeitig ließ er im Osten am Fuß der Burg die *Piazza del Sole* anlegen, von der aus ein Lift in die von einer monumentalen Ringmauer umschlossene Bastion führt. Der weitläufige Burgplatz wird von zwei 27 m und 28 m hohen Vierecktürmen überragt. Im Südflügel dokumentiert das moderne *Museo di Castelgrande* (tgl. 10–18 Uhr) die Geschichte des Kastells. Außerdem werden 280 mit Porträts und allegorischen Figuren bemalte Holztäfelchen (15. Jh.) gezeigt, die einst Decken und Wände eines nicht mehr erhaltenen Stadtpalastes in Bellinzona schmückten.

Auf dem benachbarten Hügel präsentiert sich das **Castello di Montebello** wie der Prototyp einer Ritterburg, die trutzigen Mauern sind mit Schwalbenschwanzzinnen und Pechnasenkränzen bestückt. Der Kern des Wehrbezirks entstand Ende des 13. Jh. und wurde ab 1503 von den Schweizer Landvögten zu ihrer Residenz ausgebaut. Das *Museo Civico* (März–Nov. tgl. 10–18 Uhr) im Bergfried zeigt bis in die Bronzezeit zurückreichende archäologische Funde aus der Region sowie eine mittelalterliche Waffensammlung.

Das Burgentrio wird durch das im Osten 230 m über der Stadt prangende **Castello di Sasso Corbaro** komplettiert. Die Mailänder Herzöge ließen 1479 dieses jüngste Glied der Verteidigungskette in nur sechs Monaten erbauen. Hohe von Zinnen gekrönte Mauern mit Spitzbogenfenstern umschließen den viereckigen Innenhof. Im massigen Wehrturm stellt das *Museo Belvedere* (Di–So 10–18 Uhr) moderne Kunst aus.

Zwischen den beiden erstgenannten Burgen liegt die **Altstadt**, in der sich Bauten aus dem 15. Jh. ebenso finden wie Bürgerhäuser aus dem 18. Jh. oder im Neorenaissancestil des 19. Jh. errichtete Palazzi. Jeden Samstag findet auf der *Piazza Collegiata* ein großer Markt statt. Hier steht mit der Kollegiatskirche **SS. Pietro e Stefano** auch einer der schönsten Renaissancebauten des Tessin. Die durch Pilaster gegliederte Marmorfassade schmückt über dem Hauptportal eine zwölfstrahlige Rosette. Das **Innere** zeigt Fresken und Gemälde, unter denen das 1658 von Simone Peterzano gemalte Kreuzigungsbild am Hochaltar heraussticht. Ein lombardisches Meisterwerk der Renaissance findet sich in der südwestlich vom Zentrum gelegenen ehem. Franziskanerkirche **S. Maria delle Grazie.** Ein unbekannter Meister des 15./16. Jh. hinterließ an der Lettnerwand ein monumentales Kreuzigungsfresko, das von 15 Szenen aus dem Leben Christi gerahmt wird.

Praktische Hinweise

Tel.-Vorwahl Bellinzona: 0 91

Information: La Bellinzona Turismo, Viale Stazione 18, Tel. 8 25 21 31, Fax 8 25 38 17, Internet: www.bellinzona.ch

Restaurants

Osteria Sasso Corbaro, Castello di Sasso Corbaro, Tel. 8 25 55 32. Das gemütliche Lokal im Innenhof der gleichnamigen Burg überrascht mit einer der besten Küchen des Kantons. Je nach Jahreszeit gibt es z. B. im Frühjahr Gizzi, eine regionale Spezialität, oder Pilzgerichte im Herbst (Mo sowie Nov.– Ostern geschl.).

TOP TIPP **Grotto Michele**, Castelgrande, Tel. 8 26 23 53. Direkt auf der breiten Burgmauer kann man neben der bezaubernden Aussicht Tessiner Spezialitäten wie Wurst- und Käseplatte, Salametti, Torta di pane, Kastanienbrot, Kaninchen oder Lamm mit Polenta zu erschwinglichen Preisen genießen (Mo geschl.).

28 Valle di Blenio

Lottigna – Olivone – Acquacalda – Valle Leventina

Sonnental mit kunsthistorischen Kleinoden.

Im Industriestädtchen Biasca zweigt von der Gotthardautobahn die Straße I-IV nach Norden ins Blenio-Tal ab, die das Tessin über den Lukmanier-Pass (1914 m) mit dem Bündner Rheintal verbindet. Das weit nach Süden geöffnete Valle di Blenio wird wie kaum ein anderes Tessiner Tal von der Sonne verwöhnt.

In **Lottigna** gewährt das *Museo di Blenio* (Ostern–Okt. Di–Fr 14–17, Sa–So 10–12 und 14–17 Uhr) im 1500 erbauten Palazzo del Pretorio Einblicke in die bäuerliche Tradition der Talschaft. **Olivone** liegt malerisch am Fuß des majestä-

tischen, wie eine Pyramide geformten *Sosto* (2221 m). Das Dörfchen ist eine beliebte Sommerfrische und Ausgangspunkt für Bergtouren ins von hier abgehende *Val di Campo*, zum idyllisch gelegenen *Lago Retico* und zum *Greina-Pass*. Weiter auf der Straße zum Lukmanier zeigt sich das Valle di Blenio von seiner ursprünglichsten Seite. Im 5 km unterhalb der Passhöhe auf 1788 m gelegenen Thermalbad **Acquacalda** organisiert das Ökozentrum *Uomo Natura* themenorientierte Bergtouren. Zum Zentrum gehört ein kleiner Alpengarten, übernachten kann man im angegliederten, als umweltfreundlich ausgezeichneten und recht preiswerten Berggasthof Acquacalda (Tel. 0 91/8 72 26 10).

Ausflüge

Von Biasca aus lohnt ein Abstecher (10 km) ins **Valle Leventina** nach *Giornico*. Solide gebaute alte Steinhäuser und zwei Steinbogenbrücken über das Flüsschen Ticino geben dem Ort einen gefälligen Charakter. Die um 1210 aus Granit errichtete ehem. Benediktinerkirche **San Nicolao** im Zentrum ist eine der schönsten Beispiele romanischer Kirchenkunst des Kantons. Ein kunsthistorischer Genuss sind die hervorragend erhaltenen mittelalterlichen *Fresken* in der Chorapsis, die um Christus in der Mandorla (Majestas Domini) Heiligenfiguren sowie Geburt und Kreuzigung Jesu zeigen.

An sonnigen Sommertagen genießen Einheimische wie Gäste von Lugano ihren Cappuccino auf der Piazza della Riforma gern im Freien, etwa an den Tischen des Traditionscafés Vanini

29 Lugano

Plan Seite 90

Beschaulichkeit und Bankgeschäfte zwischen blauem See und weißen Bergkuppen.

Die Lage Luganos (272 m) ist grandios: Am Nordufer des Luganer See säumt die heimliche Kantonshauptstadt vor der Kulisse pittoresker Bergkegel eine halbrunde Bucht. Zwar herrscht in den Außenbezirken nüchterne moderne Architektur vor, doch in der **attraktiven Innenstadt** und entlang des Sees prägen Piazze, Arkaden, Parks und subtropische Gärten das Bild der Metropole (30 000 Einw.), in der überdies auch kulturelle Events nicht zu kurz kommen.

Zwei pittoreske Hausberge bilden die i-Tüpfelchen der reizvollen Luganer Bucht. Der Zuckerhut des **Monte San Salvatore** (912 m) im Süden ist vom Villenvorort Paradiso aus per Standseilbahn (Mitte März–Mitte Nov. tgl. 8.30–17, April/Mai und Sept. bis 18.30, Juni–Aug. bis 23 Uhr) erreichbar. Auf den **Monte Brè** (925 m) im Osten geht es vom Ortsteil Cassarate hinauf, wahlweise mit der Standseilbahn (Feb./März und Nov./Dez. tgl. 9.15–11.45 und 13.45–

17.15, April–Okt. 7.35–18.15 Uhr) oder mit dem Auto auf einem engen Bergsträßchen. Von beiden Aussichtsgipfeln kann man über die Stadt und auf die Alpen sowie bei klarem Wetter auch über den Luganer See weit nach Süden bis hinab in die Poebene schauen.

Geschichte Am Luganer See siedelten in vorrömischer Zeit bereits Etrusker und Gallier. Die ursprünglich römisch-fränkische Siedlung **Luano** geriet im 9. Jh. während der Herrschaft der Mailänder unter die Hoheit des Bischofs von Como, fiel jedoch im 13. Jh. an die Mailänder Herzöge zurück. Der politische Einfluss Oberitaliens fand 1512 mit der eidgenössischen Besatzung sein Ende. Unter den Schweizern entwickelte sich der Ort an der Gotthardstraße zu einem lebhaften **Marktflecken**. 1803–78 fungierte Lugano im Wechsel mit Bellinzona und Locarno vorübergehend als Kantonshauptstadt. Dank seines milden Klimas und der malerischen Lage besuchen jährlich rund 1,3 Mio. Besucher die lebendige **Seemetropole**. Zudem entwickelte sich Lugano nach Zürich und Genf zum drittwichtigsten **Finanzplatz** der Schweiz, und ist seit 1996 auch stolze **Universitätsstadt**.

Besichtigung Der Stadtrundgang beginnt an der lebhaften **Piazza della Riforma** ❶ inmitten der Altstadt, etwa im Scheitelpunkt der Bucht von Lugano. Der zum See hin offene Platz mit seinen viel besuchten Straßencafés wird von einem harmonischen Ensemble klassizistischer Architektur eingerahmt. Besonders fällt die von korinthischen Säulen gegliederte Prunkfassade des **Palazzo Civico** ❷ auf. In dem 1844–45 errichteten Prachtbau ist das Rathaus (*Municipio*) untergebracht. Südwärts erreicht man wahlweise auf der *Seepromenade* oder über die parallel verlaufende attraktive Shoppingmeile *Via Nassa* die Renaissancekirche **S. Maria degli Angioli** ❸. Sie war 1499–1515 als Klosterkirche eines Minoritenkonvents (1848 aufgelöst) erbaut worden. Äußerlich gibt sich das Gotteshaus ausgesprochen schlicht, doch innen ist es vollständig mit wundervollen *Fresken* ausgemalt. Der dreibogige Lettner etwa wird ganz von einem monumentalen Wandbild ausgefüllt. Es wurde 1529 von Bernardino Luini, einem Schüler Leonardo da Vin-

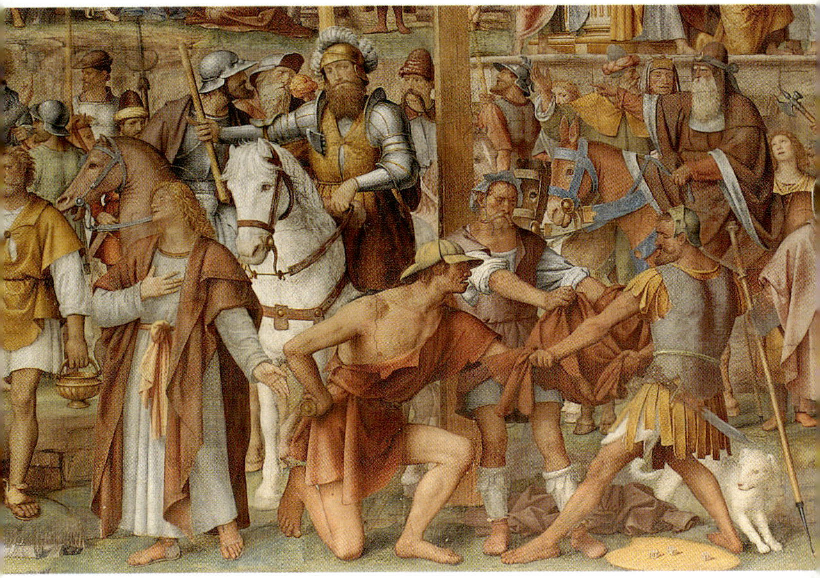

Bewegende Szenen inszenierte Bernardo Luini in seinem großartigen Kreuzigungsfresko, das seit dem 16. Jh. den gemauerten Lettner der Kirche S. Maria degli Angioli schmückt

cis, geschaffen und zeigt in eindrucksvollen Szenen die Passion Christi.

Westlich der Piazza Riforma liegt auf einer Aussichtsterrasse oberhalb der Altstadt die **Cattedrale San Lorenzo** ❹. Als ältester Bauteil der ursprünglichen Pfeilerbasilika, deren Vorgängerbau bereits im 9. Jh. erwähnt wird, blieb der romanische Sockel des *Campanile* aus dem 13. Jh. erhalten. Er wurde später mit barocken Glockengeschossen und einer oktagonalen Laterne aufgestockt. Pilaster und ein Kranzgesims gliedern die lombardische *Renaissancefassade* aus weißem Marmor. Im kreuzrippengewölbten **Innern** sind der von Putten gekrönte *Hochaltar* (1690), die illusionistischen *Wandmalereien* im Westchor (1764) sowie die Freskenfragmente aus dem 13.–16. Jh., vor allem an der Südwand des Kirchenschiffs, erwähnenswert.

Kehrt man nach unten in die Altstadt zurück, erreicht man über die Via Pretorio das nördlich gelegene *Finanzzentrum*, dessen postmoderne Architektur in spannendem Kontrast zum historischen Stadtkern steht. Zu einem Wallfahrtsort für Architekturfans avancierte der vom Tessiner Stararchitekten *Mario Botta* entworfene monumentale Hauptsitz der **Banco del Gottardo** ❺ in der Via Franscini. Der 1982–88 erbaute Geldtempel beherbergt u. a. die *Galleria Gottardo* (Di–Sa 10–17 Uhr), in der die Kulturstiftung der Bank moderne Kunst ausstellt.

Östlich der Piazza della Riforma zeigt in einem Stadtpalast des 16./17. Jh. das **Museo Cantonale d'Arte** ❻ (Di 14–17, Mi–So 10–17 Uhr) Gemälde des 19. und 20. Jh., u. a. von Paul Klee, Alexej von Jawlensky sowie französische

Die Nähe zu Italien spiegelt auch das reichhaltige Obst- und Gemüseangebot auf den Märkten von Lugano wider

Wechsel zur Neutralität – 1923 erhielt Hermann Hesse die Schweizer Staatsbürgerschaft

Hermann Hesse im Tessin

Das milde Klima und die südländische Lebensart zogen von jeher Literaten und Künstler aus nördlicheren Gefilden ins Tessin. Der wohl berühmteste Wahltessiner war Hermann Hesse (1877–1962). Nach erlebnisreichen Wanderjahren ließ sich der deutsche Dichter 1919 in dem Dorf **Montagnola** *nieder. Gut ein halbes Jahrhundert verbrachte Hesse hier in den* **Collina d'Oro**, *den Hügeln, die sich über die Halbinsel Ceresio südlich von Lugano ziehen. »Nie habe ich so schön gewohnt, wie im Tessin«, schrieb er dazu 25 Jahre später. An lauen Abenden pflegte er genießerisch auf dem kleinen Balkon seiner* **Casa Camuzzi** *zu sitzen, mit Blick über Hanfpalmen und Kamelien hinweg ins Tal hinab. Hier entstanden die Bücher, die Hesses Weltruhm begründeten: ›Siddharta‹ (1922), ›Steppenwolf‹ (1927) und als Spätwerk ›Das Glasperlenspiel‹ (1943). Der Literaturnobelpreisträger von 1946 fand auf dem Friedhof S. Abbondio in* **Gentilino** *die letzte Ruhe – der Grabstein in Form eines aufgeschlagenen Buches steht in der hinteren rechten Ecke der Anlage.*

1997 richtete man in der Casa Camuzzi das kleine **Hermann-Hesse-Museum** *(März–Okt. Di–So 10–12.30 und 14–18.30 Uhr, Nov./Dez. und Feb. nur Sa/So) ein, das mit Fotos, privaten Gegenständen und anderen Zeugnissen vom Leben des Dichters erzählt.*

Impressionisten wie Renoir oder Degas. Einige Hundert Meter weiter zieht sich die gepflegte, 63 000 m² umfassende Grünanlage des *Parco Civico* am Seeufer entlang. Inmitten subtropischer Flora und alter Bäume präsentiert hier das **Museo Civico delle Belle Arti** 7 (Di–So 10–12 und 14–18 Uhr) Werke Tessiner Künstler und französicher Impressionisten. Die klassizistische *Villa Ciani* von 1840 bildet für die Gemälde einen würdigen Rahmen.

Einen besonderen Kunstgenuss bietet die *Villa Favorita* in Castagnola, einem Vorort im Osten Luganos. Das Anwesen am Seeufer beherbergt die weltberühmte Privatsammlung der **Fondazione Thyssen-Bornemisza** 9 (Ostern–Okt. Fr–So 10–17 Uhr), deren gewichtigster Teil freilich 1992 nach Madrid und Barcelona ausgegliedert wurde. In Lugano verblieben immerhin Meisterwerke der europäischen und amerikanischen Malerei des 19. und 20. Jh., wobei vom Kubismus und Expressionismus bis zu Action Painting und Pop Art alles vertreten ist.

Ausflüge

Am besten mit einem Ausflugsschiff nähert man sich dem 5 km östlich von Lugano gelegenen **Gandria**. Das einstige Fischerdorf liegt pittoresk an der Flanke des Monte Brè. Steile Treppengassen mit schindelgedeckten Häusern verbreiten nostalgischen Charme, an der Wasserfront laden Fischlokale mit Spezialitäten zur Rast ein. Trotz touristischem Rummel ein Muss!

Ebenso reizvoll gelegen ist **Morcote** an der Südspitze der Landzunge Ceresio. Vorbei an verwinkelten Gassen und mittelalterlichen Palazzi kann man auf einem Treppenweg zur Wallfahrtskirche *S. Maria del Sasso* aufsteigen. Das Innere der auf das 13. Jh. zurückgehenden Kirche ist mit sehenswerten Renaissancefresken geschmückt. Und wer es eher kitschig mag: Der *Parco Scherer* am westlichen Ortsrand ist eine skurrile Inszenierung eines exotischen Gartens mit Architekturzitaten aus aller Welt.

Praktische Hinweise

Tel.-Vorwahl Lugano: 0 91

Information: Lugano Turismo, Palazzo Civico, Piazza Riforma, Tel. 9 13 32 32, Fax 9 22 76 53, Internet: www.lugano-tourism.ch

Was für ein Idyll – das am Fuße des Monte Brè gelegene einstige Fischerdörfchen Gandria ist eines der nettesten und damit auch der beliebtesten Ausflugsziele von Lugano aus

Flughafen

Aeroporto Lugano-Agno, 6 km westlich von Lugano, Tel. 6 10 12 12. Shuttlebusse fahren ins Stadtzentrum.

Schiff

Società Navigazione del Lago di Lugano (SNL), Anlegestelle Riva G. Albertolli, Tel. 9 71 52 23. Linienverbindungen über den Luganer See u. a. nach Gandria und Morcote.

Einkaufen

Gabbani, Via Pessina 12. Bekanntes Delikatessengeschäft für Tessiner Weine sowie regionale Käse- und Wurstspezialitäten.

Hotels

*******Villa Principe Leopoldo**, Via Montalbano 5, Tel. 9 85 88 55, Fax 9 85 88 25, Internet: www.leopoldo.ch. Die einstige Hohenzollernresidenz verwöhnt mit stilvoll eingerichteten Suiten und fantastischem Seepanorama.

***Montarina**, Via Montarina 1, Tel. 9 66 72 72, Fax 9 66 00 17, Internet: www.montarina.ch. Zentral gelegenes, preisgünstiges Hotel und angegliedertes Hostel mit großem Palmengarten (Dez.–Febr. geschl.).

Restaurants

Al Portone, Via Cassarte 3, Tel. 9 23 55 11. Mediterran angehauchte Küche – raffiniert, leicht und teuer (So/Mo geschl.).

Osteria Trani, Via Cattedrale 12, Tel. 9 22 05 05. Risotto, Ravioli und andere oberitalienische Gerichte zu erschwinglichen Preisen (So geschl.).

Parco Saroli, Via Franscini 6, Tel. 9 23 53 14. Feine regionale Küche im postmodernen Ambiente der Gotthardbank (So geschl.).

30 Locarno

Plan Seite 94

›Goldküste‹ mit mediterranem Touch.

Seine überaus reizvolle Lage am Nordufer des **Lago Maggiore** und das milde Klima machten den nur 205 m hoch gelegenen Luftkurort Locarno (15 000 Einw.) zum bedeutendsten **Touristenzentrum** des Tessin. Doch Popularität hat ihren Preis: Längst ist das ehemals verträumte Städtchen mit den kleineren Nachbarorten Muralto und Minusio zu einem Ballungsraum mit insgesamt rund 50 000 Einwohner zusammengewachsen.

Geschichte Archäologische Funde legen zwar die Existenz eines römischen Handelsstützpunktes nahe der Mündung des schäumenden Bergflusses *Maggia* in den Lago Maggiore nahe, doch urkundlich wird Locarno erstmals um 789 erwähnt. Bis ins 14. Jh. hinein war der Ort ein Zankapfel zwischen dem Herzogtum

Mailand und dem Bistum von Como. 1342 konnten die Mailänder ihre Macht festigen und wurden erst zu Beginn des 16. Jh. von den Eidgenossen abgelöst. Nach dem Beitritt des Tessin zum Bund fungierte Locarno 1803–78 zeitweise als Kantonshauptstadt. Ins Rampenlicht der Weltpolitik rückte das Städtchen 1925, als der deutsche Außenminister Gustav Stresemann mit seinen französischen und englischen Kollegen den **Locarno-Pakt** aushandelte und damit für Deutschland nach dem Ersten Weltkrieg den Weg in den Völkerbund ebnete.

Seit 1946 richtet die ›Schöne vom See‹ jedes Jahr das **Internationale Filmfestival** aus, das für Cineasten längst zu einer festen Größe geworden ist.

Besichtigung Lombardisch geprägte Patrizierhäuser, lauschige Arkadengänge und einladende Terrassencafés – kein Zweifel, die **Piazza Grande** ❶ inmitten der schmucken Altstadt wetteifert um den Titel, einer der schönsten Plätze der Schweiz zu sein. Jeden August wandelt sich die Piazza im Rahmen des Internationalen Filmfestivals abends zum Open-air-Kino, wenn auf Großleinwänden diverse Filme gezeigt werden und rund 7000 Fans die Vergabe der begehrten ›Leoparden‹ verfolgen.

Von den zahlreichen Locarner Kirchen sei vor allem **S. Maria Assunta** ❷ zur Besichtigung empfohlen, die der Adlige Cristoforo Orelli 1636 stiftete. Ihr Inneres ist mit manieristischen Malereien und Stuckaturen ausgeschmückt: Putten, vergoldete Cherubim-Köpfe sowie von Pflanzenornamenten und Fruchtgirlanden eingerahmte Fresken entfalten die ganze Pracht des Barock. Das schmucke Kirchlein liegt westlich der Piazza in der Via Citadella, die wie ihre engen Nachbargassen bergauf in den etwas höher gelegenen Teil der Altstadt zum **Castello Visconteo** ❸ führt. In dieser ehem. Residenz der Mailänder Visconti zeigt das *Museo Civico e Archeologico* (April–Okt. Di–So 10–17 Uhr) Fundstücke aus der Region von der späten Bronzezeit bis zum Hochmittelalter. Hervorzuheben sind die am Seeufer bei Ausgrabungen gefundenen römischen Glaswaren: Trinkgefäße, Vasen und Flakons.

Die nahe gelegene **Pinacoteca Casa Rusca** ❹ (Di–So 10–17 Uhr) in einem barocken Palazzo aus dem 16. Jh., der *Casorella*, zeigt u. a. eine der bedeutendsten Werkgruppen mit Skulpturen und Installationen des elsässischen Dadaisten *Hans Arp* (1887–1966), der einige Jahre in Locarno gelebt hatte und hier auch begraben liegt.

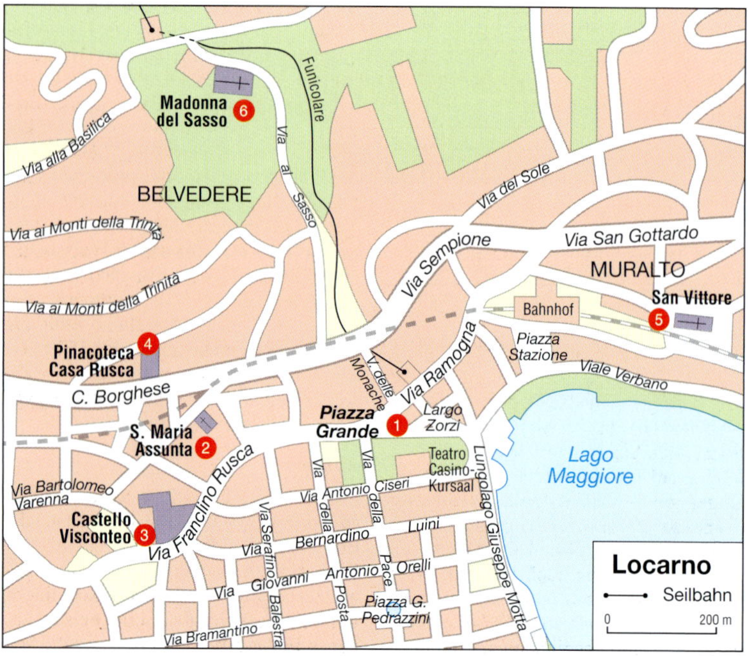

Elegante Arkadenhäuser des 19. Jh. säumen die reizende Piazza Grande im Zentrum von Locarno, auf der sich im Sommer Alt und Jung zum Flanieren trifft

Östlich des Hauptbahnhofes, der verwaltungstechnisch bereits zur Nachbargemeinde Muralto gehört, erhebt sich die sehenswerte Stiftskirche **San Vittore** 5. Als Kontrast zum ansonsten in Locarno vorherrschenden überbordenden Barockstil atmet sie noch ganz romanische Strenge. Der schlichte Bau aus Granitquadern wurde im Jahr 1120 errichtet, der 1524 begonnene frei stehende *Campanile* konnte wegen Geldmangels erst 1932 vollendet werden. Im *Inneren* der dreischiffigen Pfeilerbasilika führt beim Chor eine Treppe zur romanischen *Hallenkrypta* mit Kreuzgewölbe hinab. Beachtenswert sind hier die fantasievoll gestalteten Kapitelle, die u. a. Furcht erregende Bestien zeigen.

Westlich des Hauptbahnhofs liegt in der Via Ramogna die Talstation einer 825 m langen Standseilbahn (tgl. 7–20, April und Okt. bis 21, Mai/Juni und Sept. bis 22, Juli/Aug. bis 24 Uhr). Sie führt in 6 Min. auf den bewaldeten Belvedere-Hügel zur Wallfahrtskirche **Madonna del Sasso** 6 mit angegliedertem Kapuzinerkloster hinauf. Das Wahrzeichen von Locarno kann man auch mit dem Auto auf der steilen *Via al Monti* oder in einer guten halben Stunde zu Fuß über den nahe der Talstation beginnenden Pilgerweg *Via Crucis* erreichen. Auf der aussichtsreichen felsigen Anhöhe soll 1480 dem Mönch *Bartolomeo d'Ivrea* die Jungfrau Maria inmitten eines Strahlenkranzes erschienen sein. Die über dem heiligen Ort im Jahr 1616 erbaute schlichte Franziskanerkirche verdankt ihr heutiges Aussehen umfangreichen baulichen Veränderungen im 19. und 20. Jh. Damals legten die Baumeister über einem fünfbogigen Arkadenportikus eine abgetreppte Giebelfassade an, hinter der der neoromanische Viereckturm mit seinem spitz zulaufenden achtseitigen Dach hervorlugt. Das **Innere** der Kirche ist mit Votivtafeln geschmückt, die Gläubige der Madonna für ihre wundertätige Hilfe stifteten. Zur kostbaren Kirchenausstattung zählt als besonderes Schmuckstück das 1520 von dem Mailänder Maler Bramantino geschaffene Tafelbild ›Flucht nach Ägypten‹ rechts vom Eingang.

Ausflug

Im schmalen, 25 km langen **Val Verzasca** nordöstlich von Locarno schuf die Eiszeit eine Landschaft von dramatischer Schönheit. Im Oberlauf des smaragdgrünen Gebirgsflusses Verzasca liegen wie von Riesenhand verteilte Felsen, aus denen Eis und Wasser einen urzeitlichen

Regionales Zentrum der Marienverehrung ist die Wallfahrtskirche Madonna del Sasso, die sich höchst malerisch auf einem Felsplateau über Locarno und dem Lago Maggiore erhebt

Skulpturengarten formten. Seit 1965 staut nahe des Talausgang die **Verzasca-Talsperre** den Fluss zum 7 km langen *Lago di Vogorno*. Von der 220 m hohen Staumauer übte Charles Dance 1989 im Filmspektakel ›Der Mann, der James Bond war‹ den freien Fall. Heute können auch ›Normalsterbliche‹ durch einen Bungee-Sprung aus dieser Schwindel erregenden Höhe ihren Adrenalinspiegel steigern (Trekking Team, Tegna, Casa Rosina, Tel. 7 80 78 00, April–Okt.).

Nördlich des Stausees schmiegen sich an die steil abfallenden Talflanken verträumte Dörfer wie **Corippo** (563 m), dessen eng aneinander gebaute denkmalgeschützte Natursteinhäuser vom Campanile der kleinen Dorfkirche *Beata Vergine del Carmine* aus dem 17. Jh. überragt werden. Der malerische Ort war bis

Elegant überbrückt die zweibogige Ponte dei Salti bei Lavertezzo die Verzasca, unterhalb bilden glatt gewaschene Felsen und das erfrischende Bergwasser ein Naturschwimmbad

ins 19. Jh. ein Zentrum des Hanfanbaus und der Leinenweberei. Ebenso reizvoll ist das nur wenige Kilometer weiter gelegene Dorf **Lavertezzo** (548 m) mit der Pfarrkirche *S. Maria degli Angeli* aus dem 15. Jh. Viel bestaunt ist die den Fluss Verzasca überspannende Doppelbogenbrücke **Ponte dei Salti** aus dem Mittelalter. Unterhalb der Granitbrücke tummeln sich an sonnigen Tagen Hunderte von abgehärteten Wasserfreunden in den grünblauen Fluten des Wildbachs und machen das bizarr-schön ausgewaschene Flussbett zu einem der beliebtesten Badeplätze im Tessin.

Praktische Hinweise

Tel.-Vorwahl Locarno: 0 91

Information: Ente Turistico Lago Maggiore, Largo Zorzi 1,
Tel. 7 91 00 91, Fax 7 85 19 41,
Internet: www.maggiore.ch

Hotels

******Arcadia al Lago**, Via Orelli 5, Tel. 7 56 18 18, Fax 7 56 18 28, Internet: www.treff-hotels.ch/arcadia/. Familienfreundliches Haus mit großzügig geschnittenen Apartments. Auf Anfrage ist kostenlose Kinderbetreuung möglich.

Olanda, Via ai Monti 139a, Tel./Fax 7 51 47 27, Internet: www.pensione-olanda.ch. Günstige Pension hoch über der Stadt mit schöner Aussicht.

Restaurants

Centenario, Locarno-Muralto, Lungolago 17, Tel. 7 43 82 22. Französische Nouvelle Cuisine vom Feinsten, empfehlenswert sind besonders die Fischgerichte.

Il Boccalino, Via della Motta 4, Tel. 7 51 96 81. Vollwertkost mit Bio-Produkten aus der Region (So und Mo geschl.).

31 Ascona

›Sehen und gesehen werden‹ im Nobelferienort am Lago Maggiore.

Ascona, dem mit 5000 Einwohnern bedeutend kleineren westlichen Nachbarort von Locarno, haftet der Ruf des Mondänen an. Weniger wegen der zivilisationsmüden Weltverbesserer, die vor rund 100 Jahren am Fuß des *Monte Verità* Zuflucht suchten, sondern wegen der wenig später, Mitte des 20. Jh., eintreffenden internationalen Clique von Dichtern, Malern und Snobs, Filmstars und Schlagersternchen – von Freddy Quinn bis Catharina Valente, um nur einige zu nennen. Sie alle erlagen dem Zauber des einstigen Fischerortes am Lago Maggiore mit dem angenehm milden Klima. In den 70er-Jahren des 20. Jh. nannte der Kraftfahrzeughersteller Opel sogar eine *Automarke* nach dem Ferienparadies der Reichen und Schönen. Heute freilich ist das einstmals verträumte Fischernest am Nordufer des Lago Maggiore vollständig vom Tourismus vereinnahmt. Geblieben sind dem sonnenverwöhnten Ascona eine malerische Innenstadt und seine unübertroffene Lage.

Besichtigung Auf der Landseite säumen stattliche Patrizierhäuser mit Loggien und zum See hin offenen Arkadengängen die autofreie Uferpromenade **Piazza Giuseppe Motta** und verleihen Ascona ein südländisches Gepräge. Das auffälligste Gebäude an der städtischen Flaniermeile ist an ihrem westlichen Ende die **Casa Serodine**. Der Prachtbau von

Nach dem Bummel entlang der Uferpromenade laden Cafés an der Piazza Giuseppe Motta zur Rast ein

Bei nächtlicher Beleuchtung wirkt der Hafen von Ascona besonders stimmungsvoll

1620 war einst die Residenz der Künstlerfamilie Serodine, deren Spross *Giovanni Battista Serodine* die barocken Reliefs und Skulpturen an der dreigeschossigen Fassade schuf.

Hinter der Casa Serodine beherrscht der schlanke Campanile der dreischiffigen Säulenbasilika **SS. Pietro e Paolo** aus dem 16. Jh. die *Borgo* genannte Altstadt. Im Chor der Pfarrkirche sind die Tafelbilder von Giovanni Serodine sehenswert, der in dem Gemälde ›Söhne des Zebedäus‹ auch Mitglieder seiner eigenen Familie dargestellt hat. In der nahen Via Borgo versammelt das **Museo Comunale d'Arte Moderna** (Di–Sa 10–12 und 15–18 Uhr, So 16–18 Uhr) Werke von Künstlern, die Ascona verbunden waren wie *Alexej von Jawlensky* oder *Paul Klee*. Im Mittelpunkt steht die 70 Exponate umfassende Schenkung der russischen Expressionistin und Mitbegründerin des Blauen Reiters *Marianne von Werefkin* (1860–1938).

Im östlichen Teil der Altstadt, in der Via Cappelle, steht das **Collegio Papio**. Der für seinen zweigeschossigen Renaissancehof berühmte Bau wurde um 1584 von dem Patrizier Bartolomeo Papio als Priesterseminar gestiftet und beherbergt heute zwei angesehene Privatschulen. Baulich mit dem Collegio verbunden ist die 1399–1442 entstandene Kirche **S. Maria della Misericordia**. In ihrem Chor ist ein gut erhaltener spätgotischer Freskenzyklus zu bewundern, am linken Seitenaltar verdient ein um 1550 entstandenes Bild der *Madonna della Quercia* besondere Beachtung.

Als Seestadt hat Ascona auch attraktive Strandbäder zu bieten. Das **Lido** (Mai–Sept. tgl. 9–18 Uhr) etwa, dessen fast 100 m lange Wasserrutschbahn – nicht nur – bei Kindern hoch im Kurs steht. Wer sich den Eintritt sparen will, geht nebenan ins genauso schöne, leider meist überlaufene öffentliche **Bagno publico** (Mai–Sept. tgl. 9–18 Uhr, Eintritt frei).

Ausflüge

Fährt man am Nordwestufer des Lago Maggiore über das serpentinenreiche Asphaltsträßchen Nr. 13 Richtung Verbania erreicht man bald an der steilen Flanke des *Corona dei Pinci* die Häuser von **Ronco sopra Ascona** (335 m). Das einstige Künstlerrefugium ist heute eine der begehrtesten Wohnlagen im Tessin und bietet bezaubernde Panoramen über den Lago Maggiore. Den besten Blick über die grandiose Landschaft genießt man vom Kirchplatz aus. Stimmungsvoller als die Anfahrt mit dem Auto ist es, von Ascona aus ein Schiff nach Porto Ronco zu

Der Botanische Garten auf der Isola Grande zeigt kompakt die üppige Fauna des Tessin

nehmen und von dort auf einem steilen Treppenweg 800 Stufen ins Dorf hinauf zu steigen.

Ein äußerst reizvolles Ausflugsziel ist auch die Isola Grande, die größere der beiden **Isole de Brissago** im Lago Maggiore. In den 20er-Jahren des 20. Jh. ließ der Hamburger Kaufhaus-Tycoon Max Emden hier einen von einem Lustgarten umgebenen Palazzo bauen. 1949 kaufte der Kanton Tessin die Insel und öffnete sie als **Botanischer Garten** (Mitte März – Mitte Okt. tgl. 9–18 Uhr) der Allgemeinheit. Mehr als 1800 subtropische Gewächse aus aller Welt, darunter gut 20 Rhododendronarten, Zypressen und ein Lotusteich lassen die Herzen von Pflanzenfreunden höher schlagen.

Praktische Hinweise

Tel.-Vorwahl Ascona: 0 91

Information: Ente Turistico Lago Maggiore, Casa Serodine, Tel. 7 91 00 91, Fax 7921118, Internet: www.maggiore.ch

Schiff

Navigazione Lago Maggiore, Anleger an der Piazza Giuseppe Motta. Linienschiffe der italienischen Gesellschaft verkehren auch von Ascona nach Locarno, zu den Isole de Brissago, nach Porto Ronco etc.

Hotels

*******Albergo Giardino**, Via Segnale, Tel. 7 85 88 88, Fax 7 85 88 99, Internet: www.ascona.ch/hh5/giardino.htm. Ein Luxushotel der Extraklasse, umgeben von einem subtropischem Park. Der Service ist perfekt, die Küche vorzüglich.

****Albergo Piazza**, Piazza Giuseppe Motta 29, Tel. 7 91 11 81, Fax 7 91 27 57, Internet: www.hotel-piazza-ascona.ch. Schön an der Uferpromenade gelegene ›Herberge‹ mit vernünftigen Preisen für die 16 ordentlichen Zimmer.

Restaurants

Aphrodite, Hotel Giardino, Via Segnale, Tel. 7 85 88 88. Detailverliebte Kreationen auf höchstem Niveau; gilt als eine der besten Hotelküchen der Schweiz. Ein sicherer Tipp ist stets der ›Fisch des Tages‹, aber auch mit den Risotti ist man gut beraten (Nov. – Mitte März geschl.)

San Pietro da Gino, Passagio San Pietro 6, Tel. 7 91 39 76. Im rustikalen Innenhof wird fein gewürzte Mittelmeerküche serviert (Mo geschl.).

Der Berg der Wahrheit

Im Jahr 1900 gründeten der Antwerpener Fabrikantensohn **Henri Oedenkoven** *und die Münchner Pianistin* **Ida Hofmann** *auf dem* **Monte Verità**, *dem ›Berg der Wahrheit‹ oberhalb von Ascona, eine vegetarische Kooperative, die bald zu einem Sammelbecken von Zivilisationsflüchtlingen aus ganz Europa werden sollte. Gemeinsamer Nenner der illustren Gesellschaft aus Anarchisten, Theosophen, Okkultisten und anderen Weltverbesserern war die Abkehr von bürgerlichen Normen, die in der Suche nach einem naturgemäßen Lebensstil mündete. Man ernährte sich von Rohkost, trug Kutten und Stirnbänder, badete nackt in den Gebirgsbächen und propagierte die freie Liebe. Ein Sanatoriumsbetrieb mit Licht- und Luftkuren brachte zwar etwas Geld in die Kasse, doch scheiterte das Projekt schließlich an Kapitalmangel und an ideologischen Differenzen der Mitglieder.*

Aus der Gründerzeit blieben die **Casa Anatta** *erhalten, das einstige Repräsentationsgebäude der Kooperative, und die* **Casa Selma**, *eine Licht-Luft-Hütte der Vegetarier. Beide Gebäude sind heute als* **Museum** *(April–Okt. Di–So 14.30–18 Uhr, Juli/Aug. Di–So 15–19 Uhr) zugänglich, das die sozialutopischen Ideen der damaligen Lebensreformer dokumentiert.*

32 Valle Maggia

Cevio – Valle de Bosco – Val Bavona – Val Lavizarra

Wilde Schönheit in reizendem Tal.

Verlässt man das zwischen Locarno und Ascona längst zersiedelte Schwemmlanddelta der *Maggia* und folgt dem Flusslauf bergauf, gelangt man bald in eines der zauberhaftesten Täler des Tessin. Zusammen mit seinen Seitenarmen ist das Valle Maggia zugleich eine der ausgedehntesten Talschaften des Kantons.

Im Verlauf ihrer 56 km langen Reise vom fast 2500 m hoch gelegenen Naret-See bis zur Mündung in den Lago Maggiore nimmt die Maggia etliche Zuflüsse auf. Dabei schuf sich das schnell fließende Gebirgswasser im Laufe der Zeit ein tief in den Gneis eingekerbtes wildromantisches Flussbett. Etwa in der Mitte des Tales liegt **Cevio** (418 m), Hauptort des Valle Maggia und bis 1798 Verwaltungssitz der eidgenössischen Landvögte. Herrschaftliche Gebäude wie der *Palazzo Pretorio* aus dem 17. Jh. zeugen noch von der einstigen Bedeutung des Bergdorfes. Im *Palazzo Franzoni* (17. Jh.) zeigt das **Museo di Valmaggia** (April–Okt. Di–Sa 10–12 Uhr und 14–18 Uhr, So 14–18 Uhr) allerlei bäuerliches Gerät, etwa aus Speckstein gefertigtes Geschirr.

Hinter Cevio fächert sich das Tal in mehrere Seitenarme auf. Durch das *Valle di Campo* im Westen führt ein einziges Sträßchen, dem man bis ans Ende des **Valle de Bosco** nach *Bosco Gurin* folgen kann, das mit schönen Pisten zahlreiche Wintersportgäste anzieht. Deutschsprachige Walser gründeten den 1506 m hoch gelegene Ort im 13. Jh., entsprechend dokumentiert in einem typischen, mit Steinplatten gedeckten Walser Holzhaus ein kleines *Museum* (Ostern–Okt. Di–Sa 10.15–11.30 und 13.30–17, So 13.30–17 Uhr) die Dorfgeschichte.

In *Foroglio* im **Val Bavona** scheint die Zeit stehen geblieben zu sein. Der fotogene Ort besteht ausschließlich aus traditionellen Bruchsteinhäusern. Hier lohnt die Einkehr im Grotto *La Froda*, von dem aus man bei einer Polenta auf den tosenden Wasserfall der *Calneggia* schauen kann.

Nach **Mogno** im abgeschiedenen **Val Lavizzara** im Osten finden neuerdings Architektur-Fans den Weg. In dem Weiler schuf nämlich der Tessiner Meisterplaner Mario Botta mit der Kirche *San Giovanni Battista* 1995 ein Kleinod moderner Sakralarchitektur. Anstelle der von einer Lawine weggerissenen alten Kapelle erhebt sich nunmehr ein nach oben abgeschrägter futuristisch wirkender Kubus. Als Baustoff verwendete Botta weißen Peccia-Marmor aus dem Nachbarort und grauen Granit, die übereinander geschichtet besonders in der *Apsis* effektvolle geometrische Muster erzeugen.

Wer es auf dem engen Serpentinensträßchen bis hinauf nach Mogno geschafft hat, sollte noch ein Stück weiter bis **Fusio** (1281 m) fahren. Das verschachtelte Dorf mit steilen Gassen und traditionellen Bruchsteinhäusern schmiegt sich malerisch in den Talschluss. Von Fusio führt eine lohnende Wanderung zu den Quellseen der Maggia.

Ein besonders malerisch gelegenes Bergdorf ist Fusio am Ende des wildromantischen abgeschiedenen Val Lavizzara

Praktische Hinweise

Hotel

Antica Osteria Dazio, Fusio, Tel. 0 91/7 55 11 62, Fax 7 55 16 62. Die kleine Pension bietet gemütliche rustikale Zimmer (Nov.–März geschl.).

33 Centovalli

Verscio – Intragna – Rasa

Vielfalt im ›Tal der hundert Täler‹.

Seit 1923 zuckelt mehrmals täglich die nostalgische **Centovalli-Bahn** von Locarno durch das Centovalli bis ins 54 km entfernte italienische Domodossola. Dabei geht es durch 31 Tunnels und über 83 Brücken, vorbei an Maronenwäldern und malerischen Ortschaften.

Verscio liegt noch in der ebenen Landschaft des Pedemonte und ist Heimat des *Teatro Dimitri* (Tel. 0 91/7 96 15 44), das den Ruf genießt, eine der besten Kleinkunstbühnen Europas zu sein. Das Ensemble um den Tessiner Clown Dimitri begeistert mit grotesken Nummern nicht nur junge Zuschauer. Im Haus erinnert das *Museo Comico* (März–Nov. tgl. 17–24 Uhr) an große Clowns und stellt Masken, Musikinstrumente sowie eine stattliche Sammlung von Porzellanelefanten aus. Die angeschlossene Komödiantenschule *Scuola Teatro Dimitri* gilt als Talentschmiede, unterrichtet werden u. a. Akrobatik, Jonglage und Pantomime.

Das Dorf **Intragna** (342 m) kündigt sich bereits von weitem durch den 65 m hohen Campanile der Pfarrkirche *San Gottardo* an. 165 Stufen führen zur Turmspitze in 37 m Höhe hinauf. Im Kircheninnern lohnt ein Blick auf den Rokokoaltar mit Illusionsmalerei und die aus derselben Zeit stammende Marmorbalustrade vor dem Chor. Neben der Kirche offeriert die *Osteria Centrale* leckere hausgemachte Eiscreme und gehaltvollen Tessiner Brotkuchen.

Das Bergdörfchen **Rasa** (898 m) ist nur auf Saumpfaden oder von dem Ort Verdasio aus per Seilbahn (März–Mitte Nov. tgl. 9–12.40 und 14–18 Uhr, jeden 1. Di im Monat geschl.) zu erreichen und scheint noch ganz aus einer anderen Zeit zu stammen. Kein Autolärm stört das Idyll, die kubischen Steinhäuser vermitteln eine altertümliche Atmosphäre. Uriger Dorftreff ist der *Grotto Ghiridone*, in dem unter einer schattigen Pergola eine vorzügliche Tessiner Wurst- und Käseplatte gereicht wird.

Wallis – Naturidyll zwischen Rhônetal und Matterhorn

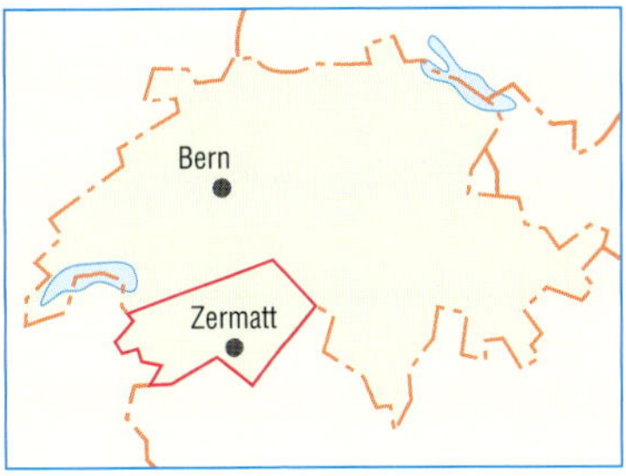

Im Süden der Schweiz liegt zwischen oberer **Rhône** und **Genfer See** das Wallis, französisch *Le Valais*, mit 5226 km² der drittgrößte Kanton des Landes. Rund ein Drittel der insgesamt 272 000 Einwohner, vornehmlich im *Oberwallis*, sprechen deutsch, das *Unterwallis* dagegen ist französischsprachig. Im Norden des Kantons bilden die **Berner Alpen** eine natürliche Barriere, im Süden die Viertausender der **Walliser Alpen**. Daher blieb die Region bis ins 18. Jh. relativ isoliert und das eigenwillige Völkchen der *Walser* konnte jahrhundertelang seine Selbstständigkeit bewahren, ehe es 1815 der Eidgenossenschaft beitrat. Verkehrstechnisch erschlossen wurde das Wallis erst durch den 1906 eröffneten Simplon-Tunnel und den 1913 folgenden Lötschberg-Tunnel.

Die Lebensader des Wallis ist die **Rhône**. Ihr weites Trogtal und die pittoresken Seitentäler werden von den höchsten – und den schönsten – Berggipfeln der Schweiz eingerahmt. Das 4478 m hohe **Matterhorn** südwestlich von **Zermatt** etwa begeistert alljährlich ein Millionenpublikum aus aller Welt. Und im Südwesten liegen bei **Crans-Montana** und **Verbier** erstklassige Wintersportressorts. Zudem können die Kantonshauptstadt **Sion** und das am Rhôneknie gelegene **Martigny** mit sehenswerten kunsthistorischen Highlights aufwarten.

34 Brig

Historische Kaufmannsstadt im Oberwallis.

Verkehrsgünstig liegt Brig (10 000 Einw.), **Hauptort** des deutschsprachigen Oberwallis, in 681 m Höhe am Südufer der Rhône am Schnittpunkt der vier Alpenpass-Straßen von Simplon, Furka, Grimsel und Nufenen. Auf den ersten Blick ist Brig keine ausgesprochene Schönheit, doch in den verkehrsberuhigten Altstadtgassen kündet so manches stolze Patrizier- und Kaufmannshaus vom Glanz früherer Tage.

Auf den Grundmauern einer alten Römersiedlung gründete um 1215 der Bischof von Sion den Marktflecken Brig (›Brücke‹), der im 17. Jh. seine beste Zeit erlebte. Damals kontrollierte der einflussreiche Kaufmann *Kaspar Jodok Stockalper* (1609–91) den Warentransport über den Simplon. Gleichzeitig verfügte der rührige Händler und Politiker über das einträgliche Salzmonopol und betrieb nahe Brig eigene Erzgruben. Mit dem 1658–78 am Beginn der Simplonstraße erbauten barocken **Stockalperpalast** hinterließ er der Stadt ihr Wahrzeichen. Das vierstöckige Hauptgebäude und ein Mauergeviert umgeben einen geräumigen Innenhof. Die Anlage wird von drei aus Granitblöcken zusammengefügten quadratischen Türmen dominiert, deren vergoldete Zwiebelhauben dem strengen Wehrcharakter eine anmutige Note verleihen. Den Hof umlaufen Arkadengänge mit zwei- und dreigeschossigen Loggien, die toskanische Einflüsse zeigen. 1948 erwarb die Stadt den Palast, seit 1960 beherbergt er das *Rathaus*. Das ebenfalls in den historischen Mauern eingerichtete *Schlossmuseum* (Mai–Okt. Di–So 10–17 Uhr, Führungen jede Stunde) dokumentiert die Geschichte der Familie Stockalper.

◁ **Oben:** *Sonnenanbeter genießen bei Zermatt das Wetter und die Aussicht auf das Matterhorn, den markantesten Berg der Schweiz*

Unten: *Blumenschmuck an den traditionellen Walliser Holzhäusern im Val d'Anniviers*

Der barocke Stockalperpalast (17. Jh.) von Brig empfängt Besucher mit einem südlich anmutenden Innenhof

Großer Aletschgletscher

Für Natur- und Wanderfreunde ist ein Abstecher zum Großen Aletschgletscher nordöstlich von Brig ein Muss, nicht nur weil er 2001 von der UNESCO zum Weltnaturerbe erklärt wurde. 23,6 km ist er lang, der längste Gletscher der Alpen, und sein Eis bedeckt 117,5 km² zwischen **Konkordiaplatz** (2850 m) nahe des Jungfraujochs und der *Riederalp* (1919 m). Zu letzterer führt von Mörel an der Rhône aus eine Seilbahn (tgl. 6–22 Uhr). Von der Bergstation kann man auf einem Höhenweg durch das Naturschutzgebiet *Aletschwald* zur schrundigen Eiszunge des Gletschers wandern. Bis zu 1800 m breit zieht sich der gewaltige Eisstrom in weitem Bogen nach Nordosten. Bei Riederfurka, etwa 30 Min. Fußmarsch von der Riederalp entfernt, informiert das **Pro Natura Zentrum Aletsch** in der allein stehenden einstigen Sommerresidenz *Villa Cassel* (Mitte Juni–Mitte Okt. tgl. 9–18, Weihnachten–Ostern Mi 14–17 Uhr, sonst Tel. 0 27/9 28 62 20) über ökologische Besonderheiten der Region.

35 Zermatt

Malerisches Weltdorf am ›Berg der Berge‹.

Seinen Ruhm verdankt Zermatt dem Berg mit der markanten Spitze, dem zum Aushängeschild der Schweiz gewordenen **Matterhorn** (4478 m) – obwohl die frei stehende Felspyramide der Höhe nach ›nur‹ Nummer fünf der

In Europa findet man keinen längeren – 23,6 km zieht sich der imposante Aletschgletscher durch die Berner Alpen, begrenzt u. a. von den beeindruckenden Walliser Fiescherhörner

Schweiz ist. Seitdem Bergfreunde aus aller Welt den faszinierenden Alpengipfel im 19. Jh. entdeckten, hat sich Zermatt (1616 m) am Fuß des Matterhorns zu einem **Bergsteigerzentrum** und **Wintersportplatz** ersten Ranges gewandelt.

Geschichte Mitte des 19. Jh. zog die grandiose Bergwelt der Walliser Alpen zunächst vornehmlich englische Touristen und Bergsteiger an. Für sie entstand 1855 in dem damals kleinen Bergdorf Zermatt das *Hotel Monte Rosa*, das dank der großartigen Umgebung schnell zum In-Treff der Kletterszene avancierte. Im Juli 1865 gelang dem englischen Forschungsreisenden und Alpinisten **Edward Whymper** (1840–1911) die Erstbesteigung des Matterhorns, doch beim Abstieg der siebenköpfigen Seilschaft stürzten vier Männer in den Tod. Gleichwohl strömten nach Whympers Aufsehen erregendem Paradestück immer mehr Besucher in die Alpenregion. 1898 eröffnete die Zahnradbahn auf den *Gornergrat* (3089 m) südlich von Zermatt [s. u.], die schnell als eine der aussichtsreichsten Bergbahnen der Schweiz berühmt wurde. Heute ist Zermatt auf 5600 Einwohner angewachsen und verfügt über Hotels und Pensionen aller Kategorien mit insgesamt 13 000 Betten.

Der Berg über Zermatt – dem Matterhorn verdankt der Bergort seine Berühmtheit

Besichtigung Bereits seit den 70er-Jahren des 20. Jh. ist Zermatt autofrei, nur Elektromobile, Pferdeschlitten und Kutschen sind zugelassen. Für Motorfahrzeuge endet die Anfahrt auf den gebührenpflichtigen Parkplätzen und Parkhäusern im 4,8 km talabwärts gelegenen *Täsch*. Von dort verkehren Pendelzüge im 20-Minuten-Takt. Wer den Park & Ride-Service ab *Visp* im Rhônetal nutzt und von dort mit der Bahn (Fahrtdauer etwa 1,5 Std.) anreist, wird mit einem Gratisparkplatz in Visp belohnt.

Trotz etlicher zu groß geratener Hotelbauten fügt sich das lang gestreckte Zermatt im Großen und Ganzen harmonisch in den Talgrund ein. An den umliegenden Hängen heben sich grüne Matten und Lärchenwälder effektvoll von dem darüber aufragenden majestätischen Gipfelkranz ab – 29 der 52 Viertausender der Schweiz liegen im Einzugsbereich. Die Lebensader des Dorfes ist die vom Bahnhof zum Marktplatz führende **Bahnhofstrasse**. Zwischen Hotels, schicken Boutiquen und Souvenirläden konnte sich noch so manches traditionelle Walserhaus behaupten. Hier zeigt auch ein **Alpines Museum** (Mai–Okt. tgl. 10–12 und 16–18, Nov.–April So–Fr 16.30–18.30 Uhr) frühgeschichtliche Funde und eine Mineraliensammlung. Außerdem wird die Erstbesteigung des Matterhorns dokumentiert. Das nahe **Alpin Center** (Tel. 0 27/9 66 24 60) beherbergt eine Ski- und Snowboardschule, im zugehörigen Bergführerbüro können Hochgebirgstouren gebucht werden, etwa eine winterliche Exkursion zu den vereisten Wasserfällen der *Gornerschlucht*. Mit dem nötigen Kleingeld kann man auch einen 20-minütigen *Helikopterflug* rund ums Matterhorn unternehmen, Skifahrer können sich ins Monte-Rosa-Gebiet (4200 m) oder zum Alphubeljoch (3780 m) fliegen lassen.

Gegenüber dem Bahnhof liegt die Talstation der elektrischen Zahnradbahn (tgl. 7–19 Uhr, Fahrzeit 40 Min.) zum **Gornergrat**. Von dem gezackten Felskamm

Spektakuläre Streckenführung des Glacier Express über das Landwasserviadukt bei Filisur

Im Schnellzug durch die Berge

Täglich verbindet der **Glacier Express** *die 291 km voneinander entfernten Bergdörfer Zermatt und St. Moritz miteinander – und wird dabei selbst zur Attraktion, denn die 1930 eröffnete Bahnstrecke führt panoramareich über den Hauptkamm der Alpen. In 7,5 Stunden geht es vom Wallis ins Engadin, über 291 Brücken und Viadukte, durch 91 Tunnels. Zunächst schlängeln sich die knallroten Waggons der Schmalspurbahn von* **Zermatt** *durch das Mattertal ins 1000 m tiefer gelegene* **Brig** *hinab. Am jenseitigen Talhang geht es wieder hinauf und hoch über der Rhône verschwindet der Zug dann für 15,4 km im* **Furka-Basistunnel**. *In* **Andermatt** *berührt er den Fuß des St. Gotthard-Massivs, um schließlich per Zahnradstange zum* **Oberalppass** *(2033 m), dem höchsten Punkt der Strecke, hinaufgezogen zu werden. Später geht es vorbei an* **Disentis**, *über dem erhaben die Benediktinerabtei St. Martin grüßt. Die enge Trasse führt dann weiter durch die wildromantische* **Rheinschlucht** *und vorbei am ebenso grandiosen 65 m hohen Landwasserviadukt bei* **Filisur**.

Für das leibliche Wohl wird im Speisewagen **Gourmino** *gesorgt. Dort isst auch das Auge mit, denn an den extra großen Panoramafenstern zieht die großartige Landschaft wie im Film vorbei. Damit bei dem permanenten Auf und Ab der Strecke nichts Flüssiges verschüttet wird, werden die Getränke in extra schiefen Gläsern kredenzt.*

über dem Gornergletscher bietet sich eine fulminante Aussicht auf die umliegenden Viertausender, unter denen Monte-Rosa-Massiv (4634 m), Liskamm (4527 m), Breithorn (4165 m) und Matterhorn im wahrsten Sinne des Wortes herausragen. Im Winter sind die umliegenden **Skigebiete** Rothorn, Gornergrat und Kleines Matterhorn sowie Cervinia auf italienischer Seite mit 74 Bahnen, Sessel- und Skiliften bestens erschlossen.

Praktische Hinweise

Tel.-Vorwahl Zermatt: 0 27

Information: Zermatt Tourismus, Bahnhofsplatz, Tel. 9 66 81 00, Fax 9 66 81 02, Internet: www.zermatt.ch

Hotels

******Coeur des Alpes**, Tel. 9 66 40 80, Fax 9 66 40 81, Internet: www.coeurdesalpes.ch. Die 14 Zimmer des Nobelhotels bieten durch extragroße Panoramafenster ausgezeichnete Ausblicke auf das Matterhorn.

*****Sarazena**, Untere Matten, Tel. 9 66 59 00, Fax 9 66 59 09, Internet: www.hotel-sarazena.ch. Das gepflegte Haus wird von der alteingesessenen Bergführerfamilie Zurniwen geführt; Lokalkolorit ist also garantiert.

****Gornergrat Kulm**, Tel. 9 66 64 00, Fax 9 66 64 04, Internet: www.zermatt.ch/gornergrat.kulm/. Höchstgelegenes Hotel der Alpen in 3089 m Höhe auf dem Gornergrat. Die Gäste können sich vor dem Frühstück in aller Ruhe den Sonnenaufgang am Matterhorn ansehen (Nov. geschl.).

Aparthotel Zurbriggen, Schluematte, Tel. 9 66 38 38, Fax 9 66 38 39, Internet: www.zurbriggen.ch. Olympiasieger Pirmin Zurbriggen vermietet komfortable und geräumige Apartments an der Klein Matterhorn Bahn östlich des Ortszentrums.

Restaurants

Chez Heini, Ortsteil Wiestg, Tel. 9 07 16 30. Die Spezialität des urigen Wirts ist auf dem Holzfeuer gegrilltes Lammfleisch.

Da Giuseppe, Le Chalet, Tel. 9 67 13 80. Hervorragende italienische Küche, etwa Kalbsschnitzel mit Champagnerrisotto. Abends muss man unbedingt reservieren!

In 120 Minuten
von St. Gallen
nach Savognin

In 120 Minuten
von Zürich
nach Savognin

In 120 Minuten
von Lugano
nach Savognin

Sport und Wellness: im Hotel integriertes Sportzentrum mit Doppeltennishalle (Granulatbelag), 1 Squash-Box, Hallenbad 20 x 8 m, Sauna mit Kaltwasserbecken, 2 Solarium, Fitnessraum, Dampfbad, Massagen, Kosmetikstudio, Tischtennis und Kletterwand. Mountain-bike und Skiausruestung Miete möglich.

Sport e wellness: il centro sportivo di Savognin appartiene all'albergo e offre due campi da tennis al coperto, 1 Squash, una piscina coperta 20 x 8 m, una sauna con grande vasca di acqua fredda, 2 solarium, sala fitness, massaggi, salone di bellezza, bagno turco, tavolo da ping-pong, palestra di arrampicata (300 prese). Possibilità di affittare Mountains bike e attrezzatura di sci e snowboard.

Sport en wellness: Het sportcentrum van Savognin behoort tot het hotel en biedt 2 overdekte tennisbanen, 1 squashban, overdekt zwembad 20 x 8 m, een sauna met groot koudwaterbad, 2 solaria, fitnesruimte, kosmetikastudio, massage, stoombad, pingpong tafel, zaal met klimmuur (300 grepen) mogelijkheid mountain bikes, ski-en snowboard materiaal te huren.

Lage: An der Julier-Route im Herzen Graubuendes 40 Km ab Chur, 50 km ab St. Moritz, im Dorfzentrum, vor Post und Sportbus Haltestelle.

Hotel: 60 Zimmer verschiedener Kategorien, alle mit Bad/Dusche, WC, Direktwahltelefon, Satellit TV, Restaurant, Pizzeria, Dancing-Pub, 2 Aufenthaltsraeume, 30 Plaetze Tiefgarage, Bus Parkplatz.

Unterhaltungsmoeglichkeiten: Spielsaal (2 Billard, Flipper, elektronische Spiele,...) Kinderparadies (Lego, Puzzles, diverse Spielzeuge).

Posizione: Savognin si trova sulla strada verso il passo dello Julier, tra Thusis (20 km) e St. Moritz (50 km). L'albergo è in centro paese e ha di fronte la fermata dell'autopostale e dello «Sportbus» (trasporto gratuito agli impianti di risalita).

Albergo: 60 camere di differenti categorie, tutte con doccia o bagno e WC, telefono diretto, TV satellite, ristorante, pizzeria, Dancing, Pub, due grandi soggiorni, 30 posti garage.

Svaghi: Sala giochi con due tavoli da biliardo, flipper, giochini elettronici. Le Petit Prince: sala per bambini (lego, puzzles e tanti diversi giocattoli).

Positie: Savognin bevindt zich op de weg naar de Julierpas, tussen Thusis (20 km) en St. Moritz (50 km). Het hotel bevindt zich in het centrum; tegenover het hotel is de bushalte van de postbus en de sportbus (gratis transport naar de skiliften).

Hotel: 60 kamers in verschillende kategorien, allen met douche of bad en wc, telefoon, satelliet TV, restaurant, pizzeria, dancing, pub, twee grote lounches, 30 garage plaatsen.

Vermaak: Ontspanningsruimte met twee biljarttafels, flipperkast, elektronische spelen. Le Petit Prince: speelzaal voor kinderen (lego, puzzels, verschillende spellen).

Bergwanderer und Seilbahnfahrer treffen sich im Drehrestaurant am Mittelallalin – eine wahre Oase inmitten der Schneewüste

36 Saas Fee

Der nette Bergort liegt inmitten eines der bekanntesten Skigebiete des Wallis.

Auch das östlich von Zermatt gelegene **Saastal**, kann sich über mangelnde Gebirgskulisse nicht beschweren. Der Hauptort Saas Fee (1790 m) etwa ist von 13 Viertausendern und deren Gletscher eingerahmt. Die autofreie ›Perle der Alpen‹ erreicht man z. B. über den sehr schönen **Kapellenweg** vom tiefer gelegenen Saas Grund (1562 m) aus. Der in etwa 2 Stunden zu Fuß zu bewältigende alte Pilgerweg führt an 15 barocken Rosenkranzkapellen vorbei. Im Ort selbst zeigt das **Saaser Museum** (Juni–Okt. Di–So 10–12 und 14–18, Nov.–Mai Mo–Fr 14–18 Uhr) u. a. das Arbeitszimmer des deutschen Dramatikers *Carl Zuckmayer* (1896–1977), der seine letzten Lebensjahre in Saas Fee verbracht hatte und auch auf dem Dorffriedhof begraben ist.

Eine besondere Attraktion von Saas Fee ist die Fahrt mit der **Metro Alpin**: Von der Talstation Kalbermatten geht es zunächst mit einer Luftseilbahn auf das *Felskinn* (2990 m), dann überbrückt eine in einem Tunnel verlaufende Standseilbahn in 2,5 Min. weitere 500 Höhenmeter zum *Mittelallalin* (3500 m). Von dem dortigen Drehrestaurant – es ist das höchstgelegene in den Alpen – bietet sich dann ein überwältigendes Panorama auf den Feegletscher.

Praktische Hinweise

Tel.-Vorwahl Saas Fee: 0 27

Information: Saas Fee/Valais Tourismus, Saas Fee, Tel. 9 58 18 58, Internet: www.saas-fee.ch

Hotel

Dom, gegenüber der Kirche, Tel. 9 57 51 01, Fax 9 57 23 00, Internet: www.saas-fee.ch/dom. Trendiges Hotel mit Snowboard-Shop. Die 40 Zimmer sind mit CD-Player und Playstation ausgestattet.

37 Leukerbad

Würzige Bergluft und heiße Quellen.

Der kleine **Luft-** und **Thermalkurort** Leukerbad (1411 m, 1500 Einw.) duckt sich pittoresk in den Talschluss des wildromantischen Flüsschens Dala, im Norden abgeschlossen von der imposanten steil aufragenden Wand des Daubenhorns. Die heißen Quellen des Ortes waren bereits den Römern bekannt und auch Johann Wolfgang von Goethe machte auf seiner Italienreise 1779 hier Station. Mit Temperaturen von 48–51 °C strömt das

Manche Gäste von Leukerbad ziehen einer Kletterpartie in der steilen Daubenhornwand ein erholsames Bad in den Schwimm- und Heilwasserbecken der Alpentherme vor

kalziumsulfathaltige Wasser aus der Erde, das Rheuma- und Stoffwechselerkrankungen lindern soll. Heute verfügt Leukerbad mit 22 Freiluft- und Hallenbädern über ein beeindruckendes **Thermalbadangebot**. Sechs der Bäder sind öffentlich, etwa das moderne *Burgerbad* (Rathausstraße, Tel. 0 27/4 72 20 20) mit Whirlpool, Dampfbad, Sauna und Fitnessstudio oder die *Lindner Alpentherme* (Dorfplatz, Tel. 0 27/4 72 10 10) mit einem römisch-irischen Bad.

Selbst Golfer der Spitzenklasse putten gern auf dem Green von Plan-Bramois bei Crans-Montana

Auch abgesehen vom Kurbetrieb hat Leukerbad das ganze Jahr über einiges zu bieten. An den Hängen des *Torrenthorn* (2888 m) im Osten etwa kann man sehr gut Ski laufen und **Wanderer** lassen sich gern mit der Seilbahn auf den *Gemmipass* (2314 m) bringen, von dem ein alter Säumerweg am Daubensee vorbei ins Berner Oberland nach Kandersteg führt. Sportliche Naturen finden in der fast senkrechten **Daubenhornwand** in luftiger Höhe zwischen 2500 und 3000 m Höhe einen mit Kabeln, Leitern und Stahlstiften präparierten Steig, in dem auch ohne Pickel und Steigeisen geklettert werden kann (Auskünfte über geführte Touren erteilt das Tourismusbüro, Tel. 0 27/4 72 71 71).

38 Crans-Montana

Skilaufen und Golfen hoch über der Rhône.

Malerisch auf einer Sonnenterrasse über dem Rhônetal liegt Crans-Montana (1500 m). Bereits vor gut 100 Jahren genossen Sommerfrischler und lungenkranke Kurgäste hier das milde und trockene Hochgebirgsklima. Damals entstanden erste Hotels und **Kurbetriebe**, die die beiden Dörfer Crans-sur-Sierre im Westen und den höher gelegenen östlichen Nachbarn Montana-Vermala schnell zusammenwachsen ließen.

Der so entstandene Doppelort ist heute eines der bedeutendsten **Wintersportzentren** im Wallis und eine feste Größe im internationalen Skizirkus. 35 Seilbahnen und Skilifte erschließen ringsum etwa 160 km präparierte Pisten, und mit Kunsteisbahn, Rodelbahn, Halfpipe und einer Sprungschanze kommen auch andere Sportarten nicht zu kurz. Im Sommer machen drei **Golfplätze** Crans-Montana zu einem Mekka der Golfer. Unter ihnen zählt der 18-Loch-Parcour *Plan-Bramois* (Tel. 0 27/4 85 97 97) zu den landschaftlich reizvollsten in den Alpen. Saisonhöhepunkt auf dem 6165 m langen Green (Par 72) ist das *European Masters Turnier* im September.

Ausflüge

Lohnend ist auch eine Exkursion von Crans aus mit der Luftseilbahn (tgl. 9–16 Uhr) auf die **Bella Lui** (2543 m), von der sich ein beeindruckendes Panorama über das Rhônetal und die Walliser Alpen bis zum Mont Blanc an der schweizer-französisch-italienischen Grenze bietet.

Ausgesprochen reizvoll ist ein Abstecher ins **Val d'Anniviers**, einem jenseits von Sierre abgehenden südlichen Seitental der Rhône. Am Weg liegen schmucke Bergdörfer wie *Vissoie* oder *Grimentz* mit typischen Holzhäusern der Walser. **Zinal** (1678 m) im Talschluss ist Ausgangspunkt für anspruchsvolle Hochgebirgstouren zum Zinalrothorn (4221 m) und zur Dent Blanche (4357 m).

Praktische Hinweise

Information: Crans-Montana Tourisme, Tel. 4 85 04 44, Fax 4 85 04 60, Internet: www.crans-montana.ch

Hotel

***__Du Lac__, Montana, Tel. 4 81 34 14, Fax 4 81 51 80. Beschauliche Lage am Ufer des Grenon-See.

39 Sion

Kleine Bischofsstadt mit großer Historie.

Zwischen zwei mit mittelalterlichen Burgen bestückten felsigen Hügeln breitet sich die französischsprachige **Kantonshauptstadt** des Wallis am Nordufer der Rhône aus. Das knapp 22 000 Einwohner zählende Sion ist nicht nur Sitz der Verwaltung sondern hat auch kulturgeschichtlich einiges zu bieten.

Geschichte Bereits in der Jungsteinzeit lag an dieser Stelle eine Siedlung der keltischen Seduner. Als die Römer kurz vor der Zeitenwende das Wallis eroberten, nannten sie den Ort **Sedunum** und er-

Effektvoll beleuchtet, erhebt sich auf dem Hügel Valère (re.) die Kirche Notre-Dame-de-Valère über dem Städtchen Sion, den Tourbillon-Hügel (li.) krönen heute Burgruinen

richteten auf dem Felshügel Valère über dem Fluss eine Festung. Im Jahr 585 wurde Sion Bischofssitz und die günstig gelegene Stadt erblühte in der Folge als Markt und Handelszentrum der Region. Mit Sion, dem Hauptort des Wallis, trat 1815 die ganze Region der Eidgenossenschaft bei. Bis auf den heutigen Tag ist die Stadt traditionelles Zentrum des **Wein-** und **Obstanbaus** im fruchtbaren Rhônetal. Im 20. Jh. siedelten sich zudem Elektrofirmen sowie tabak- und holzverarbeitende Betriebe an.

Besichtigung Die mittelalterlich geprägte Altstadt lässt sich am besten von der großzügigen quadratischen *Place de la Planta* erkunden, von der aus man über die Rue de Conthey ostwärts das **Maison Supersaxo** (Mo–Fr 8.30–12 Uhr und 14–18 Uhr) erreicht. Das um 1505 errichtete Patrizierhaus des Landeshauptmannes Georg Supersaxo (1450–1529) verfügt über einen prachtvollen *Festsaal* im zweiten Obergeschoss. Seine spätgotische Holzdecke ziert ein zwölfeckiges Medaillon, das die Geburt Christi zeigt.

Stattliche Bürgerhäuser säumen die Rue du Grand-Pont in Sion, der schmucken Hauptstadt des Wallis

Gewissermaßen die Hauptstraße der Altstadt ist die *Rue du Grand-Pont*. Etwa in ihrer Mitte steht das 1657–65 erbaute **Hôtel de Ville**, das mit seiner Renaissancefassade und dem von einer astronomischen Uhr geschmückten Glockenturm zu den gefälligsten Rathäusern der Schweiz zählt. Ein paar Schritte zurück nach Westen gelangt man zur **Cathédrale Notre-Dame-du-Glarier**. Der wuchtige fünfstöckige romanische Glockenturm geht auf das 12. Jh. zurück, das Kirchenschiff wurde nach einem Brand im 15. Jh. im spätgotischen Stil wieder aufgebaut. Ein wahres Juwel ist der geschnitzte gotische Flügelaltar (1505) im Chor.

Beim Aufstieg zu den beiden Burghügeln gelangt man in der *Rue des Chateaux* zunächst zu zwei Museen. Das **Musée cantonal des Beaux-Arts** (Di–So 13–17 Uhr) ist in der ehem. bischöflichen Residenz untergebracht und zeigt mittelalterliche Kirchenkunst sowie Bilder von Walliser Malern des 19. und 20. Jh. Im gegenüberliegenden **Musée cantonal d'Archéologie** (Di–So 13–17 Uhr) verdient die Präsentation der jungsteinzeitlichen Steinkistengräber aus der Region besondere Beachtung.

Wahrzeichen von Sion ist die hoch auf dem Hügel Valère thronende Kirche **Notre-Dame-de-Valère**. Die dreischiffige Pfeilerbasilika wurde erstmals 1049 erwähnt. Ihr heutiges Erscheinungsbild stammt im Wesentlichen aus dem 12./13. Jh. und verkörpert eine gelungene Mischung aus romanischen und frühgotischen Stilelementen. Die Apsis schmücken *Fresken* aus dem 15. Jh., das aus Nussbaumholz geschnitzte barocke *Chorgestühl* (1662–64) zeigt Szenen aus der Passion Christi. An der Südwand ist eine kostbare Sammlung orientalischer *Brokatstoffe* ausgestellt. In die zum Teil über 1000 Jahre alten Gewebe wurden früher Reliquien eingehüllt. Die von *Peter Maggenberg* bemalte *Orgel* (um 1420, 1988 restauriert) gilt als eine der ältesten bespielbaren Orgeln der Welt. Jedes Jahr im Juli und August steht sie im Mittelpunkt des Orgelmusikfestivals *Concerts de l'Orgue d'ancienne* (Karten über Sion Tourisme, s. u.).

Vom Valère-Hügel hat man eine herrliche Sicht in das Rhônetal und auf den benachbarten Burghügel *Tourbillon*. Ihn krönte einst die 1294 erbauten Bischofsburg, von der jedoch nach einem Brand 1788 lediglich Ruinen blieben.

Praktische Hinweise

Tel.-Vorwahl Sion: 0 27

Information: Sion Tourisme, Place de la Planta, Tel. 3 27 77 27, Fax 3 27 77 28, Internet: www.siontourism.ch

Restaurant

Le Cheval Blanc, Rue du Grand-Pont 23, Tel. 3 22 18 67. Gute Fischspezialitäten und Meeresfrüchte zu erschwinglichen Preisen (So/Mo geschl.).

40 Martigny

Das Kunststädtchen am Rhôneknie ist bekannt für sein rühriges Kulturzentrum.

Bereits die Römer wussten die verkehrsgünstige Lage an der Mündung der Drance in die Rhône zu schätzen, wo sich zudem mehrere **Handelswege** trafen. Wie damals verläuft auch heute die Straße von Genf zum Simplon über Martigny, führen Fernstraßen von hier aus nach Süden, nach Frankreich und über den Grossen St. Bernhard nach Italien. Das 13 000 Einwohner zählende Martigny erkennt man schon von weitem an der hoch über der Stadt thronenden Ruine der mittelalterlichen **Bischofsburg** *La Bâtiaz*.

Von der *Place Centrale* mit ihren gemütlichen Straßencafés gelangt man in wenigen Minuten zu den südöstlich gelegenen *römischen Ausgrabungen*. Hier sind die Fundamente eines gallo-römischen Tempels in den postmodernen Betonbau der **Fondation Pierre Gianadda** (winters tgl. 10–18, sommers tgl. 9–19 Uhr) integriert, die seit 1978 verschiedene Museen unter ihrem Dach vereint. Die *Stiftung* organisiert Wechselausstellungen auf höchstem Niveau, ein Besuch der *Pinakothek* mit Werken von Cézanne, van Gogh, Toulouse-Lautrec und Picasso ist für Liebhaber moderner Malerei ein Muss. Im weitläufigen *Skulpturengarten* gibt es Arbeiten von Joan Miró, Auguste Rodin und Henry Moore zu entdecken. Im *Gallo-römischen Museum* sind archäologische Funde aus der Region ausgestellt, neben Fragmenten römischer Monumentalbronzen auch eine marmorne Venusstatue. Das *Automobilmuseum* schließlich lässt die Herzen von Oldtimer-Fans höher schlagen. Unter den rund 50 Modellen findet sich fast alles, was in der Automobilgeschichte Rang und Namen hat, z. B. ein Rolls-Royce Silver Ghost (1923), ein blauer Bugatti Typ 40 (1928) oder ein kutschenähnlicher Benz aus dem Jahr 1897.

TOP TIPP

Gallo-römische Kunst und moderne Malerei finden sich in der Fondation Pierre Gianadda

Ausflüge

Eine schöne Exkursion führt von Martigny gut 10 km rhôneabwärts, wo an einer Engstelle des Tals um 515 der Burgunderkönig *Sigismund* die Augustinerabtei **St-Maurice** errichten ließ, die als das älteste Kloster auf Schweizer Boden gilt. Die *Stiftskirche* mit ihrem romanischen Glockenturm (11. Jh.) verwahrt hinter einer gepanzerten Tür westlich des Kreuzganges ihren bedeutenden *Kirchenschatz* (Führungen Mai–Okt. tgl. 10.30, 15 und 16.30 Uhr, Juli/Aug. auch 14 Uhr, Nov.–April nur 15 Uhr). Dessen Schmuckstück ist ein mit Perlen und Edelsteinen besetztes Reliquienkästchen aus merowingischer Zeit. Raritäten sind zudem der mit kunstvollen Silberreliefs verzierte Mauritiusschrein (12. Jh.) und das mit Edelsteinen besetzte silberne Kopfreliquiar des hl. Candidus (12. Jh.).

Gut 25 km östlich von Martigny liegt im Val de Bagnes der Wintersportort **Verbier** (1500 m). *Snowboarder* schätzen die ›Vier-Täler-Region‹ ringsum wegen der steilen Buckelpisten, Halfpipes, Sprungschanzen und beflaggten Abfahrten. Von dem Chaletdorf am Fuß des Mont Fort (3330 m) aus kann man im Sommer auch sehr gut wandern. Der Aussichtsgipfel *Pierre Avoi* (2472 m) z. B. ist für den herrlichen Panoramablick auf den Mont Blanc bekannt.

RAYMOND WEIL
GEFINOR
BREITLING

Genf und Westschweiz – französisches Savoir-vivre und kosmopolitisches Flair

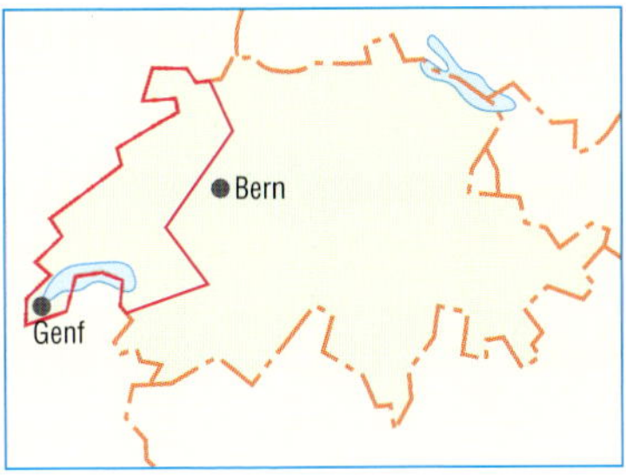

Das Herz der französischen Schweiz schlägt am **Genfer See**, dessen Südufer zu Frankreich, dessen sonnenverwöhnte Nordufer jedoch zur Eidgenossenschaft gehören. Der mit 581 km^2 größte Binnensee Mitteleuropas schmiegt sich im Süden halbmondförmig an den Fuß der schroff abfallenden *Savoyer Alpen* mit dem schnee-bedeckten **Mont Blanc** (4807 m) als zentralem Blickfang. Im kosmopolitischen **Genf** am äußersten Westufer des Sees wird große Politik gemacht, hier haben internationale Organisationen wie *Weltfriedensrat* oder *Vereinte Nationen* (UNO) ihren Sitz bzw. ihr europäisches Zentrum. Egal, wo es in der Welt gerade kriselt, in den Genfer Konferenzsälen spricht man am runden Tisch darüber.

Im Osten des Genfer Sees, an der *Waadtländischen Riviera* zwischen **Lausanne** und **Villeneuve**, fallen Rebhänge sanft zum Seeufer ab, an den Promenaden wetteifern Ginkos und Dattelpalmen mit farbenprächtigen Magnolien und Rhododendren. Zur französischen Grenze hin markiert der **Jura** den Übergang zur frankophonen Westschweiz. In dem lang gestreckten, wenig besuchten Mittelgebirge wechseln bewaldete Kuppen, offenes Weideland und Torfmoore miteinander ab – ein ideales Terrain für Wanderer und Biker.

41 Genf

Plan Seite 114

Seemetropole zwischen calvinistischer Ethik und weltoffener Diplomatie.

Genf (franz. *Genève*) ist anziehend, elegant – und reich. Kecke Zungen behaupten, dass in der ›Stadt der Banker und Diplomaten‹ mehr Millionäre als Arbeitslose leben. Dazu kommt die herrliche Lage der Stadt in 377 m Höhe am südwestlichen Ausläufer des Genfer Sees beidseits der Stelle, wo die Rhône den See verlässt. Von den gepflegten Uferpromenaden mit ihren großzügigen Grünflächen und romantischen Gärten genießt man eine fantastische Aussicht auf die Savoyer Alpen am gegenüberliegenden französischen Ufer.

◁ **Oben:** *Wasserspiel – die 140 m hohe Fontäne der Jet d'Eau gilt als Wahrzeichen Genfs am Lac Léman*

Unten: *Titanenwerk – mythologische Motive verschiedener Kulturen der Welt greift das Denkmal vor dem Palais de Nations in Genf auf*

Geschichte Keltische Stämme errichteten am Ufer des Sees Pfahlbauten und befestigten um 200 v. Chr. den heutigen Altstadthügel links der Rhône mit einem Wehr. 121 v. Chr. gründeten die militärisch überlegenen Römer an dieser Stelle einen Handelsposten namens **Genava**. Im Jahr 443 wurde dieser zur ersten Hauptstadt der Burgunder gekürt, 1033 fand sie Anschluss an das Heilige Römische Reich Deutscher Nation.

Weltbewegende Impulse gingen 1536 von Genf aus, als der Theologe *Jean Calvin* (1509–64) seine Heimatstadt zu einer Hochburg der **Reformation** ausrief. Die calvinistische Idee eines sittenstrengen Gottesstaates faszinierte halb Europa, doch die katholisch orientierten Staaten verfolgten deren Anhänger meist gnadenlos. Tausende von protestantischen Flüchtlingen fanden in der Rhônestadt Asyl, unter ihnen im 17. Jh. gut betuchte französische **Hugenotten**, die als Bankiers, Uhren- und Textilfabrikanten Genf zu einer prosperierenden Handelsmetropole und einem der bedeutendsten Finanzplätze Europas machten. Unter dem

Genf
Fußgängerzone
Denkmal
Leuchtturm
0 250 m
Musée international de la Croix-Rouge et du Croissant-Rouge 17
Palais des Nations 14
Musée Ariana 16
Jardin Botanique 15
Gare de Cornavin
Tour de l'Ile 2
Ile Rousseau 1
Grand Rue 3
Maison Tavel 4
Hôtel de Ville 5
Place du Bourg-de-Four 6
Cathédrale de St-Pierre 7
Monument de la Réformation 8
Musée d'Art et d'Histoire 9
Petit Palais 10
Jardin Anglais 11
Jet d'Eau 12
13
Genfer See
Rade de Genève
Landungsbrücken
La Perle du Lac
Parc Mon Repos
Rhône
Arve
Route de Pregny
Chemin de l'Impératrice
Route de Ferney
Avenue de la Paix
Avenue de France
Rue de Lausanne
Avenue Guiseppe Motta
Rue de Montbrillant
Rue du Vermont
Rue de Vidollet
Rue du Grand Pré
Rue Léonard Baulacre
Rue A. Carteret
Rue de la Servette
Rue du Môle
Rue de Monthoux
Rue des Alpes
Quai Wilson
Quai du Mont-Blanc
Rue du Mont-Blanc
Boulevard J. Fazy
Rue de Lyon
Rue Voltaire
Quai des Berques
Pont du Mont Blanc
Ponts de l'Ile
R. des Moulins
Pont de la Coulouvrenière
Pont de Sous Terre
Rue du Stand
Promenade du Lac
Quai Général Guisan
Place du Port
Rue du Rhône
Boulevard de Saint-George
Bv. Georges
Boulevard Carl Vogt
Rue des Maraîchers
Avenue du Mail
Av. H. Dunant
Rue d. Candolle
Bv. d. Philosopes
Boulevard Jaques Dalcroze
Boulevard Helvétique
Bv. des Tranchées
Favon

Kleinteilig wirkt Genfs Altstadt vom Kirchturm der Cathédrale de St-Pierre aus

Einfluss der Französischen Revolution übernahm 1792 eine **revolutionäre Regierung** nach französischem Muster die Geschicke der Stadt. Doch schon 1798 annektierte Napoleon Bonaparte (1769–1821) Genf und ernannte es zur Hauptstadt des *Departement Léman*. Nach Napoleons Sturz schloss sich Genf und sein Umland 1815 als 22. Kanton der Eidgenossenschaft an.

Mit 173 000 Einwohnern ist Genf nach Zürich die zweitgrößte Stadt der Schweiz, in der nicht weniger als 200 internationale Organisationen und diplomatische Vertretungen ihren Sitz haben. Als erster bedeutender Verband ließ sich das 1863 von dem Schweizer Philanthropen und späteren Friedensnobelpreisträger *Henri Dunant* (1828–1910) ins Leben gerufene **Internationale Rote Kreuz** in der Seemetropole nieder. Diesem Beispiel folgte u. a. 1919 der *Völkerbund*, der von der **UNO** abgelöst wurde, die seit 1946 ihr europäisches Zentrum in Genf hat. Auch als **Tagungsort** bietet sich Genf an, wenn es um international bedeutsame Themen geht. So fanden hier z. B. 1994 die erste *www-Konferenz* zum damals neuen Phänomen ›Internet‹ statt, 1998 die *Welt-Aids-Konferenz* und 2001 die *UNO-Weltkonferenz gegen Rassismus*.

Vielle Ville, die Altstadt

Ein Bummel durch das historische Genf beginnt am besten an der Rhône-Insel **Ile Rousseau** 1, in deren Nähe die *Pont des Bergues* die beiden Flussufer miteinander verbindet. Das Inselchen erinnert mit seinem Namen und einem Denkmal an den berühmten Genfer Philosophen *Jean-Jacques Rousseau* (1712–1778). Knappe 100 m flussabwärts folgen die beiden parallel verlaufenden Brücken *Ponts de l'Ile*. Zwischen ihnen erhebt sich auf einer weiteren Insel der mittelalterliche **Tour de l'Ile** 2, der einstmals Teil der Stadtbefestigung aus dem 13. Jh. war.

Südwärts, am linken Rhône-Ufer, verläuft die Fußgängerzone zunächst über die *Rue de la Cité* und dann über deren Verlängerung, die **Grand Rue** 3, den *Altstadthügel* hinauf. Sie ist gesäumt von herausgeputzten Patrizierhäusern aus dem 15.–18. Jh., in dem Gebäude mit der Nr. 40 erblickte Rousseau das Licht der Welt. In der *Rue du Puits-Saint-Pierre*, einer Seitengasse der Grand Rue, befindet sich mit dem **Maison Tavel** 4 (Di–So 10–17 Uhr) das älteste Wohnhaus der Stadt. Es ist urkundlich bereits 1303 erwähnt, die schmucke gotische Fassade geht auf das Jahr 1334 zurück. In den niedrigen Räumen ist heute das *Musée du Vieux Genève* untergebracht, unter dessen Exponaten zur Stadtgeschichte ein Reliefmodell von Genf aus dem Jahr 1850 auffällt. Im nahen **Hôtel de Ville** 5 wurde 1864 die erste *Genfer Konvention* zur Gründung des im Jahr zuvor angeregten Roten Kreuzes unterzeichnet. Der älteste Bauteil des Rathauses ist die 1455 errichtete Tour Baudet, die Renaissancefassade mit dem schmucken Eingangsportal erhielt das repräsentative Gebäude im 16. Jh.

Östlich davon befand sich an der **Place du Bourg-de Four** 6 einst das römische Forum. Im Mittelalter wurde auf dem damals wichtigsten Platz der Stadt Markt gehalten, heute laden Straßencafés zum Verweilen oder kleine Andenkenläden zum Stöbern ein.

Den höchsten Punkt des Altstadthügels nimmt die **Cathédrale de St-Pierre** 7 ein. Der 1150–1232 errichtete und später mehrfach erweiterte romanische Bau steht auf den Grundmauern eines römischen Marstempels und dreier Vorgängerkirchen, deren älteste auf das 4. Jh. zurückgeht. Ein 1895 auf die Vierung gesetzter metallener Spitzturm überragt die zwei quadratischen *Kirchtürme* aus dem 13. Jh. Der nördlichere von beiden kann auf 157 Stufen bestiegen werden (Juni–Sept. Mo–Sa 9–19, So 11.30–19, Okt.–Mai 13.30–17 Uhr) und bietet von oben einen schönen Rundblick über Stadt und See. Bei Grabungen entdeckte man unter dem Kathedralplatz spätrömische *Mosaikböden*, die heute als **Site archéologique** (Juni–Sept. Di–Sa 11–17, So 10–17, Okt.–Mai Di–Sa 14–17, So 10–12 und 14–17 Uhr) zugänglich sind. Der Eingang befindet sich rechts des 1756 im klassizistischen Stil veränderten Hauptportals von St. Pierre.

Der 64 m lange **Innenraum** der Kathedrale verströmt noch ganz den Geist calvinistischer Strenge, denn kaum ein Ausstattungsstück überlebte den Bildersturm der Reformation. Rund 300 Säulen mit fein skulpturierten *Kapitellen* gliedern das dreischiffige Gotteshaus. Im ersten Joch an der Südseite befindet sich die im gotischen Flamboyantstil gehaltene *Makkabäerkapelle* mit sehenswerten Maßwerkfenstern, die Kardinal Jean de Brogny 1405 gestiftet hatte.

Südlich der Altstadt steht im Park gegenüber dem klassizistischen Universitätsgebäude (1873) das viel besuchte **Monument de la Réformation** 8. Das Denkmal von 1917 besteht aus einer 100 m langen Mauer mit einem mittig angebrachten Relief der vier bekanntesten calvinistischen Reformatoren Guillaume Farel, Jean Calvin, Théodore de Bèze und John Knox.

Nicht weit davon befindet sich das **Musée d'Art et d'Histoire** 9 (Di–So 10–17 Uhr), das größte und bedeutendste der rund 20 Genfer Museen. Die kunst- und kulturhistorische Sammlung umfasst mehr als eine halbe Million Exponate, an-

Auf dem höchsten Punkt der Altstadt von Genf erhebt sich die romanische Cathédrale de St-Pierre; bei Spaziergängen kann man sich am Turm gut orientieren

Das Hotel Beau-Rivage ist eines der renommiertesten Genfer Luxushotels am Quai du Mont-Blanc

Rotes Kreuz und Roter Halbmond vertreten die Menschlichkeit weltweit – auch in ihrem Genfer Museum

gefangen von steinzeitlichen Funden, Keramik und antikem Schmuck bis hin zu zeitgenössischer Malerei. Das berühmteste Gemälde der Pinakothek ist der ›Wunderbare Fischzug‹ von Konrad Witz (1400–1454). Es entstand 1444 und zeigt, wie Jesus auf dem Wasser (des Genfer Sees!) wandelt. In der Nähe widmet sich die kleine Privatsammlung im **Petit Palais** ⑩ (Di–So 10–13 und 14–16.50 Uhr) ganz der Kunst des 19. und 20. Jh. Die sorgfältig arrangierte Ausstellung macht u. a. mit Werken des französischen Impressionismus bekannt, etwa von Renoir, Cézanne oder Monet.

Attraktionen am See

Der reizvolle Spaziergang entlang der südlichen Seepromenade, der *Promenade du Lac*, beginnt am **Jardin Anglais** ⑪, dem Englischen Garten von Genf. Viel bestaunt ist die alljährlich neu arrangierte *Blumenuhr*, die es auf einen Durchmesser von 4 m bringt. Auch der **Jet d'Eau** ⑫, das Wahrzeichen von Genf, ist nicht zu übersehen. 140 m schießt die gewaltige *Fontäne* im See dank einer Pumpenleistung von 1360 PS und mit einer Geschwindigkeit von 200 km/h aus dem Wasser empor.

Vom **Quai du Mont-Blanc** ⑬ am nördlichen Seeufer genießt man an schönen Tagen eine fulminante Aussicht auf das Mont-Blanc-Massiv. In den feinen Hotels am Quai logierte im 19. Jh. der europäische Hochadel. Vor dem berühmten *Beau-Rivage* erinnert eine Gedenktafel an die österreichische Kaiserin Elisabeth (* 1837), genannt Sisi, die am 10. September 1898 vor dem Hoteleingang von dem italienischen Anarchisten Luigi Luccheni niedergestochen wurde.

Internationale Angelegenheiten

Über den Quai Wilson erreicht man vom Seeufer aus das weitläufige **UNO-Viertel** mit dem **Palais des Nations** ⑭ (tgl. 10–12 und 14–16 Uhr, Nov.–März nur Mo–Fr) im Nordwesten der Innenstadt. Der einstige Völkerbundpalast wurde 1929–37 im neoklassizistischen Stil erbaut und gehört mit einer Grundfläche von 25 000 m² bis heute zu den größten Gebäuden der Welt. Die dem See zugewandte Fassade ist fast 400 m lang, in dem Monumentalbau arbeiten in 1100 Büros rund 3000 Beamte. Im Rahmen einer einstündigen Führung können die riesigen Konferenzsäle und die Rockefeller-Bibliothek besichtigt werden. Erholung bietet anschließend der nahe gelegene **Jardin Botanique** ⑮ (April–Okt. tgl. 8–19.30 Uhr, sonst 9–17 Uhr) jenseits der Eisenbahngleise. Zu dem Botanischen Garten gehören neben exotischen Pflanzen und einem Kräutergarten auch ein kleiner Zoo.

Gegenüber dem Südflügel des Palais des Nations ist in einem hübschen Neorenaissance-Gebäude das **Musée Ariana** ⑯ (Mi–Mo 10–17 Uhr) untergebracht. Es verfügt über eine der europaweit besten Sammlungen von Keramik, Porzellan, Steingut und Glas. Etwas weiter stadtauswärts dokumentiert das **Musée international de la Croix-Rouge et du Crois-**

sant-Rouge ⑰ (Mi–Mo 10–17 Uhr) die Geschichte des Roten Kreuzes und des Roten Halbmondes. Bereits der einem Schützengraben nachempfundene Eingang des postmodernen Glaskomplexes weist auf die ernste Thematik hin. Im gleichen Gebäude hat auch das *Internationale Komitee vom Roten Kreuz* seinen Sitz.

Praktische Hinweise

Tel.-Vorwahl Genf: 0 22

Information: Genève Tourisme, Rue du Mont-Blanc 18, Tel. 9 09 70 00, Fax 9 09 70 11, Internet: www.geneve-tourisme.ch

Flugzeug

Aéroport Cointrin, 5 km nordwestlich von Genf, Tel. 7 17 71 11, Fax 7 98 43 77, Internet: www.gva.ch. Bus Nr. 10 und eine schnellere Bahnverbindung führen zum Hauptbahnhof.

Schiff

Compagnie Générale de Navigation (CGN), Kai am Jardin Anglais, Tel. 3 12 52 23, Internet: www.cgn.ch. Linien- und Ausflugschiffe nach Lausanne und Montreux (Mai–Sept.).

Hotels

*****Strasbourg-Univers**, Rue Pradier 10, Tel. 9 06 58 00, Fax 7 38 42 08, www.strasbourg-geneva.ch. Gutes Mittelklassehaus der Best Western-Gruppe mit bekannt solide eingerichteten Zimmern im Zentrum. Parkmöglichkeit in der Tiefgarage unterm Bahnhof.

***Luserna**, Avenue Luserna 12, Tel. 9 49 56 56, Fax 9 49 56 36. Kleine sympathische und preisgünstige Herberge mit schönem Garten nahe der UNO.

Restaurants

La Patara, Quai du Mont-Blanc 13 (im Hotel Beau-Rivage), Tel. 7 31 55 66. Das ausgezeichnete Hotelrestaurant offeriert exquisite thailändische Küche.

La Favola, Rue Jean-Calvin 15, Tel. 3 49 15 68. Gepflegte italienische Küche, direkt an der Kathedrale (So geschl.).

Café Rive, Rue de la Terrassière 5, Tel. 7 36 76 63. Schmackhafte und erschwingliche Bistro-Küche (Sa/So geschl.).

42 Lausanne

Kantonshauptstadt der Waadt mit Pariser Lebensart.

Die Erkundung der liebenswerten Universitätsstadt Lausanne verlangt etwas Kondition, denn der Ortskern verteilt sich auf **drei Hügel**, die teils durch steile Treppenwege, teils durch Brücken miteinander verbunden sind. Die für Autos größtenteils gesperrte Altstadt hoch über dem Genfer See entpuppt sich als ein Labyrinth aus verwinkelten Gassen. Im See spiegelt sich die Silhouette der Savoyer Alpen, vom gegenüberliegenden französischen Ufer leuchten nachts die Lichterketten. ›Genfer See‹ sagen übrigens nur die Genfer, in Lausanne und anderswo im Kanton Waadt heißt er **Lac Léman**.

Geschichte Das römische **Lousanna** war um die Zeitenwende ein bedeutender Handelshafen, der selbst einen verheerenden Angriff der Alemannen im Jahr 379 überstand. 590 verlegte man den Bischofssitz von Avences nach Lausanne, das allmählich zu einem wichtigen **Marktstädtchen** der Waadt heranwuchs. 1536 annektierten die Berner Lausanne und führten den protestantischen Glauben ein. Erst 1798 löste sich Lausanne vom Berner Joch, erklärte sich zur *République Lémanique* und trat als **Kantonshauptstadt** der Waadt 1803 dem Schweizer Bund bei.

Im 19. Jh. schüttete man die mittelalterlichen Stadtgräben zu und trug die Befestigungen ab. So konnte Lausanne ungehindert mit dem unterhalb am Lac Léman liegenden Hafen Ouchy zusammenwachsen, den seit 1877 eine Metro mit der Oberstadt verbindet.

Im Schatten von Genf stieg Lausanne im 20. Jh. zur wichtigsten Dienstleistungsmetropole der Westschweiz auf. Außerdem nahmen hier das Internationale Olympische Komitee (IOC) und das Eidgenössischen Bundesgericht ihren Sitz, eine geschäftige Universität und der Bau moderner Messehallen taten ein Übriges, sodass Lausanne mit 114 000 Einwohnern heute die fünftgrößte Stadt der Schweiz ist.

Besichtigung Lausanne erschließt sich am einfachsten vom Hafen **Ouchy** ❶ aus. Wer mit dem Schiff oder Wagen anreist, landet automatisch hier an der *Place de la Navigation*. Um den großen Platz reihten sich bereits im 19. Jh. die Hotels, das im neogotischen Stil erbaute *Hôtel du Château* von 1893 zählt bis heute zu den feinsten Adressen am Genfer See. Auf dem Quai d'Ouchy erreicht man das **Musée Olympique** ❷ (Mai–Sept. tgl. 9–19 Uhr, Okt.–April Di–So 10–18 Uhr), vor dessen säulengeschmückter weißer Marmorfassade in einer Granitschale beständig das Olympische Feuer brennt. Besucher können sich über die Geschichte der Olympischen Spiele von der Antike bis zur Gegenwart informieren und z. B. zwei selbst ausgewählte Videofilme mit sportlichen Höhepunkten ansehen.

Vom Hafen benötigt die *Metro* lediglich sechs Minuten hinauf in die Altstadt, die **Cité**. Gäste wie Einheimische treffen sich hier auf der verkehrsreichen **Place St-François** ❸, die u. a. von repräsentativen Bankgebäuden umgeben ist. In der Platzmitte steht die Kirche *St-François* aus dem 14. Jh., ihr Turm stammt aus dem frühen 16. Jh. Nach Norden zu beginnt mit der lebhaften Einkaufsmeile **Rue de Bourg** ❹ die Fußgängerzone der Stadt. Hier liegt an der Place de la Palud das **Hôtel de Ville** ❺. Das 1675 erbaute zweistöckige Renaissance-Rathaus verziert ein hübscher Uhrenturm, über dessen Ziffernblatt eine allegorische Darstellung der Justitia zu sehen ist. Jeden Mittwoch und Samstag findet vormittags vor dem Verwaltungsbau ein lebhafter Blumen- und Gemüsemarkt statt.

Der gedrungen wirkende Turm der Cathédrale Notre-Dame beherrscht die Altstadt von Lausanne

Neben dem Rathaus führt die überdachte *Escaliers du Marché* steil zur frühgotischen **Cathédrale Notre-Dame** ❻ hinauf, die Papst Gregor X. 1275 im Beisein König Rudolfs von Habsburg weihte. Der prachtvolle dreischiffige Kirchenbau mit seinen fünf Türmen ist das Wahrzeichen von Lausanne und lässt stilistische Parallelen zu den großen nordfranzösischen Kathedralen erkennen. Herausragend ist die plastische Ausschmückung der *Apostelpforte* an der Südseite, an der eine polychrome Skulpturengruppe u. a. Propheten, Apostel und die Himmelfahrt

Maßwerkbögen und reicher Skulpturenschmuck zieren das mächtige Portal der Kathedrale Notre-Dame

Mariä darstellt. Das *Rosenfenster* im südlichen Querschiff entstand um 1240 und bildet in seinen Glasmalereien die Schöpfungsgeschichte ab. Wer spät abends unterwegs ist, kann einer noch heute gepflegten Tradition beiwohnen, wenn zwischen 22 und 2 Uhr der Stadtwärter vom 75 m hohen Mittelturm der Kathedrale zu jeder vollen Stunde die Zeit ausruft.

Ein anderer Zugang zum Leben und zur Kunst ist Angelpunkt der Collection de l'Art brut

Nur wenige Schritte westlich, an der *Place de la Riponne*, steht das **Palais de Rumine** 7 (Di/Mi 11–18 Uhr, Do 11–20 Uhr, Fr–So 11–17 Uhr), in dem gleich drei kantonale Sammlungen untergebracht sind. Die wichtigste ist das *Musée cantonal des Beaux-Arts,* in dem Werke Schweizer Künstler des 18.–20. Jh. präsentiert werden, darunter Giovanni Giacometti und der Waadtländer Félix Vallotton. Das *Musée cantonal d'Histoire* verfügt über interessante geologische, mineralogische und zoologische Abteilungen, im *Musée cantonal d'Archéologie* sind auf dem Gebiet des heutigen Kantons entdeckte Ausgrabungsfunde zu sehen, u. a. eine Goldbüste des römischen Kaisers Marc Aurel.

Ein außergewöhnliches Kunsterlebnis garantiert die **Collection de l'Art brut** 8 (Di–So 11–13 Uhr und 14–18 Uhr) im Nordwesten von Lausanne. Die faszinierende und zugleich erschütternde Sammlung macht mit den künstlerischen Werken von Außenseitern bekannt, von Spiritisten, psychisch Kranken oder Sträflingen, die unbehelligt von Kunststilen, ästhetischen Normen und gesellschaftlichen Tabus ihrer Kreativität und ihren Empfindungen freien Lauf ließen.

Ausflug

In der Weinregion *La Côte* zwischen Lausanne und Genf ist **Nyon** (398 m) der bedeutendste Ort am See. Auf einem Hügel der Uferparkanlagen erinnern noch drei korinthische *Säulen* an die römische Epoche des Städtchens. Am Hang über Nyon hatten die Grafen von Savoyen im 12. Jh. über römischen Ruinen ein Schloss errichten lassen, das später wiederholt umgebaut wurde und heute von vier runden Ecktürmen und einem großen quadratischen Donjon beherrscht wird. In diesem *Château* zeigt das **Musée Historique et des Porcelaines** (April–Okt. Di–Sa 10–12 und 14–17, So 10–17, sonst nur 14–16 Uhr) eine interessante Sammlung von historischen Stücken aus der Nyoner Porzellanmanufaktur.

Praktische Hinweise

Tel.-Vorwahl Lausanne: 0 21

Information: Lausanne Tourisme, Av. Rhodanie 2, Tel. 6 13 73 73, Fax 6 16 86 47, Internet: www.lausanne-tourisme.ch

Juwel der waadtländischen Riviera ist der Kurort Montreux, der wegen seines milden Klimas und seiner hübschen Lage am Nordufer des Lac Léman viel besucht wird

Schiff

CGN, Place de la Navigation, Lausanne, Tel. 6 14 62 00. Vom Hafen Ouchy verkehren Linienschiffe zu allen größeren Häfen am Genfer See, auch nach Evian auf der französischen Seite.

Hotels

****Le Château d'Ouchy**, Place du Port 2, Lausanne, Tel. 6 16 74 51, Fax 6 17 51 37. Das Burgschloss aus dem 12. Jh. in herrlicher Lage am Seeufer wurde zu einem stilvollen Luxushotel umgestaltet.

***Du Marché**, Pré du Marché 42, Lausanne, Tel. 6 47 99 00, Fax 6 46 47 23, Internet: www.hotel-du-marche.com. Zentral und doch ruhig gelegen in der Oberstadt. Die Preise für die kleinen aber gemütlichen Zimmer sind annehmbar.

Restaurants

Le Saint-François, Place St-François 5, Lausanne, Tel. 3 21 13 60. Brasserie mit guter Fischkarte (So geschl.).

La Grappe d'Or, Chenneau-de-Bourg 3, Lausanne, Tel 3 23 07 60. Altstadtlokal mit asiatisch inspirierter Küche.

42 Montreux

Bildschönes Jazzer-Mekka an der Waadtländer Riviera.

Der Logenplatz am Nordufer des Genfer Sees machte den ehem. **Winzer- und Fischerort** im 19. Jh. zu einem der ersten Ferienorte Europas. In den mondänen Fin-de-siècle-Hotels fand sich die vornehme Gesellschaft damals zur herbstlichen Traubenkur ein. Die einstige Pracht zeigt sich noch im 1904 eröffneten Luxushotel *Montreux Palace*, das bis heute eines der führenden Häuser am Lac Léman geblieben ist.

Montreux zieht sich mehrere Kilometer am Ufer entlang und ist mittlerweile auf 20 000 Einwohner angewachsen. Alljährlich im Juli/August trifft sich hier seit 1967 die internationale Jazzszene ebenso wie Musikerinnen und Musiker anderer Sparten zum **Montreux Jazzfestival**. In Montreux gab Nina Simone eines ihrer ersten Konzerte, verdienten sich Macy Gray und Angie Stone internationale Sporen, feierten Huey Lewis & The News ihr 20-jähriges Jubiläum, verzauberte der Pianist Brad Mehldau seine Zuhörer. Eintrittskarten (erhältlich ab April, Tel. 0 21/9 63 82 82,

Das Montreux Jazzfestival ruft – und die Besten der Besten kommen, z. B. Charles Lloyd zur Eröffnungssession 1999

Ticket Corner, Tel. 8 48 80 08 00, Internet: www.montreuxjazz.com) für das in aller Welt renommierte Festival sind knapp und teuer, die Hotels auf Wochen im Voraus ausgebucht.

Darüber hinaus kann Montreux im Ortsteil Veytaux mit einem der meistbesuchten Schlösser der Schweiz aufwarten, dem **Château de Chillon** (tgl. Jan./Feb. 10–16, April–Sept. 9–18, sonst 9.30–17 Uhr), das die Grafen von Savoyen im 11./12. Jh. auf einer kleinen Felsinsel nahe dem Seeufer erbauten. Die meisten Touristen zieht es zu den dunklen Verließen und Folterkammern, die durch den englischen Dichter Lord Byron (1788–1824) berühmt wurden. Der verewigte 1816 die Burg in seiner Ballade ›Der Gefangene von Chillon‹, die vom Schicksal des Genfer Priors François Bonivard inspiriert war. Dieser lag wegen seiner reformerischen Ideen sechs Jahre in Chillon in Ketten und wurde erst 1536 während der Berner Eroberung der Waadt befreit. Die Wohn- und Wirtschaftsräume des Schlosses gruppieren sich um einen mächtigen Bergfried, der von wuchtigen Mauern und halbrunden Flankentürmen umschlossen wird. Außer den düsteren Kerkern in den Kellergewölben ist vor allem der *Große Grafensaal* mit einer spätgotischen Kassettendecke sehenswert.

Ausflüge

Für Kinder ist das *Musée Suisse du Jeu* (Di–So 14–18 Uhr) im westlichen Nachbarort **La Tour-de-Peilz** überaus spannend, zeigt es doch vom einfachen Brettspiel bis zu den neuesten Computerspielen eine umfassende Spielesammlung. An der Seepromenade im benachbarten **Vevey** erinnert ein bronzenes *Standbild*

Einst schmachteten politische Gefangene in den Kerkern von Château de Chillon, heute schlendern Touristen durch die malerische Wasserburg im Süden von Montreux

Zeitreise – ein wunderbar erhaltener mittelalterlicher Stadtkern zeichnet Fribourg an der Sarine aus

mit Spazierstock und Melone an den US-amerikanischen Filmemacher und Komiker *Charlie Chaplin* (1889–1977), der in dem Winzerstädtchen an der Waadtländer Riviera seinen Lebensabend verbrachte und auch auf dem örtlichen Friedhof begraben liegt.

Praktische Hinweise

Tel.-Vorwahl Montreux: 0 21

Information: Montreux-Vevey Tourisme, Rue du Théâtre 5, Tel. 9 62 84 36, Fax 9 63 81 13, Internet: www.montreux.ch

Hotels

******Eden au Lac**, Rue du Théâtre 11, Montreux, Tel. 9 66 08 00, Fax 9 66 09 00, Internet: www.edenmontreux.ch. Nostalgischer Belle-Epoque-Palast mit sehr schönem Park.

****Hostellerie du Lac**, Rue du Quai 12, Montreux, Tel. 9 63 32 71, Fax 9 63 18 35, Internet: www.montreux.ch/hostellerie-du-lac/. Familiär geführte kleine Pension an der Seepromenade.

Restaurant

TOP TIPP **Ermitage,** Rue du Lac 75, Montreux, Tel. 9 64 44 11. Auf der herrlichen Sommerterrasse direkt am See mit Alpenblick wird vorzügliche Nouvelle Cuisine serviert. Sehr zu empfehlen sind die Fischgerichte. Die marktfrischen Kreationen haben allerdings ihren Preis (So/Mo und im Winter geschlossen).

44 Fribourg

Gotische Altstadt am ›Röstigraben‹.

Mitten durch Fribourg zieht sich die deutsch-französische **Sprachgrenze**, scherzhaft auch ›Röstigraben‹ genannt. Das im Umland übliche ›Grüezi‹ wird durch ein ›Bonjour‹ ersetzt, man trifft sich nicht in der ›Beiz‹, sondern im ›Bistro‹, in dem anstelle von ›Rösti‹ belegte ›Baguettes‹ serviert werden. Kurz: Fribourg ist ein Stück französische Schweiz mit deutschsprachigen Einsprengseln.

Geschichte 1157 legte der Zähringer **Berchtold IV.** in einer Flussschleife auf dem linken Hochufer der Sarine (dt. *Saane*) den Grundstein für die Stadt. Tuchwebereien und Gerbereien verhalfen ihr schon bald zu wirtschaftlicher Blüte. Als erste französischsprachige Stadt schloss Fribourg sich 1481 der **Eidgenossenschaft** an. Als Bundesgenossin von Bern beteiligte sie sich 1536 an der Besetzung der Waadt und annektierte 1554 ihrerseits die Grafschaft *Gruyère*. Anders als die Berner hielten die Fribourger jedoch am katholischen Glauben fest und ihre Stadt entwickelte sich zu einer Hochburg der **Gegenreformation**. 1613 wurde der Bischofssitz aus dem reformierten Lausanne nach Fribourg verlegt, 1889 hier die Katholische Universität gegründet. Mit 32 000 Einwohnern ist die **Hauptstadt** des gleichnamigen Kantons heute kulturelle und wirtschaftliche Metropole des Freiburgerlandes.

Besichtigung Der denkmalgeschützte Altstadtkern mit mehr als 200 gotischen Gebäuden gehört zu den schönsten mittelalterlichen **Stadtbildern** der Schweiz. Er reicht im Nordosten bis zum erhöhten Ufer der Sarine, das von zahlreichen Kirchen gesäumt wird. Unter ihnen nimmt die ebenfalls gotische **Catédrale St-Nicolas** eine Sonderstellung ein. Auf den Fundamenten einer romanischen Vorgängerkirche wurde der Bau im Jahr 1283 begonnen, doch vollendet war das dreischiffige Gotteshaus erst gut 200 Jahre später. Im Glockenstuhl des 74 m hohen, oben flach abschließenden Viereckturmes hängt als älteste der elf Glocken die 1367 gegossene *Barbaraglocke*. An der **Kirchenfassade** ist der reiche Skulpturenschmuck am *Hauptportal* aus dem 14. Jh. sehenswert, das Bogenfeld zeigt eine Reliefdarstellung des Jüngsten Gerichts. Im **Inneren** kontrastieren die in leuchtenden Farben gehaltenen *Glasfenster* des polnischen Jugendstilmalers Joseph Mehoffer mit barocken *Altären* und gotischem *Chorgestühl*.

Vom ursprünglichen Bau der nahe gelegenen **Basilique de Notre-Dame** aus dem 12. Jh. blieb lediglich der romanisch-gotische Glockenturm erhalten. Das heutige Gesicht der Basilika bestimmt die klassizistische Fassade aus dem 18. Jh. Den Platz zwischen den beiden Kirchen ziert ein 1547 von Hans Gieng geschaffener **Figurenbrunnen**. Ihm gegenüber eröffnete im Jahr 2000 das **Musée Gutenberg** (Mi–So 11–18, Do 11–20 Uhr). Die in der 700 Jahre alten ehem. Kornhalle untergebrachte Sammlung dokumentiert die Geschichte des Druckhandwerks. Sehenswert ist auch das **Espace Jean Tinguely & Niki de Saint Phalle** (Mi–So 11–18, Do 11–20 Uhr) in der Rue de Morat etwas weiter nordwestlich. Die ausgefallenen Mobiles und Skulpturen des Künstlerpaares sind in einem umgebauten früheren Trambahndepot zu bewundern. Der gebürtige Fribourger Jean Tinguely (1925–1991) schuf 1984 auch aus Alteisen die Brunnenfigur des *Fontaine Jo Siffert* im Park am Bahnhof. Sie erinnert an den Fribourger Formel-I-Piloten Jo Siffert, der 1971 tödlich verunglückte.

Seit 1580 führt die pittoreske **Pont de Berne**, eine gedeckte Holzbrücke, von der Altstadt über die Sarine an das rechte Flussufer. Hier sind noch Teile der alten **Stadtbefestigung** aus dem 13./14. Jh. erhalten, darunter die Türme *Tour de Berne* (Berntor), *Tour des Chats* (Katzenturm) und die um 1250 errichtete *Tour Rouge* (Roter Turm).

Ausflüge

Eines der meistbesuchten Ausflugsziele im Freiburgerland ist das mittelalterliche Bilderbuchdorf **Gruyères** (830 m, 1400 Einw.). Der einstige Sitz der Grafen von Greyerzer liegt 25 km südlich von Fribourg auf einem Hügel über der Sarine und zeichnet sich durch seine umlaufende, mit Türmen befestigte *Ringmauer* aus. Besucher lassen ihre Autos auf den großen Parkplätzen am Ortsrand zurück und schlendern zu Fuß durch das Dorf. Entlang der autofreien Dorfstraße reihen sich denkmalgeschützte Häuser, die meisten aus 15. und 16. Jh. Es gibt auch

In den kopfsteingepflasterten Gassen von Gruyères scheint die Zeit seit dem 15. Jh. stehen geblieben zu sein

ein gräfliches *Schloss*, in dem ein kleines historisches Museum (Di–Sa 10–12 und 14–17, So 14–17 Uhr) untergebracht ist.

Gruyère, ähnlich wie das Dorf, heißt auch die grüne sanfthügelige Landschaft ringsum und der hier produzierte würzige Hartkäse aus Kuhmilch. Über seine Herstellung kann man sich in der großen *Schaukäserei* (tgl. 9–19, Okt.–Mai 9–18 Uhr) von **Pringy** gegenüber dem Bahnhof informieren.

Praktische Hinweise

Tel.-Vorwahl Fribourg: 0 26

Information: Office du Tourisme, Av. de la Gare 1, Tel. 3 21 31 75, Fax 3 22 35 27, Internet: www.fribourgtourism.ch

Restaurant

Auberge de Zaehringen, Rue de Zaehringen 13, Fribourg, Tel. 3 22 42 36. Die Nummer Eins in Fribourg mit kreativer Feinschmeckerküche (So abends und Mo geschl.).

45 La Chaux-de-Fonds

Uhrenstadt im Schweizer Jura.

Mit 38 000 Einwohnern ist La Chaux-de-Fonds (1000 m) die größte Stadt im Jura. Dabei war der in einem Hochtal gelegene Ort im 18. Jh. noch ein unbedeutendes **Bauerndorf**. Sein rasches Wachstum verdankt der Ort der seit Beginn des 18. Jh. im Jura stark expandierenden **Uhrenindustrie**. Heimelige Gassen oder eine Flaniermeile sucht man in der nach einem Brand 1794 im Schachbrettmuster neu angelegten Stadt vergebens. Die meisten Besucher zieht es ins Uhrenmuseum **Musée international de l'Horlogerie** (Di–So 10–12 und 14–17 Uhr) in der Rue du Progrès. Hier ist alles zusammengetragen, was mit der Geschichte der Zeitmessung zu tun hat, angefangen von frühen Sonnenuhren und mittelalterlichen Turmuhren bis hin zu ultramodernen High-Tech-Chronometern für Astronauten. Erstaunlich, wie bei dem didaktisch hervorragend aufbereiteten Rundgang durch die unterirdisch gelegenen Säle die Zeit vergeht!

Zwei bekannte Persönlichkeiten haben in La Chaux-de-Fonds das Licht der Welt erblickt. An den Autokonstrukteur **Louis Chevrolet** (1878–1941) erinnert im Ort freilich nichts mehr, er machte sein Glück in Amerika. Charles-Edouard Jeanneret jedoch, besser bekannt als **Le Corbusier** (1887–1965), hat zumindest einige architektonische Frühwerke hinterlassen. Das Bekannteste ist die orientalisch inspirierte *Villa Turque* in der Rue du Doubs 167, die auf Anfrage (Tel. 0 32/9 12 31 31) zu besichtigen ist. Das *Verkehrsbüro* (Tel. 0 32/9 19 68 95) hat einen Lehrpfad eingerichtet, der zu zehn Gebäuden des berühmten Architekten führt.

Mit dem Ausflugsboot kann man den Bieler See und seine lieblich grünen Ufer auf angenehme Weise erkunden

46 Biel

Im Seeland am Fuß des Jura.

Das 58 000 Einwohner zählende Biel (fr. *Biene*) an der Nordostspitze des gleichnamigen Sees ist das Zentrum der Schweizer **Uhrenindustrie**, große Namen wie *Rolex*, *Omega* und *Swatch* haben hier ihren Firmensitz.

Die Basler Fürstbischöfe gründeten die Stadt um das Jahr 1220 und bestimmten bis Ende des 18. Jh. ihre Geschicke. 1798 kam Biel zu Frankreich und wurde beim Wiener Kongress 1815 dem Kanton Bern zugeschlagen. Den Kern der mittelalterlich geprägten Altstadt bildet der malerische lang gestreckte **Marktplatz**. Ihn säumen ansehnliche Gebäude wie das im spätgotischen Flamboyantstil erbaute *Rathaus* (1530–34) und das *Zunfthaus zu Waldleuten* (1559–61) mit seinem Trep-

Wald und Weinberge umgeben den Bieler See, im Osten kann man am Horizont noch die Alpen erahnen

pengiebel und einem von einer Zwiebelhaube gekrönten Eckerker. Figurenbrunnen lockern das gesamte Stadtbild auf. In der Obergasse etwa steht der originelle im 16. Jh. von Michael Wumard geschaffene *Teufelsbrunnen*, der einen Engel mit einem lüsternen Teufel auf dem Rücken darstellt.

Praktische Hinweise

Tel.-Vorwahl Biel: 0 32

Information: Tourismus Biel Seeland, Bahnhofplatz 12, Tel. 3 22 75 75, Fax 3 23 77 57, Internet: www.biel-seeland.net

Schiff

Bielersee-Schifffahrt-Gesellschaft (BSG), Badhausstr. 1, Tel. 3 29 88 11, Internet: www.bielersee.ch. Linien-

Auf Messers Schneide

1886 beschloss die Schweizer Armee ihre Soldaten mit einem **Taschenmesser** *auszurüsten, das neben einer Klinge auch über einen Schraubenzieher zum Auseinandernehmen des Gewehres verfügen sollte. Zunächst wurde der Bedarf mit deutschen Klingen aus Solingen gedeckt, doch schon wenige Jahre später konnte man auf Messer made in Switzerland zurückgreifen. Die internationale Karriere des ›Schweizer Messers‹ begann nach Ende des Zweiten Weltkrieges, als amerikanische GIs ihre Vorliebe für das* **Swiss Army Knife** *entdeckten.*

Nur zwei Firmen, **Victorinox** *in Ibach im Kanton Schwyz und* **Wenger** *in Delémont im Jura, dürfen heute das Schweizer Kreuz auf der roten Messerschale verwenden. Die beiden Messerschmieden produzieren täglich mehr als 50 000 der begehrten Objekte, rund 90 % davon gehen ins Ausland. Insgesamt sind mehr als 300 Modelle im Angebot, angefangen vom vergleichsweise einfachem Prototyp bis zum Messer mit Lupe, Kugelschreiber, Zigarrenschneider, Steigeisenschlüssel, Teleskopstab und Zusatzfunktionen wie Kompass und Höhenmesser. Das größte heißt* **Swiss Champ** *und verfügt über 33 Funktionen.*

Doch je dicker und variationsreicher, desto unpraktischer sind die Messer. Der Schweizer **Milizsoldat** *hat daher nur das klassische Modell in der Tasche, mit Klinge, Ahle, Dosenöffner und Schraubenzieher. Das Messer für den* **Offizier** *hat zusätzlich noch einen Korkenzieher.*

schiffverkehr in der Region, auch auf der Aare sowie bis zum Lac Neuchâtel und Murten See (Mitte Mai–Mitte Okt.).

Hotel

Villa Lindenegg, Rue du Lindenegg 5, Tel. 3 22 94 66, Fax 3 22 95 66, Internet: www.lindenegg.ch. In der verträumten kleinen Villa in einem Park am Altstadtrand stehen acht helle, unterschiedlich große Gästezimmer zur Verfügung. Im Erdgeschoss befindet sich ein beliebtes Bistro.

47 Solothurn

Barocke Ambassadorenstadt an den südöstlichen Ausläufern des Jura.

Solothurn an der Aare ist eine Gründung der Zähringer aus dem 12. Jh., errichtet auf den Ruinen des niedergegangenen römischen *Salodurum*. Die sehr gut erhaltene **Altstadt** kann sich mit den schönsten mittelalterlichen Stadtbildern der Schweiz messen. Nach dem Anschluss an die Eidgenossenschaft 1481 erhielt die **Kapitale** des gleichnamigen Kantons wesentliche städtebauliche Impulse durch die französischen Gesandten, die 1530–1792 ihre Botschaft in Solothurn hatten und etliche Palais und barocke Stadthäuser errichten ließen.

Der kompakte Altstadtkern erschließt sich am besten auf einem Spaziergang durch die vom *Baseltor* zum *Bieltor* laufende **Hauptgasse**. Gleich neben dem von zwei Rundtürmen flankierten Baseltor aus dem 16. Jh. steht die **St.-Ursen-Kathedrale.** Man betritt den 1762–73 nach Plänen des Tessiner Baumeisters Gaetano Matteo Pisoni gestalteten frühklassizistischen Bau über eine monumentale Freitreppe. Das *Innere* ist reich mit Stuckaturen ausgeschmückt und lässt den bestimmenden italienischen Einfluss erkennen. Der Domschatz (Besichtigung auf Anfrage, Tel. 0 32/6 22 87 71) ist im 60 m hohen Kirchturm ausgestellt und präsentiert u. a. das *Hombacher Sakramentar*, eine um das Jahr 983 entstandene Handschrift.

Am nahen Marktplatz steht der **Zeitglockenturm** aus dem 12. Jh. Das älteste erhaltene Baudenkmal der Stadt gefällt durch ein neben dem astronomischen Zifferblatt angebrachtes Figurenspiel aus dem 16. Jh., das den König zwischen Krieg und Tod zeigt. Vom Marktplatz sind es nur ein paar Schritte zum **Rathaus**. Seine ansonsten manieristische Fassade wird von dem viereckigen Mittelturm (1476) mit prächtigem Renaissanceportal bestimmt, den zwei mit Zwiebelkuppeln abgeschlossene Tortürme einfassen. Im schräg gegenüber liegenden **Alten Zeughaus** (Di–So 10–12 und 14–17 Uhr, Nov.–April nur nachmittags) aus dem 17. Jh. präsentiert das *Militärmuseum* eines der umfassendsten historischen Waffenarsenale Europas. Beeindruckend sind vor allem die 400 nebeneinander aufgereihten Rüstungen Schweizer Söldner.

Über dem Marktplatz von Solothurn erhebt sich der Zeitglockenturm aus dem 12. Jh.

Praktische Hinweise

Tel.-Vorwahl Solothurn: 0 32

Information: Solothurn Tourismus, Hauptgasse 69, Tel. 6 26 46 46, Fax 6 26 46 47, Internet: www.solothurn-city.ch

Hotel

Baseltor, Hauptgasse 79, Tel. 6 22 34 22, Fax 6 22 18 79, Internet: www.baseltor.ch. Kleines umweltfreundlich geführtes Haus mit neun Zimmern und bekannt gutem Restaurant.

Schweiz aktuell A bis Z

Vor Reiseantritt

ADAC Info-Service:
Tel. 0 18 05/10 11 12, Fax 30 29 28 (0,123 €/Min.)

ADAC im Internet:
www.adac.de

ADAC-Schneeservice:
Tel. 0 18 05/23 22 21 (0,123 €/Min.), Faxabruf 01 90/67 07 00-40 80 (0,414 €/Min.)

Schweiz im Internet:
www.myswitzerland.com

Über das Ferienland Schweiz informiert **Schweiz Tourismus**:

Deutschland
Kaiserstr. 23, 60311 Frankfurt a. M., E-Mail: info.de@switzerland.com

Österreich
Kärntner Str. 20, 1015 Wien, E-Mail: info.at@switzerland.com

Prospektmaterial ist erhältlich über **Call Center Europa**, Tel. 0 08 00/ 10 02 00 30, Fax 10 02 00 31 (gebührenfrei, Mo–Sa 8.30–19 Uhr)

Allgemeine Informationen

Reisedokumente

EU-Bürger benötigen zur Einreise Reisepass oder Personalausweis, Kinder unter 16 Jahren einen Kinderausweis oder Eintrag im Pass eines Elternteils.

Kfz-Papiere

Benötigt werden Führerschein und Fahrzeugschein, empfohlen ist die Internationale Grüne Versicherungskarte.

Krankenversicherung und Impfungen

Der Auslandskrankenschein deckt die Kosten bei stationärer Behandlung ab. Auslagen für eine ambulante Behandlung erstattet die Kasse gegen Vorlage der Arztrechnung.

Für **Hunde** und **Katzen** muss bei Einreise in die Schweiz ein tierärztliches Tollwut-Impfzeugnis (mind. 30 Tage, max. 1 Jahr alt) sowie ein tierärztliches Gesundheitszeugnis (max. 30 Tage alt) vorgelegt werden.

◁ Flächenmäßig mag die Schweiz ja klein sein, doch ihre Attraktionen sind verblüffend vielfältig: Kleine Scheidegg für Gipfelstürmer, Berg- und Talbahn per Rad, Hiflyer im Verkehrsmuseum (Luzern), Bootsfahrten (hier auf dem Brienzer See), Alphornbläser und andere Freuden der Berge sowie – nicht zuletzt – kulinarische Höhenflüge (hier im Champfer von St. Moritz)

Zollbestimmungen

Zollfrei eingeführt werden können 200 Zigaretten oder 50 Zigarren oder 250 g Tabak, 2 l Wein, 1 l Spirituosen. Die Mitfuhr anderer Waren zu Geschenkzwecken ist bis zu einem Wert von 100 CHF gestattet, sofern es sich nicht um Fleisch, Wurst oder Butter mit Vorratscharakter handelt. Pro Person ab 15 Jahren dürfen 125 g Butter, 500 g Frischfleisch, 1 kg Wurstwaren und 2,5 kg Geflügelfleisch zollfrei eingeführt werden.

Geld

Währungseinheit ist der Schweizer *Franken* (sfr oder CHF), unterteilt in 100 *Rappen*. Münzen gibt es zu 5, 10, 20 und 50 Rappen sowie zu 1, 2 und 5 Franken. Geldscheine sind im Wert von 10, 20, 50, 100, 200 und 1000 Franken in Umlauf.

Alle großen Hotels, Autovermieter und viele Restaurants in der Schweiz akzeptieren die gängigen **Kreditkarten**.

Tourismusämter im Land

In allen für den Fremdenverkehr interessanten Schweizer Orten gibt es Tourismusbüros. Die Adressen sind im Haupttext unter **Praktische Hinweise** aufgeführt.

Notrufnummern

Polizeinotruf: Tel. 1 17

Feuerwehr: Tel. 1 18

Unfallrettung: Tel. 1 44

Pannenhilfe des TCS: Tel. 1 40 (rund um die Uhr), aus Mobilnetzen Tel. 03 18 50 53 11

ADAC-Notrufzentrale München: Tel. 00 49/89/22 22 22 (rund um die Uhr)

ADAC-Ambulanzdienst München: Tel. 00 49/89/76 76 76 (rund um die Uhr)

Automobil-Club der Schweiz (ACS), Wasserwerkgasse 39, 3000 Bern 13, Tel. 0 31/3 28 31 11

Touring-Club der Schweiz (TCS), Chemin de Blandonnet 4, 1214 Vernier, Tel. 0 22/4 17 24 24, E-Mail: magervais@tcs.ch

Diplomatische Vertretungen

Deutschland
Deutsche Botschaft, Willadingweg 83, 3006 Bern 16, Tel. 0 31/3 59 41 11, Fax 3 59 44 44, E-Mail: konsular@deutsche-botschaft.ch

Generalkonsulate in Genf und Zürich.

Österreich
Österreichische Botschaft, Kirchenfeldstr. 77/79, 3005 Bern, Tel. 0 31/3 56 52 52, Fax 3 56 56 64

Generalkonsulate in Basel und Zürich. Konsulate in Chur, Lausanne, Lugano, Luzern und St. Gallen.

Besondere Verkehrsbestimmungen

Tempolimits (in km/h): Für Pkw, Wohnmobile, Motorräder und Pkw mit Anhänger bis 1 t Gewicht gilt innerorts 50, außerorts 80, auf Schnellstraßen 100 und auf Autobahnen 120. Pkw mit Anhänger über 1 t dürfen außerorts 60 fahren, Wohnmobile über 3,5 t und Gespanne auf Autobahnen 80.

Promillegrenze: 0,8.

Schneeketten sind auf manchen Passstraßen bei entsprechenden Witterungsverhältnissen Pflicht, in längeren Tunnel jedoch nicht erlaubt. In **Tunnels** fährt man mit Abblendlicht. Auf engen **Passstraßen** hat das von unten kommende Fahrzeug Vorfahrt. Gelbe Linien am Straßenrand zeigen **Halteverbot** an. Telefonieren während der Fahrt ist nur mit **Freisprechanlage** erlaubt.

Anreise

Auto

Umfangreiches **Informations- und Kartenmaterial** können Mitglieder des ADAC kostenlos bei den ADAC-Geschäftsstellen oder unter Tel. 0 18 05/10 11 12 (0,123 €/Min.) anfordern. Außerdem sind im ADAC Verlag (Internet: www.adac-verlag.de) der Reiseführer *Tessin*, die Länderkarte *Schweiz* (1 : 300 000), die CityPläne *Basel* und *Zürich*, der *Travel Atlas Europa* (1 : 750 000), der *Reise Atlas Deutschland Europa* (1 : 200 000) sowie der *SkiGuide Alpen* erschienen.

Deutschland und die Schweiz sind über die Autobahnen Karlsruhe – Basel (A 5) und Stuttgart – Schaffhausen (A 81) verbunden. Die wichtigste Alpentransitroute führt von der Zentralschweiz durch den *St.-Gotthard-Tunnel* ins Tessin. Er ist, zumal in der Hauptsaison, sehr stark befahren. Alternativ erreicht man von Bern aus über Kandersteg (Autoverladung) durch den *Lötschberg-Tunnel* das Wallis und über den *Simplonpass* das Tessin. Von Österreich, den neuen deutschen Bundesländern und Bayern aus bietet sich die Autobahn München – Bregenz – St. Gallen an, mit Weiterfahrtmöglichkeit nach Chur (Graubünden) und durch den *San-Bernardino-Tunnel* nach Bellinzona (Tessin).

Aktuelle Infos zu Straßenlage, Passübergängen, Tunnel und Bauarbeiten in der Schweiz bieten ADAC [s. S. 129] und Touring-Club der Schweiz (TCS) im Internet: www.strasseninfo.ch

Autobahngebühr: Schweizer Autobahnen und grün ausgeschilderte Schnellstraßen sind gebührenpflichtig. Eine *Vignette* muss deutlich sichtbar an der Windschutzscheibe angebracht werden. Es gibt sie an den Grenzübergängen, Tankstellen oder im Voraus bei jeder ADAC-Geschäftsstelle zu kaufen.

Bahn und Autoreisezug

Von Deutschland und Österreich aus bestehen sehr gute **ICE- und EC-Verbindungen** in die Schweiz. Zürich ist täglich direkt mit Hamburg, Berlin, Dresden, Stuttgart und Wien verbunden, von Hamburg und Frankfurt verkehren Direktzüge nach Bern, von Hamburg und Dortmund nach Chur. **Auskunft**: Deutsche Bahn, Tel. 0 18 05/99 66 33, Internet: www.bahn.de

Mythos Gotthard

Das St.-Gotthard-Massiv in der Zentalschweiz ist Kulturgrenze, Wasser- und Klimascheide in einem. Es ragt im **Pizzo Rotondo** *bis zu 3124 m hoch auf und ist wegen seiner Gletscher und Schluchten nur schwer zu passieren. Gleichwohl war schon im 12. Jh. der Passweg über ›den Gotthard‹ die wichtigste Nord-Süd-Verbindung zwischen Mitteleuropa und Oberitalien. Einen wirtschaftlichen Boom löste die 1882 zwischen den Orten Göschenen und Airolo in Betrieb genommene* **St.-Gotthard-Bahn** *aus. Die Eisenbahn, damals noch dampfgetrieben, heute elektrifiziert, verläuft durch einen 14,9 km langen Tunnel, an dem 3400 Arbeiter neun Jahre lang gebohrt hatten.*

Auch für den modernen Kraftfahrzeugverkehr ist die St.-Gotthard-Passstraße zwischen dem oberen Reusstal bei Andermatt und Airolo im Tessintal (Scheitelhöhe 2108 m) die kürzeste Querverbindung durch die Alpen. Teil der außerordentlich stark befahrenen Route ist der 1980 eröffnete, **St.-Gotthard-Straßentunnel**. *Er verläuft größtenteils parallel zur Bahnröhre, ist ganzjährig befahrbar und mit 16,9 km der längste Tunnel der Welt. Gleichzeitig bildet er ein wahres Nadelöhr zwischen München und Mailand, kein Wunder, denn ihn durchfahren bis zu 30 000 Fahrzeugen pro Tag. Wie wichtig die Gotthardroute im Alpentransit ist, zeigte sich im Herbst 2001, als der Tunnel nach einem Unfall drei Monate geschlossen wurde und als Folge davon die Ausweichstrecke durch den San-Bernardino-Tunnel total überlastet war.*

Generell ist die Kapazitätsgrenze des St.-Gotthard-Tunnels sowohl für den Bahn- als auch für den Straßentunnel längst erreicht. Seit 1997 ist daher im Rahmen des Projektes AlpTransit ein neues Megaprojekt in Bau, der **Gotthard-Basistunnel**. *Dafür wird am Fuß des Gebirges auf 500 m Höhe ein 57 km langer Tunnel fast geradlinig durch die Alpen getrieben. Das Jahrhundertbauwerk soll die Bahnfahrt von Zürich nach Mailand um etwa die Hälfte auf 2,5 Stunden verkürzen – 2014 sollen die ersten Züge fahren. Bis es so weit ist, können sich Interessierte im* **Infozentrum** *im Bergdörfchen Sedrun, 10 km östlich von Andermatt, über die Großbaustelle auf dem Laufenden halten (Anmeldung für Führungen unter Tel. 0 81/9 36 51 20).*

Von Hamburg und Hannover fährt ein Autoreisezug bis Lörrach (Basel).

Auskunft: Deutsche Bahn AutoZug, Tel. 0 18 05/24 12 24 /gebührenpflichtig), Internet: www.autozug.de.

Flugzeug

Die Schweiz verfügt mit Zürich-Kloten, Basel und Genf über drei internationale Flughäfen, wobei Zürich das mit Abstand bedeutendste Luftkreuz ist und von mehreren deutschen und österreichischen Städten per Linienflug erreichbar ist. Der Flughafen Lugano wird von Zürich und Basel aus angeflogen.

Bank, Post, Telefon

Bank

Die Banken in der Schweiz haben in der Regel Mo–Fr 8.30–16.30, oft auch Sa 8.30–16 Uhr geöffnet. Wechselstuben, die teils auch am Wochenende und an Feiertagen bis 22.45 Uhr ihre Dienste anbieten, gibt es an der Grenze, an Flughäfen und großen Bahnhöfen.

Mit der EC-Karte kann man rund um die Uhr von Bankautomaten Geld abheben (Höchstbetrag 300 CHF).

Post

Die Postämter sind in der Regel Mo–Fr 7.30–12 und 14–18, Sa 8–11 Uhr geöffnet.

Telefon

Internationale Vorwahlen:
Schweiz 00 41
Deutschland 00 49
Österreich 00 43

Nach der Landesvorwahl wird die Kantonsvorwahl ohne die Null gewählt.

Die Benutzung von **Mobiltelefonen** ist im D1-, D2- und E-Plus-Netz möglich. In den Bergen ist allerdings mit schlechtem oder gar keinem Empfang zu rechnen.

Die meisten Telefonzellen wurden von Münz- auf **Kartentelefone** umgestellt. Telefonkarten *(Taxcards)* zu 5, 10 und 20 CHF sind bei der Post, an Bahnhöfen und Kiosken erhältlich.

Moderne öffentliche Fernsprecher verfügen über ein elektronisches Telefonbuch, auch können von dort SMS-Nachrichten, Faxe und E-Mails verschickt werden.

Einkaufen

Öffnungszeiten

Die Geschäfte sind Mo–Fr 8–18, Sa 8–16 Uhr geöffnet. Mitunter wird 12–14 Uhr eine Mittagspause eingelegt. Donnerstags haben die meisten großen Supermärkte und Kaufhäuser bis 21 Uhr geöffnet.

Souvenirs

Zu den beliebtesten Mitbringseln aus der Schweiz gehören **Lebensmittel**, allen voran Käse und Schokolade. Einen guten Ruf genießen auch regionale Spezialitäten wie Bündner Fleisch aber auch Süßes wie Engadiner Nuss-, Zuger Kirsch- oder Aargauer Rüblitorte. Günstig kauft man in Migros-Supermärkten ein, die auch ein breites Sortiment ökologischer Produkte anbieten, jedoch auf den Verkauf von Zigaretten und Alkohol verzichten.

Die Schweiz ist als Produzent qualitätvoller zuverlässiger **Uhren** berühmt, wobei von der preiswerten Swatch bis hin zur teuren Rolex alles zu haben ist. Juweliere bieten auch exklusiven **Schmuck** an. Bedeutend günstiger wiederum ist da der Kauf eines der beliebten vielseitigen **Offizierstaschenmesser**. An **Kunsthandwerk** finden sich regionaltypische Holzschnitzereien, bemalte Keramik, Trachtenpuppen, St. Gallener Spitzen u. a. m. Ein schönes Andenken sind auch **Bergkristalle**, die man, vielfältig verarbeitet, in den meisten Bergorten kaufen kann.

Essen und Trinken

Die traditionelle Schweizer Küche ist ursprünglich eine bodenständige Bauernküche, die auf den Produkten des Landes basierte: Gerste, Kartoffeln, Fleisch, Süßwasserfisch, Milch und daraus hergestellter Käse. Wer jedoch heute einen Gourmetführer wie Gault Millau oder Guide Michelin zur Hand nimmt, stellt sogleich fest, dass die Schweizer Gastronomie mittlerweile kulinarische Genüsse auf höchstem Niveau offeriert. Zu einer wahren **Schlemmer-Hochburg** hat sich beispielsweise die Region um den Genfer See entwickelt. Doch um in der Schweiz gut zu essen, muss man nicht unbedingt eines der sündhaft teuren Nobellokale aufsuchen. Auch einfache Dorfbeizen, und Landgasthöfe bieten allenthalben schmackhafte regionaltypische Küche.

Typisch für das Tessin sind die **Grotti** genannten einfachen Wirtschaften. Ursprünglich war der Grotto ein Weinkeller, in dem man sich zu einem Gläschen traf. Die urigen Kneipen bieten daher auch keine große Küche, sondern servieren in der Regel zum Wein kalte Platten mit Salami, Mortadella und lokalen Käsespezialitäten. Die Grotti sind außerdem als schattige Freiluft-Lokale aufgemacht und haben daher nur im Sommerhalbjahr geöffnet.

Weine und Spirituosen

Das Angebot Schweizer Weine ist überraschend vielfältig. Die besten Tropfen werden an den terrassierten Hängen des Genfer Sees gekeltert, und dort wiederum vor allem im Lavaux zwischen Lausanne und Montreux. Bevorzugt wird hier die Chasselas-Traube kultiviert, aus der wunderbare Rotweine wie **St-Saphorin** und **Dézaley** gemacht werden. Ein angehender Spitzenwein aus dem Rhônetal im Wallis ist der **Fendant**. Der spritzige Weißwein passt gut zu Raclette oder Fondue, wird in Zürich aber auch gerne zum Geschnetzelten getrunken. Ein weiterer Walliser Wein ist der aus Gamay- und Blauburgundertrauben gemischte vollmundige rote **Dôle**. Im Tessin kann man vor allem den Merlot probieren, der als trockener und fruchtiger **Merlot del Ticino**, als milderer **Merlot rosato** oder weißer **Merlot blanco** erhältlich ist.

An Hochprozentigem sind diverse Obstbrände in Umlauf, am bekanntesten ist das 40-prozentige **Zuger Kirschwasser** aus der Innerschweiz. Im Wallis brennt man aus Birnen den **Williams** und aus Traubentrester den **Marc**. Dazu kommen etliche lokale Kräuterliköre und Alpenbitter.

»Isch es rächt gsi?« – Spezialitäten vom Aargau bis Zürich

Sozusagen als das Nationalgericht der Schweiz gilt die **Rösti***, obwohl sie ursprünglich aus dem Kanton Bern stammen. In der Romandie jenseits des Röstigrabens [s. S. 123] nennt man diese beliebte Beilage Pommes à la bernoisé. Zutaten für diese Berner Rösti sind geraspelte rohe Kartoffeln, die mit Salz und Pfeffer gewürzt in der heißen Pfanne zu Fladen gebraten werden.*

Ein Hauptgang der deftigen Art ist die **Berner Platte***, eine mit Sauerkraut servierte Schlachtplatte mit einer enormen Portion Fleisch, angefangen von gepökelten Rippchen über Speck bis hin zu Eisbein (Wädli).*

Die Zürcher Nachbarn habe auch ihre Spezialitäten, allen voran das **Geschnetzelte***. Für das Ragout werden dünne Kalbfleischstreifen mit einer gehackten Zwiebel kurz gebraten und mit einer Pilzrahmsauce abgelöscht. Stilecht reicht man dazu Rösti, doch oft füllen Spätzle den Teller, was den süddeutschen Einfluss erkennen lässt. Alternativ zum Geschnetzelten genießt man in Zürich den* **Ratsherrentopf***, einen mit verschiedenen Fleisch- und Gemüsesorten gefüllten Eintopf. Raffinierter kommt die Luzerner* **Chügelipastete** *daher, für die Blätterteig mit kleingewürfeltem Kalbsbrät, Pilzen, Rosinen und Mandeln gefüllt wird.*

In der bäuerlich geprägten Zentralschweiz wird vergleichsweise einfach gekocht. Da gibt es beispielsweise den **Urner Häfelichabis** *und den* **Nidwaldner Stunggis***. Beides sind herzhafte Eintopfgerichte, das eine mit Weißkohl und Lamm, das andere mit Kartoffeln, Gemüse und Schweinefleisch. Im Halbkanton Nidwalden ist auch der* **Ofetori** *verbreitet, ein im Ofen mit Speckstreifen überbackener sahniger Kartoffelbrei.*

In den Tälern von Graubünden wird das weit über die Kantonsgrenzen hinaus bekannte würzige luftgetrocknete **Bündner Fleisch** *aus der mageren Oberschale einer Rinderkeule gewonnen. Hauchdünn geschnitten ist es eine Köstlichkeit. Tradition hat auch die nahrhafte* **Bündner Gerstensuppe***,*

Angesichts des vielfältigen Speisenangebots versteht man, warum die Schweizer so zufrieden wirken

die eine ganze Hauptmahlzeit ersetzt. Wenn von der Bündner Küche gesprochen wird, dürfen **Capuns** *nicht unerwähnt bleiben: Die mit Spätzleteig und Fleischstückchen gefüllten Mangoldblätter stehen in vielen Landgasthöfen auf der Speisekarte.*

In der Romandie sind französische Einflüsse unverkennbar. In Genf sollte man eine der vorzüglichen Wurstsorten probieren, beispielsweise die mit Anis und Kümmel abgeschmeckte **Longeoles***. Am Genfer See spielt naturgemäß* **Fisch** *eine wichtige Rolle. Als einer der feinsten Süßwasserfische gilt der Eglifisch. Die fettarme und leicht verdauliche Barschart kommt meist als Filet auf den Tisch. Weitere geschätzte Seefische sind Saibling und die in Gourmetkreisen viel gerühmten Weißfelchen. Auch die Fischsuppe darf nicht fehlen, in der Waadt heißt sie* **Soupe de Poisson au Lac***.*

Im Tessin fühlt man sich nicht nur des milden Klimas wegen fast wie in Italien, auch die Küche gibt sich betont südländisch. **Risotto** *und* **Polenta**, **Gnocchi** *und* **Ravioli** *künden von der Nähe zur Lombardei. Als Hauptgang werden* **Coniglio***, Kaninchen, oder* **Brasato al Merlot***, ein in Rotwein geschmorter Rinderbraten, kredenzt.*

Alles Käse – oder was?

Über 400 verschiedene Käsesorten werden im Land der Almen hergestellt. Am bekanntesten sind der **Appenzeller**, *ein würziger Rohmilchkäse mit maiskorngroßer Lochung, und der* **Emmentaler**, *ein je nach Reifegrad leicht süßlicher Bergkäse mit bis zu 2 cm großen Löchern, die während der dreimonatigen Gärung durch die sich entwickelnde Kohlensäure entstehen.*

Die Eidgenossen wissen auch sehr gut, was man mit Käse alles machen kann. Vor allem das **Fondue** *ist eine typisch Schweizer Spezialität, die über die Landesgrenzen hinaus bekannt ist und längst Einzug in die Küchen der Welt gehalten hat. Der sprachliche Stamm weist auf französische Wurzeln hin (franz. fondre = schmelzen). Meist wird für das Gericht ein Gruyère oder Vacherin aus dem Freiburgerland zusammen mit Weißwein, einem Schuss Obstler, mit einem Hauch Knoblauch sowie einer Prise Muskat und Pfeffer abgeschmeckt und geschmolzen. Mit Weißbrotstücken fischt man den sämigen Sud schließlich in geselliger Runde aus dem großen Fonduetopf. Eine beliebte Variante ist das* **Raclette** *(franz. racler = abschaben). Traditionell wird zu dieser aus dem Wallis stammenden Bauernmahlzeit ein bis zu 6 kg schwerer Käselaib der Sorte Bagnes oder Gomser halbiert und die Schnittfläche auf einem speziellen Tischgrill geschmolzen. Den butterigen Schmelz schabt man ab und isst ihn zusammen mit Pellkartoffeln und eingelegten Silberzwiebeln – schlicht, aber köstlich!*

Feste und Feiern

Feiertage

1. Januar (Neujahr), 6. Januar (Dreikönig), 19. März (St. Joseph), Ostersonntag und Ostermontag (März/April), 1. Mai (Tag der Arbeit), Christi Himmelfahrt (Mai), Pfingstsonn- und -Montag (Mai), Fronleichnam (Mai/Juni), 29. Juni (Peter und Paul), 1. August (Bundesfeiertag: Schweizer Nationalfeiertag), 15. August (Mariä Himmelfahrt), 1. November (Allerheiligen), 8. Dezember (Mariä Empfängnis), 25. Dezember (Weihnachten), 26. Dezember (Stephanstag).

Feste

Februar/März

Basel (Mo–Do nach Aschermittwoch): Bis zu 20 000 maskierte Karnevalisten feiern in den Straßen und Gassen die *Basler Fasnacht*, das größte Volksfest der Schweiz.

April

Appenzell (1. So): Die große Wahlversammlung der *Landsgemeinde* unter freiem Himmel gibt Anlass zu einer Kirmes mit Budenzauber und Fahrgeschäften.

Landesweit (Ostern): Osterprozessionen ziehen durch die teils mit Blumenteppichen geschmückten Straßen der Städte und Dörfer.

Zürich (3. Montag): Mit dem Frühlingsfest des *Sechseläuten* wird traditionell der Winter ausgetrieben.

Juli

Zürich (1. Wochenende): Mit Musik und Feuerwerk feiert die Stadt alle drei Jahre das *Zürifäscht* (nächster Termin: 2004).

Juli/August

Brüningpass/Oberwalden: In der schön gelegenen Naturarena am Pass findet jeden Sommer das *Brünigschwinget* statt. Mann gegen Mann ermitteln die Aktiven vor Tausenden Zuschauern den Meister dieser dem Ringen ähnlichen altertümlichen Kampfsportart.

Oktober

Lugano (1. Wochenende): *Winzerfest* mit Umzug und anschließendem Umtrunk.

Oktober/November

Unterwalden: In allen größeren Dörfern des Kantons wird mit Fahnenschwingen, Trachtentanz und Kuhglockenläuten *Älplerchilbi*, die traditionelle Alpen-Kirchweih, begangen.

November

Bern (4. Montag): Zwiebelkuchen, Zwiebelwein – beim volkstümlichen Markt *Zibelemärit* spielen Zwiebeln die Hauptrolle.

Dezember

Appenzell (6.–31. Dez.): Im gesamten Kanton finden *Lichtkläuse*, *Silvesterkläuse* und andere lautstarke traditionelle Maskenumzüge statt.

Klima und Reisezeit

Grundsätzlich herrscht in der Schweiz ein gemäßigtes Kontinentalklima. Allerdings beschert die starke Höhengliederung dem Land eine Vielzahl von regionalen Klimazonen. So stauen sich z. B. am *Alpennordrand* häufig feuchte atlantische Luftmassen und sorgen für Niederschläge, während geschützte Bergtäler wie das Wallis und Unterengadin weniger Wolken und viel Sonne abbekommen. Auf der *Alpensüdseite* wiederum liegen die Temperaturen im Jahresmittel um drei Grad höher als in der Nordschweiz. Im milden, doch mitunter regenreichen Mikroklima am Lago Maggiore und Luganer See schließlich beginnt der Frühling bereits im März und mildes Herbstwetter ist bis in den November hinein keine Seltenheit.

Die **Schneegrenze** liegt an der Alpennordseite bei 2500 m, im inneralpinen Raum bei etwa 3300 m. Zu jeder Jahreszeit kann in den Bergen **Föhn** auftreten, ein trockener warmer Fallwind, der für Sonnenschein und extrem klare Sicht sorgt, jedoch bei vielen Menschen Herz- und Kreislaufbeschwerden auslöst.
Beste **Reisezeit** für Wanderer und Biker sind die Sommermonate, die sich auch für Badeferien an den Seen anbieten. Die Wintersportsaison dauert von Mitte Dezember bis April.

Klimadaten Zürich

Monat	Luft (°C) min./max.	Wasser (°C)	Sonnen-std./Tag	Regen-tage
Januar	–3/ 2	4	2	11
Februar	–2/ 5	4	3	10
März	1/10	5	5	9
April	4/15	8	6	11
Mai	8/19	13	6	12
Juni	12/23	17	7	13
Juli	14/25	20	7	13
August	13/24	21	7	13
September	11/20	19	6	10
Oktober	6/14	14	3	10
November	2/ 7	10	2	10
Dezember	–1/ 3	7	2	10

Klimadaten Lugano

Monat	Luft (°C) min./max.	Wasser (°C)	Sonnen-std./Tag	Regen-tage
Januar	0/ 6	5	6	6
Februar	1/ 8	6	4	7
März	4/12	6	5	8
April	7/15	9	6	10
Mai	11/20	15	6	14
Juni	14/24	19	7	11
Juli	17/27	22	8	9
August	16/26	24	7	10
September	14/22	21	6	8
Oktober	9/17	16	5	8
November	4/11	10	4	8
Dezember	1/ 7	8	4	6

Kultur live

Januar

Grindelwald (1 Woche Mitte des Monats): Beim *World Snow Festival* schaffen internationale Künstler fantasievolle Skulpturen aus Eis und Schnee.

Mai/Juni

Montreux (2 Wochen): Die ›Goldene Rose von Montreux‹ ehrt Stars und Produktionen der europäische Fernsehwelt.

Juni–September

Gstaad: Yehudi Menuhin initiierte die *Sommerkonzerte Klassischer Musik* – und sein großer Name verpflichtet zu Qualität.

Interlaken: Während der *Tell-Festspiele* wird das Schweizer Nationalepos ›Wilhelm Tell‹ von Friedrich von Schiller auf der Freilichtbühne unter Mitwirkung Hunderter von Laiendarstellern aufgeführt.

Juli

Bern (Monatsmitte): Schnell, hart, laut – das Open-Air *Gurtenfestival* lockt Rockfans aus ganz Europa auf den Berner Hausberg.

Montreux (2 Wochen): Tausende von Musikfreunden und die Großen der Szene finden sich beim weltberühmten *Montreux Jazz Festival* ein.

Juli/August

Locarno: Filme mit Anspruch und Ambitionen sind beim renommierten *International Film Festival* am Lago Maggiore zu sehen.

Luzern (Monatsmitte): *Seenachtsfest* mit spektakulärem Feuerwerk als Höhepunkt.

August

Zürich (1. Sa): Schrill und bunt präsentiert sich die *Street Parade*, mit 450 000 Ravern eine der größten Techno-Partys Europas.

August/September

Luzern: Klassische Musik der Spitzenklasse – von Sinfonien bis Musica nova – bieten die *Internationalen Musikfestwochen*.

Zürich: Das *Theater Spektakel* zeigt avantgardistische und experimentelle Produktionen aus aller Welt z. B. auf der Ländiwiese am Zürichsee.

Sport

Die Schweiz bietet jede Menge Möglichkeiten für ein breit gefächertes Sport- und Freizeitprogramm. Neben Wandern, Radfahren, Golfen sowie den klassischen Wasser- und Wintersportarten haben sich auch Fun-Sportarten wie Bungeejumping, River Rafting, Helicopter Skiing und Eisklettern etabliert.

Baden

Im Sommer können Wasserratten an zahlreichen öffentlich zugänglichen Uferabschnitten von Seen und Flüssen unbeschwerten Badespaß genießen. Beliebte Urlaubsorte mit Strandbädern sind Weggis und Vitznau am Vierwaldstätter See, Ascona und Locarno am Lago Maggiore sowie Lugano am Luganer See. Wer vor kaltem Gletscherwasser nicht zurückschreckt, findet an den Tessiner Gebirgsflüssen Maggia und Verzasca idyllische Badeplätze.

Bergsteigen

Als Alpenland bietet die Schweiz Hochgebirgstouren für alle Ansprüche. Bergsportzentren sind Grindelwald (Jungfrau-Region), Pontresina (Bernina-Gruppe) und Zermatt (Walliser Alpen). In Zermatt organisiert das *Alpin Center* (Tel. 0 27/9 66 24 60) des örtlichen Bergführervereins u. a. die Besteigung des Matterhorns. Eine Liste der Schweizer Alpinschulen erhält man bei:

Schweizerischer Verband der Bergsteigerschulen, PF 141, 6490 Andermatt, Tel. 0 41/8 87 17 70, Fax 8 87 17 27, Internet: www.bergtourismus.ch

Golf

Mehr als 60 Golfplätze machen die Schweiz zu einer guten Adresse für Golfer. Schweiz Tourismus [s. S. 129] hält eine Broschüre mit Schweizer Golf-Hotels bereit. Informationen bei:

Association Suisse de Golf (ASG), Place de la Croix-Blanche 19, 1066 Epalinges, Tel. 0 21/7 84 35 31, Fax 7 84 35 36, Internet: www.asg.ch

Radfahren

Die Schweiz kann sich guten Gewissens als ›Veloland‹ bezeichnen, verfügt sie doch über 6300 km Radwanderwege. Entlang der ausgeschilderten Routen können *Tourenradler* dank des gut ausgebauten öffentlichen Verkehrsnetzes bei Bedarf auf Bahn und Bus umsteigen. Auch für *Mountainbiker* gibt es überaus reizvolle Reviere in allen Schwierigkeitsgraden. Eine Hochburg der Biker-Szene ist der Kanton Graubünden mit den Ferienregionen Flims-Laax-Falera und Klosters. Die meisten Tourismusbüros halten kostenlose Broschüren mit regionalen Tourentipps bereit, offizielle Routenführer der neun großen nationalen Radwanderwege und ausführliche Informationen gibt es bei:

Veloland Schweiz, PF 8275, 3001 Bern, Fax 0 31/3 07 47 48, Internet: www.veloland.ch

Segeln und Surfen

Segler finden u. a. auf dem Zürichsee, Thuner See, Genfer See, Luganer See und Lago Maggiore ideale Reviere vor. Für Windsurfer sind Silvaplaner und Silser See im Oberengadin zu empfehlen. Die Adressen von Segel- und Surfschulen können bei Schweiz Tourismus [s. S. 129] erfragt werden.

Wandern

60 000 km markierte Wanderwege sprechen für sich – auf Schusters Rappen kann man die Schweiz ausgezeichnet erkunden. Gewandert wird zum Teil auf jahrhundertealte Säumerpfaden, die vor der verkehrstechnischen Erschließung über Alpenpässe und auf Almweiden führten. Das *Wegenetz* ist einheitlich markiert: einfache bis mittelschwere Routen

Gut ausgerüstet muss man schon sein, um den eigentlichen Gipfel der Jungfrau (4158 m) zu besteigen

sind gelb gekennzeichnet, anspruchsvolle Bergwanderwege rot-weiß und Hochgebirgstouren mit leichten Kletterpartien oder Gletschertraversierungen blauweiß. Zu den klassischen Wanderregionen gehören Berner Oberland, Wallis, Engadin und Tessin.

Immer populärer wird das *Winterwandern.* Ferienorte wie Arosa, Grindelwald, Wengen, Davos oder St. Moritz bieten während der schneereichen Jahreszeit gespurte und markierte Wege an. Der Winterwanderweg von der Fiescheralp zur Riederalp z. B. ist wegen der herrlichen Panoramaausblicke auf den Aletschgletscher beliebt. Hoch über Grindelwald führt eine schöne Winterwanderroute von der Bergstation First zur Bussalp.

Auf etlichen *Fernwanderwegen* kommen auch Tourengänger auf ihre Kosten. Der **Kulturweg Alpen** etwa beginnt am Genfer See und führt in 61 Tagesetappen über 650 km im Zickzack ins Engadin. Auskünfte darüber erteilt:

Naturfreunde Schweiz (NFS), Pavillonweg 3, 3012 Bern, Tel. 0 31/3 06 67 67, Fax 3 06 67 68, Internet: www.naturfreunde.ch

In den Tourismusbüros der Ferienorte erhalten Gäste kostenlose Broschüren mit regionalen Wandertipps. Auskünfte über Unterkunft in Hütten, mehrtägige Routen, Sicherheitsempfehlungen etc. erteilt:

Schweizer Alpen-Club (SAC), Monbijoustr. 61, 3000 Bern 23, Tel. 0 31/3 70 18 16, Fax 3 70 18 00, E-Mail: info@sac-cas.ch

Wintersport

Die Schweiz ist ein Wintersportparadies par excellence, in dem Gäste zwischen rund 30 Skiregionen wählen können. Zu den attraktivsten Skigebieten für *Abfahrts-* und *Langlauf* gehören die Jungfrau-Region sowie die Hänge um Davos, Klosters und St. Moritz. In diesen Gebieten sind manche Pisten und Loipen bis 22 Uhr mit Flutlicht beleuchtet.

In der Schweiz finden natürlich auch *Snowboarder* ein weites Betätigungsfeld. Moderne Snowboardparks bieten etwa Laax, Verbier, Arosa, Saas Fee und Davos. In allen großen Wintersportorten können Skier, Snowboards und die zugehörigen Schuhe ausgeliehen werden.

Der jährlich aktualisierte *ADAC SkiGuide Alpen* mit CD-Rom (Internet: www.adac-skiguide.de) bietet detaillierte Angaben zu Pisten, Loipen, Liften sowie Ski- und Snowboardschulen. Weiteres Informationsmaterial erhält man bei den Tourismusbüros der jeweiligen Skiorte.

Statistik

Lage: Die Schweiz liegt am südlichen Rand Mitteleuropas, Nachbarländer sind im Westen Frankreich, im Osten Österreich und Liechtenstein und im Süden Italien. Im Norden bilden Rhein und Bodensee die Grenze zu Deutschland. Der Gebirgsstaat umfasst eine Fläche von 41 284 km², die sich im Wesentlichen in Alpen (60 %), Mittelland (30 %) und Jura (10 %) aufteilt.

Bevölkerung: In der Schweiz leben etwas mehr als 7,2 Mio. Menschen. Der Ausländeranteil beläuft sich auf 19,7 %.

Hauptstadt: Die Bundesregierung hat ihren Sitz in Bern (122 700 Einw.).

Verwaltung: Seit 1848 ist die Schweizerische Eidgenossenschaft ein föderalistischer parlamentarischer Bundesstaat. Er besteht aus 20 Kantonen und 6 Halbkantonen, die jeweils über eine eigenen Verfassung und Gesetzgebung verfügen. Eine Besonderheit der Schweizer Demokratie ist, dass die Bürgerinnen und Bürger an allen wichtigen Entscheidungen durch Volksabstimmungen direkt beteiligt sind.

Sprache: Es gibt vier offizielle Landessprachen: Deutsch wird in der Nord- und Zentralschweiz gesprochen, in der auch Romandie genannten Westschweiz herrscht das Französische vor und das Tessin ist als einziger Kanton italienischsprachig. Als gleichgestellte Landessprache ist das Rätoromanische anerkannt, das lediglich im Kanton Graubünden von etwa 50 000 Menschen gesprochen wird. Dazu gibt es eine Vielzahl lokaler Dialekte, im deutschen Sprachraum wird beispielsweise zwischen Basel-, Bern- und Zürichdeutsch unterschieden, in den ländlichen Gebieten im Tessin spricht man lombardischen Dialekt.

Wirtschaft: Die Schweiz ist im Wesentlichen ein Dienstleistungsland. Handel, Verkehr, Banken, Versicherungen und Tourismus machen knapp zwei Drittel des Bruttoinlandsproduktes aus. Der industrielle Sektor hat sich auf hochwertige Nischenprodukte spezialisiert, die wichtigsten Branchen sind Maschinenbau-, Elektro- und Rüstungsindustrie. Im Großraum Basel konzentrieren sich Unternehmen der chemischen und pharmazeutischen Industrie, am Genfer See hat mit Nestlé einer der weltweit größten Nahrungsmittelkonzerne seinen Hauptsitz. Einen wichtigen Beitrag zum Außenhandelsüberschuss leistet die Uhrenindustrie. Von den jährlich 40 Mio. in der Schweiz produzierten Uhren gehen 95 % in den Export. Ebenfalls stark exportorientiert ist die Textil- und Bekleidungsindustrie. Die Land- und Milchwirtschaft ist zwar hoch produktiv, doch hinsichtlich Fläche und Beschäftigtenzahlen stark rückläufig.

Unterkunft

Bed & Breakfast

Auch in der Schweiz wird Bed & Breakfast immer populärer. In den Ferienregionen bieten zahlreiche Privathäuser und Pensionen preisgünstige Unterkünfte mit Frühstück an. Auskünfte erteilt:

Homestay, Sonnenweg 3, 4144 Arlesheim, Fax 0 61/7 03 96 76, Internet: www.homestay.ch

Camping

Mehr als 500 Campingplätze gibt es in der Schweiz, der überwiegende Teil davon liegt ausgesprochen idyllisch an See- oder Flussufern. Die Plätze sind je nach Lage und Komfort in Kategorien von 1 bis 5 Sternen eingestuft. Eine Beschreibung geprüfter Campingplätze bietet der jährlich erscheinende **ADAC Camping Caravaning Führer Südeuropa** mit CD-Rom, der im Buchhandel und bei den ADAC-Geschäftsstellen erhältlich ist. Ausgewählte Plätze stellt auch **Campnet** im Internet unter der Adresse www.camping.ch vor.

Ferienhäuser und -wohnungen

In und um die Ferienorte werden zahlreiche familienfreundliche Häuser und Ferienwohnungen zu relativ günstigen Preisen vermietet. Ein entsprechender Katalog ist zu beziehen über Schweiz Tourismus [s. S. 129] oder direkt beim Veranstalter:

Schweizer Reisekasse, Reka-Ferien, Neuengasse 15, 3001 Bern, Tel. 0 31/3 29 66 33, Fax 3 29 66 01, Internet: www.reka.ch

Hotels und Pensionen

Rund 265 000 Betten stehen in den mehr als 6000 Schweizer Hotels und Pensionen zur Verfügung. Das Angebot reicht vom einfachen Ein-Sterne-Garni-Hotel bis zum noblen Fünf-Sterne-Haus. Die Schweizer Hotellerie ist für hohen Standard und perfekten Service bekannt, das Preisniveau liegt allerdings vor allem in größeren Städten und namhaften Ferienorten über dem europäischen Durchschnitt.

Der vom **Schweizer Hotelverein** jährlich herausgegebene *Hotelführer* ist auf Anfrage bei Schweiz Tourismus [s. S. 129] erhältlich sowie im Internet unter www.swisshotels.ch.

Jugendherbergen

Für die Nutzung der 67 Schweizer Jugendherbergen gilt keine Altersbeschränkung, etliche sind auch auf Familien mit Kindern eingestellt. Ein aktuelles Verzeichnis kann angefordert werden bei:

Schweizer Jugendherbergen, Schaffhausenerstr. 14, 8042 Zürich, Tel. 01/3 60 14 14, Fax 3 60 14 60, Reservierungen und Buchungen im Internet: www.youthhostel.ch

Günstige Übernachtungsmöglichkeiten bieten auch die ebenfalls eher einfach eingerichteten **Backpacker Hostels**. Es gibt sie u. a. in Zürich, Flims, Interlaken, Grindelwald, Verbier und Wengen. Auskünfte bei:

Wie hier in Zermatt bieten in allen bekannten Ferienorten gemütliche Hotels Schweizer Gastfreundschaft

Swiss Backpacker News (SBN), Bergstr. 2, 8955 Oetwil/a.L., Tel. 01/7 48 51 31, Fax 7 48 51 32, Internet: www.backpacker.ch

Verkehrsmittel im Land

Bahn

Das Bahnnetz in der Schweiz ist hervorragend ausgebaut und umfasst knapp 3000 Streckenkilometer. Touristisch besonders interessant sind **Panoramazüge** wie Glacier Express [s. S. 106] oder die nostalgische Centovalli-Bahn [s. S. 101].

Für das reguläre Streckennetz bieten die Schweizer Verkehrsbetriebe auch Urlaubsgästen einige **Sondertarife**: Die für einen Monat gültige *Swiss Card* etwa oder der für 4, 8, 15 bzw. 30 Tage gültige *Swiss Pass*. Letzterer erlaubt freie Fahrt innerhalb der gesamten Schweiz, wobei auch Postbusse, Schiffe sowie der öffentliche Nahverkehr in vielen Städten eingeschlossen sind. Mit dem *Halbtax-Abo* (monatlich oder jährlich gültig) fährt man zum halben Preis, auch Bergbahnen geben darauf Rabatt. Auskünfte erteilen Tourismusbüros und Bahnhöfe vor Ort sowie:

Schweizerische Bundesbahnen (SBB), Hochschulstr. 6, 3000 Bern 6, Tel. 05 12/20 11 11, Fax 20 42 65, Internet: www.sbb.ch. Auskünfte und Bestellungen auch über Rail Service, Tel. 09 00/30 03 00 (rund um die Uhr, 1,19 CHF/Min.)

Beliebte da aussichtsreiche Panoramazüge durch die Alpen wie Bernina Express, Heidi Express oder Arosa Express betreibt die:

Rhätische Bahn, Bahnhofstr. 25, 7002 Chur, Tel. 0 81/2 88 64 65, Fax 2 88 61 01, Internet: www.rhb.ch

Bus

Das dichte Liniennetz der gelben Postbusse, in der Schweiz ›Postauto‹ genannt, erschließt selbst die abgelegensten Bergdörfer. Im Linienverkehr werden zudem attraktive Rundfahrten angeboten, z. B. mit dem ›Palm Express‹ von St. Moritz über den Malojapass nach Lugano. Tickets und Informationen erhält man in allen **Postämtern** und im Internet unter www.post.ch.

Flugzeug

Linienflüge zwischen Basel, Bern, Genf, Lugano und Zürich bietet Swissair/Crossair an (Internet: www.crossair.com). Im Winter gibt es eine Linienverbindung von Basel nach Sion.

Mietwagen

In allen größeren Orten kann man bei internationalen Mietwagen-Agenturen Fahrzeuge leihen. An den Bahnhöfen betreibt die Schweizerische Bundesbahn einen Mietwagendienst. Für Mitglieder bietet die **ADAC-Autovermietung GmbH** einen Mietwagen-Service an, Buchungen sind über die ADAC-Geschäftsstellen oder unter Tel. 0 18 05/31 81 81 (0,123 €/Min.) möglich.

Schiff

Auf dem Zürichsee, Vierwaldstätter See, Genfer See, Lago Lugano, Lago Maggiore und allen anderen größeren Gewässern verkehren Linienschiffe. Während der Sommersaison fahren außerdem Ausflugsboote, darunter historische Schaufelraddampfer, die Urlaubsorte an. Die jeweiligen Schifffahrtsgesellschaften sind im Haupttext unter Praktische Hinweise genannt.

Taxi

Taxifahren ist in der Schweiz relativ teuer und die Preise pro gefahrenem Kilometer können von Ort zu Ort variieren. Jeder Wagen ist mit Taxameter ausgestattet. Zu dem angezeigten Preis können Zuschläge für Nachtanfahrten, sperriges Gepäck etc. kommen.

Register

Bildnachweis

AKG, Berlin: 12, 13 (3), 14, 15 (2), 23, 41 unten, 52, 72 – *Anita Back, Berlin:* 95 – *Ralf Freyer, Freiburg:* 2, 5 links, 7 oben, 9 oben, 10 Mitte und unten, 11 (2), 19, 20, 21, 22, 25 (2), 26, 27 (2), 28 (2), 29, 30, 31, 36 unten, 38, 39 (2), 40 unten, 42 unten, 43, 44, 47 unten, 49, 50 (2), 51 oben, 56 (2), 59 unten, 62, 63, 64, 68 unten, 70, 71 (2), 81, 82 (2), 85, 104 oben, 106, 117 rechts, 123, 125, 128 oben rechts und links, 128 Mitte rechts und links, 133, 137 – *Rolf Goetz, Berlin:* 10 oben, 73 oben links und unten, 84, 86 oben, 96 unten – *Herb Hartmann, München:* 91 unten, 101 – *Huber, Garmisch-Partenkirchen:* 7 unten, 16/17, 65, 98, 126 (S. Eigstler), 8 links oben (B. Radelt), 35 (Damm), 36 oben, 42 oben, 47 oben, 77, 80 (R. Schmid), 60 unten (R. Richter), 86 unten (Gräfenhain), 68 oben, 83 – *IFA-Bilderteam, München:* 8 unten (Lecom), 32, 122 unten (Harris), 33 (Jacobs), 40 oben, 41 oben (K. Welsh), 51 unten, 53 oben (Thouvenin), 53 unten, 59 oben (Held), 74 (Jung), 75 (Graf), 102 oben (TPC), 104 unten (Volker Rauch) – *Volkmar E. Janicke, München:* 112 unten, 124 – *Thomas Kliem, Kalkar:* 121 – *Laif, Köln:* 6 links, 60 oben (Heiko Specht), 24 (Wieland), 45 (Achim Gaasterland), 79 oben (Kuerschner), 91 oben (Eid), 102 unten, 105, 107, 108 (2), 109, 110, 111, 112 oben, 115, 116, 119, 120 unten, 128 unten links (Martin Kirchner) – *Look, München:* 5 rechts, 79 unten, 117 links, 128 unten rechts (Rainer Martini), 9 unten, 57, 58, 127 (Christian Heeb), 34 (Konrad Wothe), 67, 120 oben (Max Galli), 73 oben rechts, 76 (Jan Greune), 89, 93, 97 (Florian Werner) – *Peter Mertz, A-Innsbruck:* 99 – *Photo-Press, Stockdorf/München:* 96 oben (JBE) – *Süddeutscher Verlag Bilderdienst, München:* 92, 122 oben – *Technorama, CH-Winterthur:* 55

ADAC
reisemagazin
Reisen mit Lust
und Laune.
Die Reisemagazine
vom ADAC
gibt es für Städte,
Länder und
Regionen.
Alle zwei Monate
neu.
BODENSEE SPECIAL
MARTIN WALSER: Mein Bodensee
500 ADRESSEN:
Kultur
Kasinos
Klasse Küche
GARDASEE SPECIAL
Dolomiten
Trentino
Gardasee
VERONA, VINO UND VERDI
SAN FRANCISCO
Stadt am
Golden Gate
CITY-GUIDE: DIE 300 BESTEN ADRESSEN DER STADT
MALLORCA
Mallorca
zum Träumen
PROMIS ÜBER IHRE INSEL: PETER USTINOV, CHRISTINE KAUFMANN
MEXIKO
Machos,
Mythen
und Magie
SCHAMANEN-KULT: DIE WUNDERHEILER VON CATEMACO-SEE
ITALIEN DIE RIVIERA
RIVIERA, LIGURIEN, PIEMONT
Italiens
schönste
Winkel
NATURPARKS: DIE RÜCKKEHR DER WÖLFE
SÜDAFRIKA SPECIAL
KAPSTADT
Perle
des Südens
NATIONALPARKS
Viel Platz für wilde Tiere
TOSKANA
Bezaubernde
Toskana
Grüne Hügel, weiße Villen, roter Wein
STÄDTE-GUIDE
EXTRA-SERVICE
TREND-TIPS: HOBBY-FERIEN, URLAUB AUF DEM BAUERNHOF

In der ADAC-Reiseführer-Reihe sind erschienen:

Ägypten
Algarve
Amsterdam
Andalusien
Australien
Bali und Lombok
Barcelona
Berlin
Bodensee
Brandenburg
Brasilien
Bretagne
Budapest
Burgund
Costa Brava und Costa Daurada
Côte d'Azur
Dalmatien
Dänemark
Dominikanische Republik
Dresden
Elsass
Emilia Romagna
Florenz
Florida
Französische Atlantikküste
Fuerteventura
Gardasee
Golf von Neapel
Gran Canaria
Hamburg
Hongkong und Macau
Ibiza und Formentera
Irland
Israel
Istrien und Kvarner Golf
Italienische Adria
Italienische Riviera
Jamaika
Kalifornien
Kanada – Der Osten
Kanada – Der Westen
Karibik
Kenia
Kreta
Kuba
Kykladen
Lanzarote
London
Madeira
Mallorca
Malta
Marokko
Mauritius und Rodrigues
Mecklenburg-Vorpommern
Mexiko
München
Neuengland
Neuseeland
New York
Norwegen
Oberbayern
Österreich
Paris
Peloponnes
Piemont, Lombardei, Valle d'Aosta
Portugal
Prag
Provence
Rhodos
Rom
Rügen, Hiddensee, Stralsund
Salzburg
Sardinien
Schleswig-Holstein
Schottland
Schweden
Schweiz
Sizilien
Spanien
St. Petersburg
Südafrika
Südengland
Südtirol
Teneriffa
Tessin
Thailand
Toskana
Tunesien
Türkei-Südküste
Türkei-Westküste
Umbrien
Ungarn
USA-Südstaaten
USA-Südwest
Venedig
Venetien und Friaul
Wien
Zypern

Weitere Titel in Vorbereitung

Impressum

Umschlag Vorderseite: Wahrzeichen der Alpenrepublik ist das Matterhorn mit seinem unverkennbaren Linksknick
Foto: Huber, Garmisch-Partenkirchen

Titelseite: Den Glücklichen schlägt keine Stunde – ob die bunt bemalten Glocken nun die Hälse zufriedener Alpenkühe oder die Wohnzimmer heimgekehrter Schweizurlauber schmücken
Foto: Ralf Freyer, Freiburg

Abbildungen: siehe Bildnachweis S. 142

Lektorat und Bildredaktion:
Elisabeth Schnurrer
Gestaltungskonzept, Satz und Layout:
Norbert Dinkel, München
Karten: Computerkartographie Carrle, München
Reproduktion: Fotolito Longo, Bozen
Druck, Bindung: longo group, Bozen
Printed in Italy

ISBN 3-87003-759-8

Gedruckt auf chlorfrei gebleichtem Papier

1. Auflage 2002

Redaktion ADAC-Reiseführer:
ADAC Verlag GmbH, 81365 München